宗教間対話座談会

宗教に明日はあるか？

安蘇谷正彦
坂本 堯
眞田芳憲
竹村牧男
ホアン・マシア
森 章司
【司会】川本貢市

中央学術研究所 編

佼成出版社

はじめに

本書は、二〇一四年の五月から二〇一七年の七月までに行われた八回にわたるキリスト教、イスラーム、神道、仏教を専門とする研究者の座談会の録音をもとに五つの章にまとめられたものである。

この座談会には前史があって、それは庭野平和財団に設けられた平和研究会である。これにはキリスト教、イスラーム、神道、仏教の研究者が参加しており、主要なメンバーは坂本堯、眞田芳憲、安蘇谷正彦の各先生と筆者であった。したがってまさしく今回の宗教間対話座談会はこれを継ぐものだということができる。

この研究会は一九八〇年に設立されて二〇〇四年まで続き、年に一回『平和と宗教』なる研究報告書を刊行し、それが二十三冊となっている。これも毎回特定のテーマについて論じたものであって、例えば最終号の第二十三号は「宗教はなにを目指すか――魂の平安と世界の平和」、第二十二号は「宗教にとって人を殺してよい正義はあるか」、第二十一号は「宗教はどのような幸せをもたらすか」、第二十号は「人はなぜ、何のために生れてくるか」であった。当事者としては宗教にとって大切なテーマを扱ったのであるから、多くの方々に読んでいただいているものと思い込んでいたのであるが、必ずしもそうではなかったようである。この報告書は関係機関には送っていたが個人には配付していなかったし、一方的に著者の言いたいところだけを言えば事足れりとする学術論文の体裁をとったからであろうという反省がある。

この研究会は諸般の事情で二〇〇四年に閉じられたが、この研究会の最長老であった坂本先生がのちに本座談会のお世話をしていただくことになる眞田先生に、このように各宗教の学者が胸襟を開いてざっくばらんに語り合あえる場というのはめったにないことであるから、ぜひもう一度やれないものであろうかと提案されて、この座談会は出発した。そのとき筆者も相談に与ったのでこの運営のお手伝いをすることになった。

だからメンバーは初めから固まっていたようなものであるが、筆者がお世話役の特権を生かして、仏教には小乗仏教（ここでは釈迦仏教と呼んでいる）と大乗仏教があって、この二つは同じ仏教といっても天と地ほどの違いがあり、また日本の仏教は大乗仏教の流れを汲むものであるから、釈迦仏教の研究者が仏教を代表するのは心もとないということで、大乗仏教を担当する竹村牧男先生に参加してもらうことになった。

そしてこの座談会は「平和研究会」の反省をもとに、より基礎的な問題をテーマとし、そのテーマにおいて扱う項目をも設定して、事前にそれぞれの内容ごとの字数も制限した概説的なレジュメを提出してもらって、それに基づいて異なる宗教的立場に立つ者が対話方式で議論をするという形で進められた。

レジュメを元にしたのは、おそらくは拡散してしまうであろう議論の焦点を絞って、異宗教間の違いをあぶり出すことによって、むしろ異宗教間の理解が深まるであろうことをもくろんだからである。レジュメを極力やさしい内容のものとしようとしたのは、この座談会に出席している宗教者・研究者は自分の拠り所としている宗教には詳しくとも、他の宗教にはほとんど無知に近いという現実もあり、またこの記録を書物にまとめて書店にも置いてもらえたら、せめて宗教の勉強をしている大学生諸君らが手に取ってくれるのではないかと考えたゆえである。

しかしながらいまゲラ刷りを読んでみると、当初のもくろみ通りになっているかどうかは心もとない。やさしく、わかりやすく説かれているかという前に、一神教宗教であるキリスト教やイスラームと、神を立てるといっても八百万の神である神道と、絶対というものを認めない仏教が、はたして互いに本当に理解しあえるのかという疑問を持たざるをえなかった。議論をしたといっても、斬り結ぶというよりはすれ違うという局面が多いからである。

しかし異なる宗教が心の底から他の宗教を理解することなど不可能であり、互いがその違いを納得し、その上で他の宗教を認めあうということこそが相互理解であると仮定すれば、実はこの座談会はむしろ大成功だったということもできる。ここにはこのような問題が生の形で出ているからである。

ところでこの座談会は出発当初には、十一の大テーマと、それぞれの大テーマの下に平均すると六つの小テーマたる項目が設定されていた。だからこの座談会はもう少し頻繁に、そしてもう少し長く続くものと考えていたのである。

しかしうかつといえばうかつであり、日ごろ生死事大を説いている宗教者としては恥ずかしい限りであるが、自分たちがすでに老人であるということをすっかり忘れていたので、この座談会の発起人代表ともいうべき坂本先生が病に倒れ、続いて世話人代表ともいうべき眞田先生が帰らぬ人となってしまった。坂本先生の後は、これも「平和研究会」のメンバーであったホアン・マシア先生が引き継いでくださったので胸をなで下ろすことができたが、眞田先生はこの座談会の柱であったので、その時点で筆者がこの座談会の終了を提案して、幕を下ろすことになった。

このような不測の事態があったので、座談会は計画どおりに進んだわけではない。坂本先生を継いでくださったホアン・マシア先生には、いくつかのテーマをまとめてご発表いただいた。八回の座談会が五章にまとめられたのはこのためである。そのほかあっちへ行ったりこっちに来たりする放談を一つの方向の対話にまとめるための苦労というものはたいへんであったであろうと想像する。この面倒な仕事をフリーライターの藤野吉彦さんと佼成出版社編集部の大室英暁さんがやってくださった。半ば諦めていた座談会記録がこのような形にまとまったのは、ひとえに彼らのおかげである。

そして本書は中央学術研究所の創立五十周年を記念して刊行された。異なる宗教の研究者が数年に亘って一堂に会して、何憚るところなくそれぞれの信念を吐露できるという場はどこにでもあるというものではない。中央学術研究所とその母体である立正佼成会があらゆる宗教に門戸を開いておられる、そのおおらかさがこれを可能にしたのである。中央学術研究所に敬意を表したい。

この貴重な座談会記録の劈頭をつたない文章をもって「はじめに」にするのは忸怩たるものがあるが、「平和研究会」の発足当初から「宗教間対話座談会」を通して生き残った唯一の残党の戯言としてお許し願えれば幸いである。

森　章司

令和二年一月吉日

宗教間対話座談会　宗教に明日はあるか？

目次

装丁　山本太郎

第1章　宗教の成り立ちとエッセンス——宗祖・本質・聖典など——

川本貢市（司会）：先生方には、お忙しい中をお出でいただきましてありがとうございます。いよいよ今日より「宗教間対話座談会」に入らせていただきます。座談会の時間は毎回三時間を確保していますが実質百五十分、お一人三十分×五つの宗教ということで、その内訳は大体十分くらいでご発表、二十分で議論をしていただくという形で進めたいと思います。そして、録音した内容を文字に起こして編集し、それを後日、先生方にご校正いただくという流れで書籍化を目ざして参ります。

それから、議論に参加するにあたって、これは森章司先生にお作りいただいたのですが、参加者のスタンスについて確認させていただきたいと思います。

「参加者はそれぞれの宗教を立場としながら自由に発言する。他の宗教の教えを学ぶという姿勢で参加する。聖典の記述を基礎としながら各自の自由な解釈、理解に基づき各自の信念に反することを発言しない。あるいは聖典にはこう書いてあるけれども自分は分からないなら分からない、ノーコメントならノーコメントと正直に発言する。他の宗教の疑問点、理解できないところ、賛成できないところは正直に発言、あるいは反論し議論する。他の宗教に理解できるところ賛成できるところがあれば各自、担当の宗教に反する事でも正直に発言する」というものです。

坂本堯：確認ですが、一人あたりの発表時間はどれくらいですか。

眞田芳憲：十分でしょう。

川本：一人の方に十分で発表していただきまして……。

安蘇谷正彦：三十分じゃなかったですか。

川本：発表と議論とで一人あたり三十分なのです。

眞田：議論するのに二十分の時間をとってあるのですね。

安蘇谷：私は五分でも二十分でも、じゅうぶんですが。

眞田：厳しいですよね。発表は大体十分か十五分になるかもしれないけれど、議論を含めて三十分に収めるということですね。

川本：それはご自由に判断していただいて構いません。それでは時間ももったいないですから、早速始めさせていただいてよろしいでしょうか。まず発表の順番ですが、最初にキリスト教、続けてイスラーム、釈迦仏教、大乗仏教、神道という順番でいかがでしょうか。坂本先生、いきなりトップバッターという形になりますけれど……。

坂本：私は異論ございません。

川本：それでは、最初にキリスト教の坂本先生からお話をしていただくということでお願いいたします。

森章司：これは私から言うことではないのですが、これを録音して文字起こしをして一般読者に読んでいただくものを作るということでやっていきますので、やさしい言葉で分かりやすくお願いします。

坂本：なるほど。それはとても良いことだと思いますね。宗教というと難しくなってしまうのですよね。キリスト教もラテン語なんかを使いだすと日本の方には分からないことが多いので、できるだけ森先生がおっしゃったように誰にでも分かるような言葉でお話ししようと思います。でも、これは難しいですね。神学校で教えるほうが楽ですよ。決まっている教科書がありますからね。

キリスト教について

坂本　堯

「創立者」はイエス・キリスト

キリスト教の本質、これは本当に難しい問題を出されたと思って弱ってしまいました。「キリスト教の目ざすものは?」という問いにならまだ答えられますが、「キリスト教の本質は?」と聞かれると答えに窮します。とにかく今の神学にはいろいろな学派があるからです。カトリックの神学とプロテスタントの神学、しかもプロテスタントにもいろんな学派があって、何をもってキリスト教の本質と言うべきかというのは迷うところです。私はカトリック神学を主にやっております。プロテスタントの神学は日本に帰って来ていろんな方と一緒にいちおうやったわけですけれど、カトリックの神学を長くやっております。そこで皆様にはそういう点から話させていただきたいと思います。

まずキリスト教の創立者についてですが、これは皆様方、イエス・キリストが創立者であるということは誰でも認めると思います。しかし、イエス・キリストとはどういう人物か、これが大事なんです。カトリックでは「三位一体論」ということで、キリストが神だと言う。「父と子と聖霊」という三つのペルソナに分けて神の一体性を言うわけです。これが原理です。この原理は、アウグスティヌス（Aurelius Augustinus, 三五四―四三〇年。古代キリスト教最大の教父・思想家）が言っているように、分からないですよ。理性をいくら使っても、三つのペルソナが一つの実体になるということは、人間の普通の考えではできない。これはミステリー（神秘。ミステリウム、玄義）ですね。ですから「三位一体論」をキリスト教の神学ではまず受け入れるほかない。

とはいえ、このミステリーについて、実はイエス本人がはっきり言っていないんです。私は、この「三位一体論」は後の神学者がイエスの神性（divinitas／ディヴィニタス：神であるということ）を強調するために作り上げたと思っています。神学的な労作ではあるのですけれど、青木保先生（文化人類学者、元文化庁長官）も言っているように、人間の理性で分かろうとすることすら不可能なのです。玄義としてミステリーとして「三位一体」ということを頭に置きながら、父と子と聖霊と三つあるわけですが、イエス・キリストをその中の一つのペルソナである子として、この聖霊によって、イエス・キリストを人であり神であると分かる。そういう立場からキリスト教はイエスを考えるわけです。

イエスの人性と神性

イエスは約二千年前、より正確には紀元前七年頃とされますが、ベツレヘムに聖母マリアの子として生まれた。父親がいないんです。ここが問題ですね。誰が父親なのか。人間的に父親は聖ヨゼフ（ヨセフ）といわれていますけれど、もうお年寄りのおじいさんで、子供ができるような男じゃない。そういう意味で、聖母マリアはどのようにしてイエス・キリストを身籠ったかという考え方を、キリスト教は、神秘なことですけれど大事にしています。『ルカによる福音書』に、なぜ聖母マリアは夫が無いのに子どもを持ったかということが書かれています。ガブリエルという大天使が現れて、奇跡的な受胎を宣言する。私はイエス・キリストについて、ここが最も考えるべきことだと思います。

イエスはマリアの子なのですけれど、実は父親は神なんです。神が、どうしてイエス・キリストを生むためにマリアと交わったか。これは私、神学でいろいろなことを聞きました。けれど、イエスがマリアの身体から、普通の女の身体から生まれるようにして生まれたのか、あるいはパッと出てきたのか、そういうことははっきり分からない。とはいえ、新約聖書に書いてあるベツレヘムにイエスが降誕したということは、イエス・キリストの大事な事件です。これは歴史的な一つの事件であって、考えたことではない。このことがキリスト教の最重要なことなんです。歴史的な一つの事件として、イエス・キリストはいわゆる父がいない子どもとして生まれる。人間の父はいない。結局そこは不思議な力、つまり神の聖霊によってイエスをマリアが宿したといわれている。これが、馬小屋で生まれる前に大切なことです。アンセルムス（Anselmus, 一〇三三―一一〇九年。イタリア出身、イギリスのスコラ哲学者）の『神は何故に人間となりたまひしか』（『クール・デウス・ホモ』）という本があります。なぜ神が人となったか、神が人となることがどういう具合にして可能であるのか、それを書いています。私たちは神性と人性とがイエスの中で一つになることを玄義として受け容れるしかないわけです。マリアという母親が出てくるからです。後に「マリアが神の母である」という主張も出てきますが、これに対してネストリアン（ネストリウス派キリスト教徒）が「いや、マリアはキリストの人性、人としてのキリストの母であるけれど、神の母じゃない」と言って反対します。そしてネストリアンが異端になってしまう。紀元三世紀、四世紀頃からこういう問題が起こります、特に紀元四世紀のニカイアの公会議で[1]、この問題についてアリウス派とアタナシウス派に分かれて論争し、アタナシウス派の主張が公会議で認められて「三位一体論」が確立しました。イエス・キリストの人性と神性が一つになっている、絶対者である父の子であるイエス・キリストということが公認されるわけです。父と子と聖霊という「三位一体論」はイエスを理解する上で大切だと思います。

キリスト教の本質

もう一つ大切なのは、なぜイエスが馬小屋で、しかも旅の途中に生まれたかということです。神の子ならば皇帝よりも位が上ですから立派な宮殿で生まれてもよかったのに、逆に、粗末な貧しい馬小屋で生まれた。それも、横たわるところがなくて厩の中にある馬槽の中にイエスは横たえられたのです。このことがキリスト教の、イエスの教えの、大きな基になっています。すなわち、人間というのはそのように謙遜でなければならない、あるいは貧乏だからといってバカにしてはいけないといった教え、キリスト教の清貧の教えです。ちなみに後々、清貧と貞潔と従順、この三つの徳がキリスト教徒に大切なものとして教えられるようになります。とにかく、イエスはユダヤ人の子である、ユダヤ人の中で聖女といわれるマリアの子どもとして生まれた、人間の父親はおらず、養父として守護者のような形で聖ヨゼフという人がいる、そういう人物です。

ここで「ユダヤ人イエスを人類の救い主キリストと信じて、その教えを守り、キリストの国、この世のものではない天国、霊界に行けること」がいわゆるキリスト教の本質ということになります。イエス・キリストの持つキリスト教創立者としての本質、それがまず大事なのです。

イエスはユダヤ教の背教者として十字架の刑を受けた

次にキリスト教における十字架というものを取り上げます。キリスト教徒にとって、今言ったように、イエスの教えを守ること、あるいはイエスが生まれたという歴史的事実を信じ彼の教えに従って生きることが大切なんですけれど、イエスの教えを守るときに最も大切なのは何かというと、十字架なんです。ユダヤ教とそこで対立します。イエスは実はユダヤ教の信者なんですよ。私に言わせると「イエスはユダヤ教の改革者」であって、その改革がユダヤ教から認められず、認められないというだけでローマに売られ、結局、背教者の形でイエスは殺されてしまう。その殺され方が十字架の処刑。罪人扱いです。人間として最も重い死という問題を考えると、イエスは実に惨めな死に方をしました。なぜ惨めな死に方だったか、これも一つ、キリスト教の大きなミステリーなんです。神が、なぜか人となったうえに、十字架で刑死する。無惨な死に方です。神が犯罪人として処刑されてしまったわけですから。

ユダヤ教から見るとイエスはユダヤ教の背教者です。イエスはユダヤ教の教典をいろいろ批判しました。ユダヤ教の教えの大切なものを残してはいますが、ユダヤ教の教会をイエスは厳しく批難した。特に俗化したユダヤ教を攻撃しました。旧約聖書を読むとユダヤ教には長い歴史がありますけれど、旧約聖書の主な部分は天地創造と布教です。ユダヤ教をどう広めていったかが記されている。最初はエジプトに行ってエジプトのファラオと戦います。エピソードとしてモーゼ（モーセ）がユダヤ民族を全部エジプトから引き連れて約束の地であるエルサレムに向かうわけです。しかし、その間にたくさんの戦争をやります。

三十三歳のイエスはローマ兵に引き渡され、荊の冠を被せられ、鞭打たれ、十字架に釘付けにされます。縄で十字架に縛られるのではなく、左右の掌に釘を打ち付けられて十字架に固定されるんです。そして槍で心臓を刺され出血多量で死ぬ。残酷極まりない死に方をイエスはした。ユダヤ教からいうとイエスは大罪人なんです。ユダヤ教は決してイエスを許さなかった。しかし、イエスがユダヤ教の教会を峻烈に批難したのは、彼がユダヤ教を理想的なユダヤ教にしたかったからなのであって、ユダヤ教を滅ぼすつもりなど毛頭なかったのです。この点は間違えないでいただきたいです。

ユダヤ教とキリスト教の関係ですが、私は、四世紀頃にローマ帝国の国教になったキリスト教とイエスの教えとでは、ユダヤ教に対する姿勢が異なると考えています。本質として異なります。イエスは、ユダヤ教の全てを完全否定したというわけではない。イエスはユダヤ教のエホバ（ヤハウェ）を肯定していますし、エホバの下に正しいユダヤ教の教会を創りたかったのです。当時のユダヤ教のあり方をイエスが厳しく批判したのは、ユダヤ教が堕落していると考えたからです。神が創りたい真のユダヤ教ではなくなっているとイエスは考えた。政治と、特にローマ帝国と一つになってしまい、世俗的になってしまったユダヤ教の教会を、イエスはもっと神聖でスペシャルな教会にしたかったのだと思います。したがって、私はイエスの運動はスペシャルケアだったと判断しているのです。そういう判断でイエスを見ないと、イエスが十字架に磔にされて死んだ意味はよく分からない。なぜ十字架の上に死んだのか。惨めで酷い死に方ですよ。弟子はみんな彼を見捨てて逃げてしまう。筆頭弟子のペテロをはじめ、男の弟子たちはみんな逃げました。十字架の下でイエスの臨終とあの世への旅立ちを見守ったのは、母親のマリアとマグダラのマリアくらいです。私は、イエスの死は最高の悲劇だと思います。そういう悲劇の中で、実はイエスは「自分は死から復活する」と予言していた。これもキリスト教の本質なのです。死んでも、本当には死なない。復活してもっと素晴らしい教会を建てるということです。このイエス・キリストの復活こそがキリスト教最大の神秘です。十字架の死と、死からの復活。これが私はキリスト教のミステリーだと思います。

神学は贖罪論として、イエスが死ななければならなかった理由をいろいろ説明します。要するにアダム以来の人間の積もり積もった原罪から出てくるのが、人間の犯した多くの戦争です。イエスの一番の目的は平和な宗教によって戦争を止めさせることです。ユダヤ教と全く反対なんです。ユダヤ教はユダヤ教を広めるために戦争した。布教のために戦わなければいけなかった。それをイエスは否定したのです。そしてユダヤ教が激怒したのもその点だと思います。ユダヤ人は戦うために宗教を持っているのに、イエスは「戦ってはいけない、武器は捨てろ」と弟子に説いたわけです。その結果、捕らえられて十字架で惨めな死に方をする。復活が無かったら、おそらくもうこの無残な死の意味もあり得ません。イエスは死んでなどいない。十字架の上で身体は絶命して逝ったけれども、なぜか知らないがイエスは生きている。イエスの魂というか霊魂というか、それがイエスの最高の姿だと思います。

聖霊の不思議なパワー

イエス・キリストの目的は、自分が死ぬことによって多くの人々、全人類を救うことでした。なぜか彼はそういう考えを持った。そして、死と復活とによって彼は全人類を救う意思を示し、教えたんです。

イエス・キリストは死んでから、聖霊の不思議なパワーを送ってきます。イエスの弟子たちはどれも本来だらしない漁師たちで、学問も無ければ精神的パワーも無く、ただただイエスに付き添っていた。そしてイエスが死ぬ時にはみんな逃げてしまった。こんな弟子たちがどうしてアポストル（［独］Apostle 使徒）となり、イエスの宗教のために死ぬまで使命感を持っていろいろ働いたのか。十二使徒を始めとして後の聖パウロなど、多くの使徒が出てくるのはなぜか。それは、不思議なパワーを彼らが持つからなんです。はっきりいうと死を恐れないパワーです。死というものを全く恐れない、むしろ殉教するのが楽しくなる、いや、殉教するために生きる、そういうパワーです。

だから、イエス・キリストのために死ぬことが使徒たちや弟子たちの願いになってくる。殉死が本望。そのくらい不思議な力を聖霊が送り、もともとくだらなくつまらない人間だった男たちを、素晴らしい使徒たち、素晴らしい弟子たちに変えていくのです。そのパワーはイエスが死んでから送られてくる。「聖霊降臨」といいますが、空からそのスピリチュアルパワーを送られてくるわけです。これが、キリスト教が教会を出て大きくなっていく力の基になっているのです。

日本での布教は極めて困難

最後に、キリスト教の日本への布教について簡単に述べます。ざっくばらんに言って、日本では、アメリカのペリー提督に開国を強制されるまで、キリスト教は邪教として排斥されてきました。なぜ邪教とされ、なぜ日本で広まらなかったのか。そして、なぜ今日も広まらないのか。今も、キリスト教の日本布教というのは、アメリカとヨーロッパの莫大な布教の費用を注ぎ込みながら、ほとんど効果は上がっていません。なぜか。それは、日本の宗教と日本の国家が、神道によって極めて深い関係にあるからです。私はそう思います。国家と宗教が神道において深い関係にあるのです。神道はユダヤ教みたいなものなんですよ。キリスト教が伝播されてきたけれど、日本では古来ずっと天皇が政治と宗教の最高権威者であり続けています。キリスト教は本質的にユダヤ教の絶対一神教なので、日本人に根づいている相対的宗教観とは相容れません。天皇を頂点に戴く神道の国、日本でのキリスト教布教は極めて困難である、私はそのように感じています。このことについて忌憚なくご意見なりご質問なりを頂戴できればありがたく思います。

キリスト教についての座談会

竹村牧男：私がお聞きしたいのは聖典のことに関してです。キリスト教にはバイブルがあるわけですが、特に新約聖書というのはイエスの言葉そのものなのかそうでないのか。その中にイエス自身の言葉がどれだけあるのか。それからパウロはどのように関わっているのか、その辺をちょっと教えていただけないでしょうか。

坂本：実は、聖書の問題を話しはじめると、「旧約聖書を認めるか、新約聖書を認めるか」といった大問題が出てくるのでね。

竹村：それはまあ置いておいて……。

坂本：しかし、新約聖書の中をいろいろ聖書学的に研究すると膨大なものになってしまう。だから聖書学的なものは、そう簡単に書けないわけなんですよ。

安蘇谷：だけどそれを簡単におっしゃってくださらないと（笑）。

竹村：一般の方向けに分かりやすく。

坂本：だから、それは不可能だと思いますよ。

安蘇谷：不可能ですか。

坂本：キリスト教の聖書学というのは今はもう、プロテスタントの影響もあって大変なんです。私がローマにいたときに聖書学の先生方が聖書研究所を作って、以来、聖書の考え方そのものが非常に複雑になっているんです。

森：しかし先生、それは難しいほうのお話ですよね。簡単にいってキリスト教の宗祖というのはイエス・キリストでよろしいんでしょう？　単純に「キリスト教の開祖はイエス・キリストでいいですか？」という問いには「いいです」が答えとなりますよね。キリスト教の聖典となると、おっしゃったように多くの複雑な問題はあるでしょうけれど、とりあえず「旧約聖書と新約聖書」でよろしくはないのでしょうか。

坂本：カトリックは旧約聖書を見ています。しかしプロテスタントは、カトリックのようには聖書を扱わないですね。新約聖書を重視します。ですから私がもしカトリックとして聖書の問題を述べるとしたら、私のほかにプロテスタントの神学者を入れなくてはいけない。仏教もいろいろな方がいらっしゃるでしょう。キリスト教も今や膨大な世界なんですよ。だからどうするかと私、迷ってしまって、今日のところは現代的なキリスト教の問題を述べたんです。けれど、それではやはり、おっしゃるとおり、キリスト教の本質というものが出てこない。キリスト教の本質というのはもちろん聖書にあります。しかし聖書解釈がどうなのかが大問題なんですよ。聖書解釈によってはイエス・キリストは人間になってしまう。ですから、聖書解釈をここで取り上げるかどうかという問題から、私は実は逃げてしまったんです。

安蘇谷：そこはやはり坂本先生ご自身の「私はこのようにして、キリスト教徒として生きている」という立場からのお話をうかがえればよろしいんじゃないですかね。

坂本：そうですか。

安蘇谷：私もアメリカの南メソジスト大学というテキサスにある学校にいた時に同僚の学者から悩みを聞きました。彼はアメリカ人でした。そして「宗教学の立場からキリスト教の概説書を書こうとしているのだが、カソリック、プロテスタント、そしてギリシア正教会、それらを全部ひっくるめたキリスト教など書けない。そのことに気がついて本当に大変だ」と彼は言いました。まあ結局、彼は彼なりに書いたんです。ですから、私としては、せっかく坂本先生がキリスト教の立場でここにいらっしゃって、私も神道の立場でここにおります。いろんな人がいて、いろんなことを言っていただくのが望ましいと思うんです。ただ、神道はキリスト教ほど材料が無いんです。材料が無いのをいいことに私は勝手なことが言えるのかもしれません。私は神社神道の系統の話はしますが、一方で教派神道(2)のことは抜かして話すでしょう。教派神道を入れたら話がバラバラになってしまうからですし、私自身が教派神道を含めた日本神道の全貌をまとめるだけの勉強をしていないからでもあります。もちろん、神社神道のことに限ってさえも、私の意見を述べたとたん、それは一つの意見にすぎないということになって、神道学者はなかなか誰も賛成しないわけです。たとえば私が神道の定義をするとしましょう。その定義について「それでいい」なんて言う國學院大學の先生など、まずいない。ですから、もうそれはそれでしょうがないですよ。ざっくり申して、ここはキリスト教を代表して坂本先生がいらっしゃるという場ではございません。私だって神道を代表しているわけではありません。いかがでしょう、坂本先生、キリスト教の聖典についても「いろいろな見解があるけれど、私はこう思う」でしょうがないじゃないですか。それをおっしゃっていただけるとありがたいと存じます。私の担当の神道なんか宗祖も聖典も無いですよ、私はそう考えます。ただし「無い」と言う人もいれば「ある」と言う人もいるという現状を踏まえたうえでの私見表明です。ですから、坂本先生にもそういうふうにおっしゃっていただけるとありがたいと考えています。

坂本：私がそういう私見をこういう場で述べたものが公になると、はっきり言ってキリスト教の世界からは馬鹿にされるだけですよ。くどくど申し上げてすみませんけれど、聖書学といったらもう大変で甚大で複雑な学問なんですよ。

竹村：聖書にはマタイ、マルコ、ルカ等々の福音書がありますが、大半はパウロが書いた手紙とかが多いですよね。パウロはキリスト教にどのように関わっているのですか。

坂本：私はね、それもミステリーだと思うんですね。パウロは、ダマスカスで光に打たれて回心した自分の経験を「キリストが現れた」と述べる。しかし、それを証明する人が誰もいないんですよ。そういうミステリーがパウロの根幹にあります。パウロというのは、回心するまではキリスト教徒に会っては殺していた人ですよ。それが突然ダマスカスで光を受けて目が見えなくなって、アナニアという人に導かれてやっと三日か四日後に落ち着きを取り戻し、再び目が見えるようになってから、今度は以前と突然うって変わってキリスト教の最大の宣教者になるんです。これは、ミステリウムですよ、私には。しかもパウロの経験は証明する人が誰もいない。

竹村：パウロの教えとイエスの教えの関係はいかがですか。

坂本：パウロは生前のイエスに会っていません。結局、パウロはパウロ自身のキリスト教解釈をやったわけです。一方で、ルカなんかは生前のイエスと会っている直弟子です。聖書の福音書を書いた一人であるルカはイエスの直弟子だから、イエスのことをルカなりによく知っている。とはいえ、福音書というのは始めから書かれたわけじゃないんです。イエスは何も書いていない。それを弟子たちが「イエスはああ言った、こう言った」ということを合わせて書いて、福音書ができる。福音書がカノン（[英] Canon 聖書正典）として認められたのはイエスが死んで復活してから二世紀くらい経ってからです。初めのうちはいろんな人の書簡です。それを教会が聖書として、カノンとして認める。このような経緯なのですから、聖書というのは、ある意味では教会が選んで決めた、そういう代物なんです。はっきり言って、教会が正式に認めなかったものがあります。いわゆる偽書とかがいっぱいあるんです。それら有象無象の中から「これがイエスの教えだ」と教会が決めたものが福音書となった。どのようにそう決めたかというと、教会の権威だけなのです。私は、そういう姿勢に対して異議を述べます。哲学的にいうと「元に戻すべきだ」と言っているわけです。聖書については様々な権威付けがあります。「あれは神が書いたのだ」「人間が書いたのではないのだ」「神官によって手を動かしたのは神だ」などなど、そういうような考え方を聖書に持って来る。本当にそういうことを証明できるのか。できません。教会がそう言っているだけです。ですから、私は聖書が普通の本とは違うということは分かりますし、その存在を認めるにやぶさかではありませんが、しかし、聖書を絶対視すると問題が起こると思っております。

川本：坂本先生、カトリック教会においてはパウロの書簡が大事なものと認められているということでよろしいのでしょうかね。

坂本：もちろんです。今の新約聖書というのは今に至るカトリック教会、最初の教会がカノンとして認めたものです。いわゆる偽書などはことごとく除外してしまった。マグダラのマリアの福音書と言い伝えられるものを認めないというのはなぜなのですかね。だからカトリックの教会はいつも「聖書だけでやらず教」（拠り所は聖書だけでない）と呼ばれるものといえます。プロテスタントはそれに反対する。プロテスタントは「ソラ・スクリプトゥラ」（sola scriptura）という立場です。これは「聖書だけが神の教え」という意味です。カトリックは聖書だけじゃ成り立たないわけですよ。ですから、聖書以外のトラディション、聖伝が重んじられます。ミサとかいろんなトラディション、それらが教会の聖伝ということなのですけれどね。トラディションについても、カトリック教会は聖書と同じような価値を認めるんです。プロテスタントは聖伝など認めないですよ。そのほか東方教会というものもあります。東方教会はカトリック教会から分かれた教会です。「三位一体論」にしても、教会や施設によって考え方がいろいろ違ってくるわけです。

　そのような事柄を考えますと、私はカトリック教会のいう「絶対性」には疑問無しとしません。カトリック教徒として言ってはいけないと思うんだけれど、やはり私は、なんて言うかな、第二バチカン公会議[3]が「レフォルメーション」ということを言い出したときから小首をかしげています。レフォルメーションは英語でリフォーメーションです。ドイツ語でレフォルマチオン（Reformation）というと、ルターの宗教改革が最初なのです。私は進歩的な神学者に「いつも教会はレフォルメーションしなければならない」と申します。そういう考え方の神学者もいるのです。そうするとレフォルメーションというのは一回で終わらないわけです。現代は「第二バチカン公会議のレフォルメーションの時代」ですが、そのうち第三のレフォルメーションが起こってくると思います。教皇が、今、いろいろ新しくやっていますけれど、あれは一種のレフォルメーションだといえるでしょう。

川本：坂本先生、すみません。キリスト教という宗教の必然的なものについてなのですが、いわゆるカトリック、キリスト教で必然的に大事なものは、先ほどおっしゃっていただいた中の「イエス・キリストの死」と「死からの復活」ということであると考えてよろしいのでしょうか。

坂本：私はそう考えています。もちろん「キリスト教の本質」を書いた方々が数多くいて、それぞれです。ですから、私は自分のキリスト教の本質を考えていいと思うのですよね。たとえば誰かさんのキリスト教の本質の本をここで解説するのだったらその本を読んだほうがいいのであって、私がここにいる必要はない。そう思います。キリスト教の本質について、ある意味で絶対的な定説があると思われる方も世間にはいるでしょう。ともすれば、カトリックでもプロテスタントでも、いわゆる大学者が「キリスト教の本質」をテーマに本を書くとそれが絶対のように思われがちです。しかし、私はそうは思わないのです。それはやはりその人の会得したキリスト教の本質なのであって、絶対的なキリスト教の本質論というのは無いのではないかと私は思いますね。だからその点、安蘇谷先生がおっしゃってくださった言葉に共感を覚えます。

安蘇谷：いや、それは私もよく分かるんですよ。私、先日ちょっと「神道と日本文化について」というテーマで講演をやって、その前に少し勉強をしたんですけれど、日本人というのは曖昧でいいのですよ。決めないでいい、決めないでも許される。ところが欧米人、特にキリスト教は「決めないと駄目」というわけでしょう。神の子か人の子かで異端かどうかを決める。さっき坂本先生がおっしゃったレフォルメーションとかも決め事のように感じました。キリスト教は突き詰めた言葉で説明していく宗教なのではないでしょうか。そこが、日本人の親しんできた物の考え方や感じ方に合わないのかもしれません。天皇制度がどうのこうのとか、国家神道がどうのこうのというよりも、そういう突き詰めた言葉で説明しなければならない考え方や感じ方が、どうやら日本人は嫌いなんですよ。キリスト教のそういうところが、日本にキリスト教徒がなかなか増えない理由なのではないかと思うのですけれど。もちろん、キリスト教の人たちにとっては突き詰めた言葉で説明することが大切だということは理解できます。

坂本：だから戦争をするのです。宗教戦争はそこから来るのです。

安蘇谷：そうですよね。

眞田：そう簡単にいかないでしょう。宗教戦争というのはちょっと違った問題ですよ。

安蘇谷：ともあれ、取りあえず私は坂本先生がおっしゃった正典についてのお話を我が意を得たりの思いで承りました。私も五十年くらい前にアメリカに留学した時、『死海文書』を研究している学者の授業を受けたことがあります。けれど、もう何を言っているかよく分かりませんでした。ただ、いわゆる聖書の福音書、マタイ伝とかマルコ伝とかルカ伝とかね、その中でどこからどこまでがちゃんと証明できるとか、そういう部分部分があるわけでしょう。坂本先生がおっしゃったように二世紀の始めにまとまったとしても、もちろんそれは教会の権威があったからかもしれないけれど、新約聖書について、発見された『死海文書』と符合するからこれは原マタイ伝じゃないかとか、原マルコ伝じゃないかとか、そういった議論が五十年も六十年も前から続いていると聞きます。ですから私は、歴史的な事実と神学としての答えとが違っていいと思うんです。坂本先生のお考えを、たとえば先生がキリスト教の聖書や聖典をどのようにお考えになるのかというところを、拝聴したく思います。乱暴な言い方かもしれませんが、よしんばどんなに批判されようと、バカにされようと、おっしゃっていただけたほうが勉強になります。まことに勝手ながらそのように思うのです。

坂本：はい、私も安蘇谷先生がおっしゃるように、キリスト教を日本人に分かりやすく説くためには、やはり、いわゆる日本人的な考えの中で話していかなければいけないのだろうと考えます。ですから、この宗教間対話座談会の企画も、ヨーロッパのキリスト教をヨーロッパの人に話すようにこの場で説明しても、埒が明かないだろうと思います。

キリスト教の神学用語というのは、とにかく分からないから。二千年に亘って神学者たちがいろいろ論争してきました。神学論争とは戦いです。負けたら昔は火炙りになったのです。大変なことです。

イスラームについて

眞田芳憲

ムハンマドが伝道を始めた

私は四つの項目を話してみたいと思います。坂本先生のキリスト教のお話についての議論には、ほとんど参加しませんでしたけれど、それは、坂本先生のお話に関連する形でイスラームのお話がしたいということもあって、あえて発言しませんでした。

まずイスラームの成り立ちということです。中東の宗教の歴史は預言者の歴史と言われていて、また啓示の歴史とも言われていることもあり、かつて学生に教えたことがありますので、その資料に基づいてお話しします。

イスラームの成り立ちは一般に西暦紀元後六一〇年、ムハンマドが初めて大天使ガブリエル（アラビア語ではジブリール）から神の啓示を受け、最初の啓示から三年間いろいろ精神的修行に専念した後、神の啓示が再開して、それから伝道を開始したといわれております。ムハンマドに下された神の啓示を、彼はアラビア語で「イスラーム」と呼んだ。そこからイスラームという宗教名が付くことになるわけです。

神に絶対服従

では「イスラーム」とは何かというと、それは「唯一神に対する絶対的服従、帰依」という意味内容です。従来、イスラームは「モハメッド教」とか「ムハマッド教」とか「回教」とか「イスラム教」とか呼ばれてきました。最近はイスラム教という言葉が一般に使われております。これらがどう違うか、このことははっきり確認しておかなければならないと思います。はっきりさせることがイスラームという宗教を理解するうえで役に立つからです。

イスラームは唯一神に対して絶対服従をする宗教であります。人間に対してではありません。神以外の人間には何人であろうと帰依いたしません。ですから「モハメッド教」とか「ムハマッド教」は十六世紀以降、ヨーロッパでかなり使われていた言葉であり、そして十九世紀に入るまでもヨーロッパの文献に出てきた言葉でありますが、明らかに間違いだということになります。それから「回教」は明治に入ってから使われております。これは中国の「フィフィ教」で、ウイグル族/回族を通じて中国に伝播された宗教ということで使われました。しかし、イスラームはユダヤ教のような選民の宗教、選ばれた民の宗教ではない。全ての人類に対して神の啓示が下っているのですから、一民族の宗教ではない。だから、この言葉も実態を正しく押さえていないわけです。それから「イスラム教」ですが、「イスラーム」が「唯一神アラーに対する絶対的服従、帰依」を意味する、したがってこの言葉自体が教えの内容になっています。ですから、さらにそこに「教」をつける必要がないのです。ということで、私は「イスラーム」と呼んでいるわけです。もちろん、イスラーム学者の中には「イスラム教」と呼んでいる人がおります。それは、私が述べたことを十分踏まえたうえで、キリスト教や仏教のように「教」を付ける分かりやすい形で呼ぶのであろうと思います。けれど、「厳格に言えばイスラームのほうが正しい」と私は考えておりまして、あえてイスラム教という言葉は使いません。

さて、この唯一神絶対的服従とはどういうことか。私は、もう十年ほど前になりますけれど、当時バチカンにいた尻枝正行神父と、メルボルンで開かれた学術発表世界大会の時にいろいろ話をしました。その中で尻枝神父は、「イスラームは神に対して直下に直結した宗教ですね」と言われました。バチカンの神父からそう言われたことに私は驚きました。

私は、イスラームには本当に強烈な神の意識があろうと思っております。絶対的服従ということを見てみましょう。中東世界には奴隷がおりました。奴隷とは主人の所有権の対象物でしかありません。ですから主人にものが言えない、それが奴隷です。この主人と奴隷の関係のように、イスラームの信者は神から何を言われようとそれに絶対服従する。神とのこの関係はものすごく重要でありまして、このことを一つ頭に入れておいていただきたいと思うんですね。

預言者にして使徒である六人

イスラームにはアダムからヌーフ、イブラヒーム、ムーサー、イーサー、ムハンマドという六人の預言者がいます。この六人の預言者は使徒でもあります。『クルアーン』（コーラン）では預言者の数は三百十三人とも三百十五人ともいわれていますが、そのうち二十四人の預言者の名が『クルアーン』に書かれております。その中で特に使徒には、神がある特定の共同体へのお告げを書物の形にして託しました。預言者にして使徒というのはこの六人なのです。

預言者の歴史を見ますと、たとえばムーサー（モーセ）は、唯一神から下された啓示を律法（トーラー）として受けとめて人々に伝えました。ところが百年、二百年、三百年と時間が経ってくるとムーサーに下った本来の教えというものが段々乱れてくる。すると、乱れというものが選民思想、つまり自分たちだけが選ばれているという考えになってきました。次にイーサー（イエス・キリスト）が現れてくる。イーサーは神の啓示を、インジール（新約聖書）などにあるごとく、「神の絶対愛に対する魂の救済」というものとして人々に伝えた。やがてキリスト教では、先ほどから議論がありましたように三位一体というものが中心になってくる。キリストあるいはマリアの人性、神性というものがキリスト教神学の大論争となり、血で血を洗うような状態になってくる。ところがムハンマドから見ますと、三位一体という考え方、イエスを神とする考え方はないんです。神はアッラーだけ。人間はいかなる意味においても人間である。ムハンマドは人間であります。彼自身は「生きたクルアーン」と言われるくらい『クルアーン』に忠実に生きた人ですが、信仰の対象ではありません。『クルアーン』イコール神の言葉、なのであり、ムハンマドは決して信仰対象となっていないのです。あくまでも人間でしかない。人間の中の預言者でもある使徒として尊敬はされるけれど、信仰対象ではないわけです。

ムハンマドから見ると、ユダヤ教もキリスト教も、純粋な一神教からどんどんと乱れていったものでした。彼はそれに対して「本来の唯一神絶対的服従の考えに戻れ」という一つの考え方を取っていきます。イスラームの「宗祖の位置づけと絶対者」ということを申せば、ムハンマドは宗祖とか開祖と称されるよりも、イスラーム創唱者と言っていいかもしれません。あるいは、先ほどもリフォーメーションの話がありましたけれど、元の純粋な一神教を復興させた宗教改革者、宗教を改革して神の啓示を受け取り伝達した仲介者、それがムハンマドである、こう考えておいたほうがよいのではないかと私は思います。それがイスラーム的な立場だということです。

六人の預言者の系図を見るとアダム、ヌーフ（ノア）、イブラヒーム（アブラハム）とありますが、イブラヒームは純粋な一神教者とされます。イスラームでは、イブラヒームはユダヤ教徒でもなくイスラームの教徒でもないと言われる人物です。イブラヒームの正妻サラの女奴隷ハージルが、サラより先に子供を生みます。それがイスマーイール（イシュマエル）であります。正妻のサラとの間には百歳の時に子供が生まれ、イサク、イスハークといわれている。イスマーイールからアラブ民族が始まってイスハークからユダヤ民族が始まる。こういうことで、元のイブラヒームに戻るという主張は宗教改革といえるかもしれない。純粋な一神教であるということになってまいります。そしてその時に『クルアーン』です。イスラームでは根本聖典という言葉はあまり使わず、啓典という言葉を使います。『クルアーン』は「啓示の書」なんです。神の啓示を受けた書物、それが『クルアーン』ということになります。『クルアーン』は神の言葉です。だからキリスト教のようにいろんな使徒、お弟子さんたち、そういう者の言葉は入っておりません。神の言葉、啓示の言葉しか入っておりません。『クルアーン』は神の自己啓示なのであって、人間の言葉とは完全に区別されている。人間の言葉であるムハンマドの言行録『ハディース』とは完全に区別されております。『クルアーン』と『ハディース』は、どちらもいわゆる根本聖典でありますけれど、あくまでも『クルアーン』が主であります。『ハディース』は、ムハンマドが『クルアーン』に従って言ったこと、行なったこと、黙認したことです。この『ハディース』から規範として生まれたものがスンナ[4]です。

憲法が最高規範なのではない

それからイスラームにおいて最も大事なものは何かというと、まず何よりもイスラームであることです。申しましたように「唯一神アラーに対しての絶対的服従、帰依」、これ以外の何ものもありません。このことを少しかみ砕いて説明すれば、神に全て一元化するということになり、神の唯一性ということになります。神の唯一性は生活として生きている。神の唯一性は生活の唯一性として現れてくる。そうしますと、生活の面において俗と聖というものがありません。一元的な世界です。全てが一元論として捉えられます。そもそも神が創られた世界で聖と俗を分けるものは人間の目なのであって、神の目からするならばそれは許されることではない。個人と社会、精神と肉体、現世と来世というふうに二元的に捉えられるものではない。これがイスラームの考え方です。

たとえば今、法律を見ましても、サウジアラビアでもエジプトでもそうなのですが、憲法はありますものの、憲法が最高規範なのではありません。憲法は人間が作ったものであって、これはカヌーンです。カヌーンはシャリーア（イスラーム法）とは違います。シャリーアと全く別の「カヌーン」という言葉で憲法を呼んでいる。根本規範はあくまで『クルアーン』とスンナです。『クルアーン』とスンナに反する憲法は存在しえない。したがって、国会で議論する場合には、『クルアーン』とスンナが理解できない者は国会議員にはなれないということになってくる。現世、来世、社会、生命、肉体もそうですけれど、これはまた後ほど議論となるでありましょうから、そこで触れたいと思います。

イスラームについての座談会

竹村：お話はとてもよく理解できたのですが、神に絶対的に服従するという場合、神の命令があるのですか。

眞田：そうですね。

竹村：具体的に、どういう命令に服従するのですか。

眞田：まず『クルアーン』に書いてある事柄です。『クルアーン』は全部、神の命令です。アラビア語の命令形は何種類もあります。たとえば、頭ごなしにガッと言いつける命令形と諭すような命令形があります。それによってまた理解が違ってくる。しかし神の言葉ですから、国家であろうと社会であろうと会社や法人であろうと個人であろうと、その全ての行動の判断基準が『クルアーン』に従ってある。そうすると『クルアーン』の理解が大変なことになっていく。これは解釈問題で、宗派によって割れてきますけれど、どの宗派も『クルアーン』と『ハディース』が根本規範であるということについては変わりません。

竹村：その命令というか教えというか、その中で核心、根本になるものは何ですか。

眞田：六信五行、これが一番の核心であり根本だろうと思います。イスラームの生き方はアッラーの教えに従うこと、そして一人一人が平和を求めて生きることです。先ほど平和の問題がございましたけれど、アラビア語で平和は「サラーム」と申します。ちなみにアラビア語には母音が無い、子音だけです。子音だけ見ると分からない場合がありますけれど、イスラームとムスリムとサラームはどれも子音は同じで、元々は同じ言葉なのです。この三つの言葉が一緒になって、根本的に同じであるという構造になっております。だからイスラームとは、ムスリムというものはイスラームで生きること、生きることはサラーム（平和）であること、という宗教だといえるでしょう。その中で六信五行というのは、六つのこと（アッラー、諸天使、諸啓典、諸預言者、最後の審判、定命）を信じ、五つの信仰行為（信仰告白、礼拝、喜捨、断食、巡礼）を行なうことです。これが最も重要です。

六信のうち諸天使、諸啓典、諸預言者はどれも複数形です。諸預言者には、先ほど申したようにモーセもイエスも含まれます。マリアは預言者でありませんが、『クルアーン』にはマリアの生涯が一章あります。ちなみに、私の友人であるスーダンの大使の名前はムーサで、これはモーセのことです。イスラーム教徒であれムーサという名前を付けます。ですから、イスラームではムハンマドだけが特別の預言者であって、ムハンマド以外は特別視しません。それから諸啓典。啓典というものは神が啓示として下すものですから、ユダヤ教の場合には旧約聖書、トーラーになります。キリスト教の場合はインジールであります。キリスト教の新約聖書もイスラームでは啓典として扱っているわけです。それから諸天使。ガブリエル、これはキリスト教的読みですけれど、そういうキリスト教と共通する天使というものがいる。このことは重要でありまして、啓典の民と、たとえば仏教の民つまり仏教徒は別なんです。仏教は多神教と見なされるからです。結婚のことでいえば、啓典の民は、啓典の民でない者とは結婚ができない。原則として、ムスリムの男はムスリムの女と結婚する。そういうふうに、イスラームでは宗教と現実生活とがピタッと合っているわけですね。聖と俗という二元論ではない。イスラームの生き方として重要なのは六信五行を神の定めに従って行なうこと。それは『クルアーン』に書いてある。それが彼らの考え方なのです。

竹村：「最後の審判」というのは、これを信ずるとやはり何か神の国に入るとか永遠の命を得るとか、そういう形になるわけですか。

眞田：最後の審判、これはやはりキリスト教やユダヤ教だと思うのですが、最後の審判を信ずるとは具体的には次のようなことです。亡くなり、墓に埋められる場合、火葬には絶対しません。骨のままです。そうすると、最後の審判の際、つまり最後の終末の時に、海の中であろうと山の中であろうと骨が埋まっていて、その骨に肉が付くわけです。肉が付けられて神の前に立つ。そして「生前、何をやったか」を天使が言う。天使が右と左におります。右には良いことを記録する天使、左には悪いことを記録する天使。その記録された帳簿を神の前に出す。それによって神は「お前は天国だ」「お前は地獄だ」と審判するわけです。地獄の様子は『クルアーン』におどろおどろしく書かれています。ダンテの『神曲』の地獄の世界よりもっとおどろおどろしい。そういう地獄は誰でも嫌がる。みんな天国に行きたい。そうすると、来世を信じるとは単に来世の存在を信じることではなくて、自分たちが現実においてどういう良いことをするか悪いことをするかによって来世が決まると信じることなのです。良いことも悪いことも全部天使が記録する。最後の審判の時にはそれで裁かれる。だから天国に行くためには良いことをしなくてはいけない。そうすると今どんなに辛いことがあっても神の定めだと思って受け止めるわけです。定命《ていめい》（カダル gadar）というのが六信五行のところにありました。神から与えられた自分の使命だと思って受け止めて、どんな苦しいことでも耐えていく。それが神から見たら正しい行いであれば来世、天国に行くと保証される。そういう考え方です。だから現世と来世は続いている、バラバラではない。今の生き方が来世を決定する、こういう考え方です。

竹村：最後の審判はいつ頃来ると言われているのですか。

眞田：分かりません。

竹村：それは言われていないのですか。

眞田：全部神の意思ですね。

竹村：人間には分からない……。

眞田：はい、神の意思です。ですから、そういうことは全部先ほどのミステリーの話でありましたけれど、神のお計らいというしかありません。ですから、タウヒード[5]（Tawhid 一元）の生活様式の一局面として、「イン・シャー・アッラー（in sha'a Allah）」という言葉があります。これは誤解されがちなのですが、何かを約束する時の言葉です。たとえば「明日会いましょう」と約束する場合、言葉にすると「明日会いましょう」の次に必ず「イン・シャー・アッラー」と付ける、つまり「明日会いましょう、イン・シャー・アッラー」という形で言って約束します。そうすると、イスラームの連中は時間にいい加減ですから、遅れてくる。実にいい加減です。こちらは「イン・シャー・アッラー」でごまかされてしまった気になり、「イン・シャー・アッラー」というのはごまかすための言葉とさえ思えてきます。しかし、これは誤解なんです。『クルアーン』の中に「何事も「私は明日それをします」と言ってはならない。

「アッラーがお望みであれば」と言わなければならない」と書かれているからです。「アッラーがお望みであれば」という意味を表す言葉が「イン・シャー・アッラー」です。つまり全てのことはアッラーのご意思によるのだから、いろんなことがあってもそれはアッラーにお任せしなくてはならない。アッラーの意思なしには何事も成し得ないという考え方がある。これが定命なのです。この定命という考え方が、場合によっては宿命論みたいになりかねない。これも自由意志の問題として神学上の議論があります。

それから「アル＝ハムド・リッラー」(Al-hamd li-allah) というのもそうです。たとえばお葬式に行き友人に「お気の毒でした」とお悔やみを述べると、必ず「アル＝ハムド・リッラー」という言葉が返ってきます。これは日本人が使う「おかげさま」に近い言葉です。ただし、我々は「おかげさま」を自分のプラスになる場合にだけ使います。お天気ならば「おかげさま」と言い、雨が降ったら「おあいにくさま」と言います。具合が悪いときに「おかげさま」は使いません。しかしイスラームでは、雨が降ろうと天気だろうと、父が死のうと子供が死のうと、試験に落っこちようが受かろうが、何であろうとも「アル＝ハムド・リッラー」と言います。つまり、同情したり共感したりすると「アル＝ハムド・リッラー」という言い方をする。徹底して「神の意思として受け止めろ」という考え方をしている。それが日常生活の中で徹底しているというのですかね。神に直結した宗教と言われるのもそういうところからくるのかなと思ったりしております。

釈迦仏教について

森　章司

釈迦仏教と大乗仏教

仏教については、私が釈迦仏教の担当で竹村先生が大乗仏教の担当ということにしてあります。それぞれの守備範囲について最初に申し上げておきますが、私の釈迦仏教というのは今から二千五百年ほど前にインドに生まれたゴータマ・ブッダ（釈迦牟尼仏）が説かれた教えを信奉する仏教です。古い時代だと原始仏教といいますけれど、その原始仏教の伝統をずっと継いで現在まで至っているスリランカとかミャンマーとかタイの仏教、いわゆる南方上座部仏教も守備範囲に入ります。中国に最も早く伝わったのはこの釈迦仏教でありまして、現在は中国文化圏ではこの釈迦仏教を信奉している仏教信者というのはいないといってよいと思いますけれど、中国にも日本にも釈迦仏教は伝わっておりました。それらを全部カバーするという意味で釈迦仏教です。簡単にいうと小乗仏教なのですが、小乗仏教というのは差別用語的なもので、大乗仏教のほうから一方的に投げつけられた蔑称でありますので、小乗仏教を名乗る仏教徒は一人もいません。上座部仏教という呼称は主に現在の南方上座部仏教を指しますので、それでは原始仏教以来二千有余年に亘って伝わってきたそういう仏教の流派が含まれないという可能性がありますし、中国、朝鮮半島、日本に伝わった中にもその流れが入っておりますので、それらを総称して釈迦仏教といっているのです。大乗仏教は竹村先生から詳しい説明があると思いますけれど、お釈迦様が亡くなって四百年か五百年くらいしてから『般若経』とか『法華経』といったお経がインドに生まれましたが、その系統です。

釈迦仏教の開祖は釈迦、とは言い切れない

釈迦仏教の開祖はお釈迦様に違いなかろうということに一見なりますが、実はそう簡単ではありません。釈迦仏教の開祖はお釈迦さんだと決めてしまうと、実は大乗仏教の説明がしにくくなると思います。なぜかというと、歴史上のお釈迦さんが「自分は過去の諸々の仏が通ってきた道を通ってブッダになったのであり、過去の諸々の仏が説かれた教えを自分も説いたのだ」という自覚を持っておりましたので、自分が新しい宗教を始めるという気持ち、自覚はなかったんです。そういう意味では釈迦仏教の開祖がお釈迦さんだと決めつけてしまうのは少し問題がある。ただし、お釈迦さんが「過去の諸々の仏の教えを自分も説くのだ」と言って法を説かれたわけなのでありまして、実は、我々は過去の諸々の仏の教えを直に知ることはできません。つまり、お釈迦さんを通じてしか知ることができない。そういう意味では「釈迦仏教の開祖はお釈迦さんだ」と言ってもいいのかもしれません。しかし、お釈迦さん自身の自覚は、先に述べたものでした。

ただし、お釈迦さんが「これは自分が説いた」という自覚を持っている教えもありました。それは教団の運営の規則を書いたものでありまして、過去の諸々の仏の中にはお坊さんがどういう生活をすべきだとか、サンガがどういう形で運営されるべきだということを細かに説かない仏がいらっしゃった。皆さんご承知だと思いますけれど「諸悪莫作」で始まる偈があります。「もろもろの悪をなすなかれ、もろもろの善を行いなさい。そして自分の心を清らかにすること。それが諸仏の教えである」という偈で、これを「七仏通誡偈」とか「諸仏通戒偈」といいます。これも諸々の仏が説かれた教えなのですが、その諸々の仏の中にはそれ以上に細かく生活規則を定めなかった仏様がいらっしゃったので、その仏様の教えは長続きしなかった。そこで釈迦牟尼仏は自分の教えが、自分の説いたものが長続き

するように教団運営規則を説いた。この教団運営規則はお釈迦さん独自の教えです。

あとで問題になりますけれど、仏教の聖典は三蔵といい、経蔵と律蔵と論蔵の三つです。「蔵《ぞう》」とは文字どおり「くら」という意味です。三蔵の中の経蔵は諸々の仏が説かれた教えをお釈迦様なりにアレンジして説かれているわけで、これは普遍的な教えで、どの仏が説かれようと同じ教えになります。普遍的な真理といってよいと思います。その普遍的な真理を説いたものが納められているのが経蔵で、お釈迦さん独自の教団運営規則が納められているのが律蔵ということになります。論蔵は、お釈迦さんが亡くなった後に教理に関する議論がまとめられたものといえます。

釈迦仏教の出発点

次に、釈迦仏教の成り立ちですね。出発点はお釈迦さまですが、そのお釈迦さんがなぜ修行をしてブッダになったかというと、その動機に、人間というのは生まれたら老いて病気をして死んでいかなければならないという、いわば実際論的な問題、課題がありました。つまり、生老病死の問題を解決するために修行をして、解決できたのでブッダになったということです。こういいますと単純で卑近なことになりますけれど、お釈迦さんの教えは、経蔵に書かれている普遍的な真理です。普遍的な真理というのは「一切の物事は全て因と縁によって成り立っていく。決して絶対的なものはない。だから神は立てない」というわけですが、生老病死の問題の解決とは「全てのものは因と縁によって成り立っている」という普遍的な世界観の中のごく一部分ですね。生老病死とは四つの苦、いわゆる四苦です。なぜ苦しみが生じているのか。苦しみを解決するためにはどうすればいいか。そこのところにだけ視点をあてて説いたのがお釈迦さんの教えであって、いわば限定的な教えなわけです。背後には「一切の世界、一切のものは因と縁で成り立っている」という大きな世界観があるわけですけれど、その中の卑近な例だけを特に取り上げているということになります。
そういうことで、釈迦仏教の成り立ちは、端的にいえばお釈迦さんが生老病死という卑近な問題を解決するために修行をして仏になった、それが最初の出発点です。

釈迦仏教の聖典

釈迦仏教の聖典ですけれど、先ほども言いましたように、経蔵と律蔵と論蔵という三つです。この中の経蔵と律蔵は、釈迦仏教の場合、二つともお釈迦さんの言行録です。言行録の中で普遍的な真理に関して説かれたものが、どこでどのように説いたか、その場所だとか誰に対してだとかいう事柄も含まれておりますので、言行録のような形になっております。普遍的な側面に関して説かれた教えを集めたのが経蔵で、教団の運営方法とか教団の中で生活しているお坊さんたちの生活規則などを集めたのが律蔵ということになります。

釈迦仏教の聖典の性格、これは大乗仏教でも同じですけれど、仏教の聖典は「月を指す指」にあたります。月が真理なのであり、それを指し示している指は聖典だというわけです。冷たくて気持ちの良い水は尊い、それを汲み出すための釣瓶が聖典だ、ともいえます。あるいは、苦しみのこの世界から向こう岸にある楽しい世界、悟りの世界に渡るためには筏とか舟が必要ですけれど、その筏が聖典なのであって、これはいわば道具にしか過ぎません。したがって、向こう岸に渡ってからも筏を背負ってどこまでも運んでいくなどは愚かなことでありまして、向こう岸に渡り終わったら道具である聖典は捨てなきゃいけない、捨てたほうがよい、ということです。聖典の言葉に囚われるなということですね。そういう性格付けをされています。お釈迦さん自身はもちろんこれらの聖典を文字にされておりませんので、読誦だとか経典の書写ということはなされませんでしたけれど、釈迦仏教の考え方から言うと「お経を読んで何になる」「書写をした？　それが何だ」というような感じですね。合理的に割り切ります。

釈迦仏教で最も尊重されるのは智慧

最後に釈迦仏教が絶対とするもの、これはありません。一切のものが様々な因や縁で成り立っている、直接原因（因）や間接原因（縁）によって成り立っていますので、それがそれ自身として独立するものを釈迦仏教は認めません。仏も絶対者ではありません。ですから絶対的な価値というものが釈迦仏教にはありません。釈迦仏教で最も尊重されるべき価値は何かといえば、それは智慧です。したがって「智慧とは何か」ということが問題になりますけれど、今は申し上げません。とにかく、智慧を得て聖者になった人がブッダです。私たち全てもこの智慧を得てブッダになることができるという建前ですので、ブッダは絶対者ではない。「絶対的真理、普遍的真理は何か」と無理に問われたなら「一切のものは因と縁によって成り立っているので全ては変化する。独立自存する絶対的なものはない、というのが真理だ」と答えてよいと思います。簡単にいうと、こうなります。釈迦仏教は大乗仏教と関連しますから、大乗仏教の説明の後で、質問とかご意見をまとめて受けたほうがいいと思います。

大乗仏教について　竹村牧男

大乗仏教の開祖も釈尊である

釈迦仏教と大乗仏教は、仏教の内容としては確かにはっきり分かれる面もあるのですが、しかしかなり重複する面もあるという関係ではないかと思います。まず、大乗仏教も仏教ですから、やはり釈尊が開祖だととりあえず言わざるを得ないだろうと思います。釈尊が開祖かどうかにも大きな問題があるということでしたが、常識的にいえば釈尊だということです。

浅い勉強ですので、後で間違いは森先生に直していただかなければいけないのですが、釈尊の教団は仏滅百年後に根本分裂といって、上座部と大衆部に分かれ、その後さらに分かれていったといわれます。釈尊が亡くなったのが紀元前三八三年。(6) これは中村元先生などの説でありまして、平川彰先生もそれを認めておられました。大乗仏教は西暦紀元前後あるいは西暦紀元後五〇年とか一〇〇年とか、それ以降に現れた新宗教です。森先生から先ほどお話がありましたように、大乗仏教のほうから伝統的な仏教を小乗と呼んだわけで、これは大乗仏教が使った言葉に過ぎません。ただ、小と大と漢訳ではいわれていますが、「小乗では自分が生死輪廻から解脱すればよい、他者のことにはあまり関心がない」、それに対して「大乗では他者の救いこそが自分の問題である」と、そのような違いは言えるのではないかと思われます。

大乗仏教の聖典

大乗仏教は最初、『般若経』、『法華経』、『華厳経』、『無量寿経』等の経典が作られて広められていったと考えられます。西暦紀元前後、釈尊が亡くなって四百年くらい経っていますから、これは釈尊自身が説いたとはとうてい言えません。そういう意味で大乗非仏説ということもいわれるわけです。こういう経典を誰が作ったのか、言い換えますと、大乗仏教がどこから出てきたのか。これは難しい問題でありまして、平川彰先生という一、二世代前の偉大な学者は「大乗の場合、やはり在家的要素を否定できない。特に初期の経典は出家教団にその教団としての拠点を求めるわけにはいかない。それではどこがその拠点であったのか。在家が護持する仏塔教団がその起源になるのではないだろうか」と言ったのですが、これに反対する人も多いです。最近の研究では「やはり大衆部の辺りから出てきたのではないか」と言われています。大衆部は部派の一つで、教義的には大乗と近いものを持っていたと伝えられています。もっとも『法華経』とか『無量寿経』とかは物語的要素が多いです。これは仏教文学運動が入ってきているということでありまして、仮にどこかの部派から出てきたとしても文学などに携わるような人と接触している人々の中から出てきたと言わざるを得ないだろうと思います。

それから先ほど、律というのは釈尊が教団を運営するための規則だといわれたのですが、大乗仏教の律というのはどうも分からないですね。大乗の戒はありますけれども、大乗教団というものができていてその運営規則なるものが独自に作られたかというと、どうもそれが見られない。教団論的にどこから出てきたのかということは、大いに謎ではないかと思われます。

いま述べたような経典が最初にできて、後に、その経典に盛られた思想が整理されていきます。たとえば龍樹の『中論』とか無著の『摂大乗論』、世親の『唯識三十頌』とかいった論書が作られていくわけです。龍樹に発する学派が中観派です。無著、世親に発する学派が瑜伽行派で、これは唯識学派ですね。唯識とは、簡単に言えば、世界は心が現わし出しただけだ、ということです。中観派と瑜伽行派、この二つが大乗仏教思想の大きな流れになります。

また、大乗仏教には如来蔵思想もありまして、これもそれなりに一つの思想の流れを形成していたと私には思えます。一方、七世紀頃には、「大乗の修道論では仏になることが難しい」と言って、その辺を特に批判すると同時に、土着的なヒンドゥー教等とある程度習合したような形で、密教という仏教が出てくるわけです。

これらがヒマラヤを越えるということは難しくて、小乗も大乗も西域に入っていくわけで、そして西域経由で中国に入ったり、朝鮮半島を経由したりして日本に入ってきます。その間にさまざまな宗派ができたことは、もう皆さんよくご存知のことと思います。大乗仏教と一口にいっても実にバラエティに富んだ多彩な仏教があるわけです。

釈迦仏教と大乗仏教を比較する

次に仏教の必然的なもの、最高の価値、絶対不可欠なもの、教えの核心ということについて、釈迦仏教と大乗仏教を比較してみます。非常に図式的で、あまり学問的でないと森先生から批判されるのではないかと思うのですが、一般の方に分かりやすく、まさに図式的に整理してみますと、先ほど森先生から、釈迦仏教でも誰もが仏になれるというお話がありましたが、実際には修行して阿羅漢になるという形ですね。これは後で申しますが、我執を断つ、そして生死輪廻を脱して涅槃に入る。この点を釈迦仏教の特色と見ますと、大乗のほうからいうと、それで満足してしまう、だから自分の救いしか求めないといったことになる。生死輪廻から逃れることしか考えないので、生死への自由というか、自ら地獄に落ちるというような自由が開かれない、というわけです。また、大乗仏教で仏になるということは、自利利他円満となることです。仏とは何かというと、自利利他円満、自覚覚他円満の存在といいますか、自由自在に他者を救う働きができるような自己になることなのであり、大乗仏教は、そういうところを目指しているわけです。したがって大乗仏教では、一般的にですが、明確に「一切衆生悉有仏性」ということで、誰もが仏になれるのであり、修行をして仏になることを目ざすわけです。その修行に入る最初に立てる願が本願ということになります。本願とは本当の願という意味ではなくて、根本に立てる願といった意味合いです。その願は大体、あらゆる苦しんでいる人々を救済するというものです。

先ほど、森先生から智慧が重要だ、というお話がありました。我執を断つと涅槃を実現するといわれていまして、法執を断つと、すなわち諸法、心理的物質的さまざまな諸要素、要はあらゆるものに対する執着を断つと、智慧が実現するといわれています。釈迦仏教は「アートマン[7]は空であるけれどもダルマ[8]は有る」といいます。『倶舎論[9]』では三世実有、法体恒有[10]といいます。それに対して大乗仏教は「アートマンも空だし一切諸法も空だ」というのです。空とは、あるものにそのものとしての常住の本体、実体性がない、ということです。しかし、「空」は「無」ではないです。そのものとしての何らかの現象はあるけれども本体を持たないということでありまして、それは智慧の実現の中で洞察されたことだと思いますが、それを説明するときに「縁起の故に」といいます。「縁起の故に無自性、無自性の故に空」と。あるいは世界は心が現わし出した映像だけだから実体が無いのだとか、そういう説明がなされたのです。

大乗の場合、涅槃といっても、智慧のもとに涅槃が実現しますので、涅槃にもとどまらない。涅槃にも生死にもとどまらない、どこにもとどまらないところに涅槃を見るという形になって、要するに一切衆生を救済する活動をして止まない、それが仏の姿だということになってきます。そうしますとすでに仏になった方を頼るという仏教も出てくるわけで、そこに他力の仏教、いわゆる浄土教ですが、「南無阿弥陀仏」と称えることによって救われる仏教も出てくる。ただ浄土教というのは『無量寿経』『観無量寿経』『阿弥陀経』という浄土三部経を中心に説かれたものですが、そのお経を説いているのはやはり釈尊です。基本的に大乗経典も釈尊が説いたという形式を取っております。

大乗非仏説

そうしますと釈尊とはどういう存在なのか。『法華経』等はいちおう歴史上に現れた釈尊が霊鷲山[11]で説いた、ということになっているのですが、実際は大乗非仏説で、そういう経典を作るグループが作っていったのでしょう。

同時に、歴史上に現れた釈尊の奥にもっと根本になる仏があるという考え方が発達していきます。有名なのが『法華経』の久遠実成の釈迦牟尼仏ですね。『法華経』は二十八品あって前半はその歴史上の釈尊が主人公で、後半はその歴史上の釈尊の姿を現わし出した元になる本体としての仏が主人公です。本体といっても実体性があるわけではないでしょうが、久遠の昔に実に成道した仏で、久遠の昔に修行を果たして成道したという意味では修行の結果、仏になった方なのです。その方が、はるか過去からずっと智慧と慈悲を発揮していて、一切衆生を救う活動をして止まないでいる。そういう世界観が説かれていきます。

その後、仏という存在を見るにあたって、三身論が発達していきます。あらゆる存在の本性は空であるという、その空であるということというか、空であるあり方というか、空をシューニャといいますが、それに抽象名詞を作る語尾のターを付けてシューニャター（空性）、これがいわば世界の根源的な本性です。しかもそれがあるからこそ現象世界も展開していく。色即是空にして空即是色である。空性の中で色心（あらゆる現象）が展開していく。ですから空性というものも、まったくネガティブなものでもないわけです。その、ある意味ではポジティブな面を捉えて、諸法の本性であるという意味で「ダルマター／法性」といい、それを「タタター／真如」と言ったりもします。その本性でもって仏を見る場合は、その本体を「ダルマカーヤ／法身」と言うことになります。これは普遍的なものであり、ある意味で絶対的なものですね。

しかし個々に存在があって、例えば久遠実成の釈迦牟尼仏でも過去世に修行をして仏になったといいます。その修行の報いとして智慧として働いているその方というところで見ると、報いの身としての「報身」ということになって、これは釈迦牟尼仏もそうですし、久遠実成の釈迦牟尼仏も阿弥陀仏もそうですし、大日如来とか薬師如来とか別々の仏がそこで見られてきます。さらにもう一つは「化身」あるいは「変化身」といわれるもので、その仏の智慧によって衆生の感覚に現れたものが「変化身」なのです。

先ほど、空性とか真如というものを根源的なユニバーサルなもの、普遍的なものだと申したのですが、それを理というわけです。仏教における理とは、論理とか摂理というよりも本体といった意味で、もちろん空性を本質としています。その理が実は智慧そのものでもあるという見方があります。それは悟りの智慧で悟った世界をどう表現するかによって変わってくるわけです。理と智と一体であると見たときには理智不二ということで、これが如来蔵思想になってきます。理は智慧を含まない、理は理だけだ、智慧は有為法[12]で理は無為法[13]で別なのだと、そういう立場に立つと智の原因というものをまた別に求めることになります。いずれにしてもそういう形で三世十方多仏説ということで、仏はただ多の〝個〟のみかというと、ダルマカーヤ、法身仏というものもありますから、その辺が込み入ったことになるわけですね。

ちなみに「みんな仏になれる」ということで大乗仏教に帰依して大乗の仏道をいくと決意する、そして仏道修行に入る、この場合、決意したところが菩提心を起こしたところで「発菩提心」、略して「発心」です。そして修行している間を菩薩といいます。観音や弥勒等のように非常に高位の、仏になる一歩手前くらいの方が菩薩なのかというと、必ずしもそうでもなくて、初心の菩薩というか、初発心の菩薩というか、要するに大乗の修行者は皆、菩薩であるということです。そして仏になったら仏ということになるわけです。

聖典の内容を汲むことが大切

大乗仏教の聖典に関してですが、先ほど申したように初期の代表的な経典としては『般若経』や『法華経』があるわけです。一般に仏教の文献は経、律、論（経蔵、律蔵、論蔵）の三蔵にまとめられます。その中でも特に経というのは仏説であり、仏説というのは真理だと一応なされているのです。しかしいろいろな経典があっていろいろなことをいいますから、全部が真理だとすると矛盾をきたすこともありまして、後に論理学者の陳那（ディグナーガ）あたりは言葉の世界というのは結局論理に帰されるから、真理の基準は現量（直接経験）と比量（推論）の二つになると唱えました。そういう人もいますが、大体、仏説は真理だ（聖教量）という扱いになっております。

先ほども言葉とは月を指す指に過ぎないということで、究極的には経典は絶対的真理といえない部分もあるのです。その意味で禅宗は、端的に「悟りは教外別伝だ、お経の外で伝えられたのだ」というようなことをいいます。しかし、まさに経典は言葉では説けないよということを説いている、それ自身がそういった形で真理を証しているという意味合いもありますから、『般若経』などは、『法華経』もそうですけれど、経典の中の一つの詩（偈）の、その一つの句だけを説いても莫大な功徳があるということも結構、言うわけです。特に日蓮宗では『法華経』という経典を最大限尊重する立場に立っているのではないでしょうか。ただ基本的には、言葉が絶対だというよりは、言葉の中で何を説いているかですね。その内容を汲んでいくことが最も大切なことではないかと思われます。

釈迦仏教と大乗仏教についての座談会

坂本：教えていただきたいのですが、キリスト教（あるいはイスラームでもユダヤ教でも同じだと思うのですが）でいう絶対的な神とは、仏教では知り得るんでしょうか。また、森先生にお聞きしたいのですが、いわゆる大乗仏教というのは釈迦仏教の完成なんですか、それとも対立なんですか。

森：大乗仏教のことは竹村先生に聞いてください。その前の「絶対的な神」とはどういうことでしょうか。神は絶対ですけれど……。

坂本：実在しているゴッドですね。あるいはアッラーといってもいいし、エリアといってもいい。

森：「知り得る」とは「認識できる」という意味でおっしゃいましたか。

坂本：それが認識できるという、少なくとも聖書とか何とかがヨーロッパにはありますよね。神の認識ができる。イスラームにも、眞田先生がおっしゃったようにそういう神が教える、あるいは啓示するという思想がある。そのような思想が仏教にもあるのでしょうか。

森：それはもう全く無いですね。神の存在を認めませんから、認識しようがない。認識できるはずもないですね。

坂本：やっぱりそうですか。そうすると先生、宗教じゃなくて哲学じゃないでしょうか。

森：釈迦仏教は哲学といっていいと思いますね。

坂本：私もそんな感じがします。ソクラテスの「ダイモン」、あれは「霊」と訳していますけれど、「ダイモン」というてもとにかく自分の中にある、要するに神なのですよ。そういう霊を人はそれぞれ持っているというのがソクラテスの哲学の元なんです。それを結局、いかにして知るか。それを知ることが智慧なんで、そういうものを体験的に知っていくというのがソクラテスのフィロソフィーだと思うんですね。そうすると森先生のおっしゃった釈迦仏教は、お釈迦様を哲学者として見たほうが私には分かりやすいのですがね。

森：今のソクラテスとかという感じではないと思いますが、むしろ、もっと言い換えれば科学だといってよいと思います。

坂本：サイエンスですか。

森：サイエンスです。

坂本：ヨーロッパではサイエンスとサピエンティア（［ラ］Sapientia 知恵）とを区別します。人間が理性で体験を持って知るものはスキエンティア（［ラ］Scíentia 知識）、サイエンス、つまり科学と言い、いわゆる超科学的なものは哲学、つまりフィロソフィーと言います。

森：ですから、むしろ科学といっていいと思います。

坂本：いや、科学というと、今の科学というのは実証科学になっちゃいますよね。ポジティビズム[14]（［英］Positivism 実証主義）以後は。アリストテレスも私は科学だと思うんですけれどね。だけどプラトンとかソクラテスは科学を超えた智慧を教えているわけです。それがサピエンティア。スキエンティアというのは中世からずっとサイエンスという言葉になって、ヨーロッパの知識の中心になっていくわけですけれど、サピエンティアというのは実はそれを超えた、超越した世界なんですね。だからそれをひょっとするとお釈迦様は教えていらっしゃるのではありませんか。

森：いや、超越していないと思いますよ。

坂本：超越していないですか、全然。

森：お釈迦様のいう智慧は超越した智慧じゃないですね。日常の私たちが五感をはたらかせて知ることができるという、そういう智慧だと思います。

坂本：哲学の一番の目的は善なんですよ。いわゆるボニタス（［ラ］Bonitas 善）、ボヌム（［ラ］Bonum 善）。ソクラテスの真善美というふうに三つに分けるんですけれど、本当は一つのものです。私はそれを空と仏教でおっしゃっていると思うのですがね。そういうものを考えると、どうもお釈迦様は宗教家より哲学者と考えるほうがふさわしいと思われます。最高の哲学者ですよ。

森：真善美という価値も立てないんですよ。真実と言うのは善であろうと悪であろうと真実なのです。釈迦仏教の教えの根本は四諦という教えです。諦というのは真理という意味ですから、四つの真理ということになります。そしてこの四つの真理のうちの初めの二つは苦諦と集諦で、苦諦は生老病死は苦しみであるという真理です。集諦はその苦しみの原因は愛欲とか生存欲であるという真理なのです。釈迦仏教では煩悩が悪の根源とされますから、まさしく悪でさえ真理なのです。このような真理としての苦しみを苦しみとし、煩悩を煩悩として「あるがまま」に知ることが智慧とされるのです。

竹村：今の質問に私のほうからちょっと感想だけをお答えしますと、まず絶対者というものの押さえ方が難しいわけです。諸仏がいるのですが、しかし普遍的なものが無いわけではないのです。さっきのダルマカーヤ（法身）とかタタター（真如）とかですね、これはある意味では絶対なるものです。本当は絶対なるものと相対なるものが一つであるところが事実なのですが、ちょっと分けていえばそういうことになるわけです。大乗仏教ではその真如を覚る智慧が無分別智という智慧で、修行をすればそれを体得することができるとします。

坂本：真如は我々の知識では知られないと。

竹村：知識では駄目だけど修行をして、その修行の智慧の中で知ることができるわけです。

坂本：修行の智慧、それは何とおっしゃるんですか。

竹村：無分別の智慧ですね。無分別智、ニルヴィカルパジュニャーナ。

坂本：無分別ということは分別しない。無分別智とは、そういう智慧でしょうか。

竹村：はい、そういう世界が大乗仏教の中では説かれたりしているわけです。それから経典が啓示かどうかという問題についても、「法界等流の十二分教」という言葉があります。法界というのは真如の世界ですね。「法界から流れ出ているその言葉だ」という言い方があるのですね。大乗仏教の中には、経典は真理の世界のほうから言葉として現れてきたという考え方も無いわけではないのです。

坂本：私はむしろ哲学、ヨーロッパの哲学を中心にやっているわけです。ソクラテスというのは智慧というものを教えるのですが、常に智慧を求めていく、それがすなわちフィロソフィア（［ギ］philosophia 愛智）。だから哲学と訳すのは間違いなのです。知識じゃなく、智慧を求めていくその行為がフィロソフィアなのです。

竹村：愛するというのは、フィロのことですね。

坂本：はい、愛するとはフィロ。これはフィラインン（［ギ］philein）というギリシア語からきています。智慧を持っていないから智慧を求める。智慧を全力で求めていく態度、それがフィロソフィです。哲学というと、ちょっとサイエンスになってしまう。私はその訳はあまり賛成じゃないんです。でも西周《にしあまね》（一八二九―一八九七年。哲学者）先生が明治の初めにお訳しになったからそれを使っているわけです。「哲学」というのは「フィロソフィ」の訳語に合っていないんじゃないかと思います。愛智とかのほうが合いますね。

竹村：最初は「のぞむ（希）」という字を付けて「希哲学」と言っていましたよね。「希」は「のぞむ」「ねがう」です。

坂本：願う。そうですね。

森：坂本先生、先ほど、真如を知るとおっしゃいましたよね。先生の言われている真如は真善美でしょう。仏教の真如は大乗仏教的にいうと諸法実相ですよ。実相なんです。

坂本：それは分かるんですけれど、フィロソフィも決して真善美という言葉で表せるものではないのですよ。言葉で無理して表すために言葉を使っているのだけれど、サピエンチアというのは言葉では表せない。常に完全な知識、それを知ることを求めているのだけれど、結局は永遠に遠いんです。

森：先生の語彙とか何かで判断していただくと困ると思うのです。智慧というのはあるがままをあるがままに知るということですから。諸法実相は諸法実相のままに知るというのが智慧で、先生がおっしゃっている智慧じゃないと思いますね。

坂本：それがヨーロッパの哲学というものと東洋的な仏教との違いだと思う。宗教でいくよりも哲学でいったほうが、仏教はヨーロッパと近づきやすいと思うのですよ。

竹村：宗教というと、今度は宗教の定義の問題にもなってきます。神と人との関係というところで見ていくのか、それとも自己を明らめることが宗教だというように見ていくのか。自己を明らめることが宗教だという捉え方でいえばですね、仏教はまさに宗教なのです。

坂本：そういう意味でヨーロッパのレリジョン（[仏] religion)、つまり「決まった神と人間との間を結びつける」というものではないのですよ。

眞田：森先生にお尋ねしたい。私は、釈尊が亡くなってから仏教という言葉ができたと思います。釈尊が弟子たちに説いた教えは、今でいえば宗教なのかもしれませんけれど、仏教ではないですよね。まだ仏教という言葉がない。釈尊が説かれたのは何であったか。釈尊は弟子たちに何を求められたか。釈尊が弟子たち以外の世俗の人々に求めたのは何であったか。仏教とか宗教とかなのでしょうか。釈尊ご自身のお考えはどうだったのでしょうか。

森：釈尊の教えをどう呼ぶかはいろいろあります。たとえば昔の中国人は「釈教」と呼びました。釈迦の「釈」と「教え」です。釈尊が出家の弟子たちにも在家の弟子たちにも説いた究極的な教えの基本は「正しいものの見方を身につけなさい」ということだと私は思います。正しいものの見方というのは難しいけれど、仏教用語でいうと「如実」とか「真如」です。私の言葉では「あるがままをあるがままに見ること」です。楽しい喜ばしいこともあるがままに、苦しい悲しいこともあるがままに見る。あるがままをあるがままに見るためには、よく出る「少欲知足」の生活態度が必要です。欲望があると隣の芝生が青く見えたり、あばたもエクボに見えたり、いろいろ間違ったものの見方をすることになる。あるがままをあるがままに見る、事実を事実のままに見る、真如を真如のままに見る、如実を如実に見る。そのためには「少欲知足」が根底に必要です。これは出家者にも在家者にも共通するものです。少欲知足という生活の基本が備わっていれば、あるがままをあるがままに見ることができる。釈尊の教えはそういう教えだと思います。

眞田：当時の弟子たちは、それを、何と言うべきか分かりませんけれど、宗教として意識していたのでしょうか。あるいは生活態度として意識していたのでしょうか。

森：宗教という言葉をどう定義するかは分かりません。私たちは今、「宗教間対話」と言ってこのような座談会を重ねていますが、生活態度を宗教という概念で見ていなかったかもしれません。お釈迦さん自身も、今日でいう宗教的なものを説くことはなかったと思います。極端な話ですが、「あるがままをあるがままに見る」とか「真如・如実を見る」というのは科学的なものの見方だといえます。ですから、ある一面で、お釈迦さんの教えは科学です。「因果の法則」も「因果の道理」も、一般的な科学の原理だと思います。釈迦仏教ではその教えの中で物理学も天文学も心理学も発達したのです。釈迦仏教の教えと科学は一体なのです。

私が一神教を分からないのかもしれませんが、一神教の宗教と仏教が根本的に違う点は、お釈迦さんが「絶対というものはないよ」と言うところです。ですから、絶対的な価値観の上に成り立っている一神教の宗教の世界観と、絶対的なものはないという仏教の世界観は、根底から違います。宗教を神との結びつきとする解釈がありますが、仏教は神を立てないわけですから、神との結びつきを考えません。仏教が宗教ならば、宗教の概念を破る宗教かもしれません。仏教は「科学」と言ってもいいし、「倫理・道徳」と言っても「生活態度」と言っても「哲学思想」と言ってもいいでしょうね。ですから仏教の中では宗教と科学は対立しません。地動説も進化論もそのまますっと受け入れられるのです。

眞田：あの、「悟りを開く」とはどういうことなのですか。

森：「悟りを開く」というのは、今の話の筋を踏まえると「あるがままをあるがままに見ること」です。つまり、正しい知見を得ることであり、正しい智慧を得ることです。如実知見が正しい智慧です。お釈迦さんもインド人ですから、輪廻の世界観を持っています。欲望があれば迷って生まれ変わり死に変わりしていく、というのが輪廻です。けれど、如実知見（正しい智慧）を得れば、生まれ変わり死に変わりする輪廻の世界から抜け出すことができる、解脱することができるわけです。言葉を換えれば、そういうものが悟りですね。

「悟りを開く」ことが、たとえば「どこか別の世界に行く」ことならば現象的で分かりやすいのですが、そうではありません。そこが分かりにくいのです。「あるがままに物が見えるようになる」ことをどう実証するのか。釈迦の見た「あるがままの世界」をどういうふうにすれば分かるのか。そういうところが分かりにくいです。その点で本当に仏教は分かりにくいです。神様を立てる宗教は分かりやすいと思いますね。仏教はそういう意味では体験してみないと（笑）。

安蘇谷：仏教が我々に分かりにくいのは、実践のところです。言っていることは分かるんですけれど、実際は、たとえば釈迦仏教にしろ大乗仏教にしろ、修行をして悟りの境地に行くというかそこへ辿り着く、そこのところを、今やもう、日本の仏教ではやっていないわけですよ。だから分からなくなってしまうのです。つまり、うちの隣の曹洞宗のお寺が、毎日坐禅を組んで、仏智か何か知らないけれど悟りの境地に入るための実践をしているのならともかく、実際には何もしていないわけですよ。そこのところがどうもちょっとね。

だから私なんか、例えば天台宗の山の中を回峰する修行を何百日もやって、飯も喰うか喰わないかのような狭い暗室で便所と小さな何かがあるようなところでやっている、そういう人を見ると何となく仏教は修行をやって悟りを求めていると分かる感じがするのですけれど、隣の坊さんを見ていると全く修行と関係ないみたいですよ。葬式と墓守なんです。それを許しているという状態そのものが私はけしからんと思ってね。ただ格好はすごく良いわけです。よく「神主さんよりも坊さんのほうが格好良くて人格者に見える」と言われてね、私らに言わせればとんでもないと思います。禅宗だったら禅の修行をして、そういうものを人々に教えて、そして初めて生老病死の苦が超えられるのだということをやってくれているのだったらいいけれど、どうもそこのところが私には全く分からない。うちの近所には厄除け寺とかがあって、大勢の人を集めています。

眞田：厳しいですね。

竹村：これは日本仏教の問題です。

眞田：今の話を聞いていると私は「お寺だけの問題ではない」と思うんですよ。もっと日本の宗教者がしっかりしないといけないと思います。統計を持っておりませんけれど、我々が今、現実を見ると、宗教教団に対する信頼度というのはものすごく低いです。そうでしょう。宗教教団だけではなく、宗教者に対する信頼というのも低い。これは何なのか。だからこそ、ここで本物の宗教は何なのか、何が今、宗教に問われているのかということを、広く伝えていかなければならないであろうと思います。仏教者だけじゃなくて、キリスト者だってそうであるし。神道はどうですか。

安蘇谷：神道は最初から俗人だから大丈夫ですよ。そういう指導者意識がない。

眞田：神に仕える者として、そうはいかないでしょう。

竹村：おっしゃることはよく分かります。しかし日本の仏教は大きな問題を抱えているというのも事実ではないでしょうかね。

安蘇谷：もちろん、おっしゃったような問題は、神道でも皆感じていると思うのですが。

一つは戒律の受け止め方。これは森先生の専門ですけれども、まず最澄さんが大乗戒だけでいいということにした。親鸞さんは肉食妻帯を認め、戒は無くてよいということにした。明治になって「肉食妻帯蓄髪勝手たるべし」と国家が言った。このように、みんな易きに流れているわけですよね。そういう国民性といいますか、そういう問題があります。もう一つは末法思想の展開の中で、人間は修行なんかできっこない、できない中でどう救われるか、それが追求されて悪人正機、悪人であるからこそ救われると、そういう考え方が結構浸透しているわけです。禅宗でも、坐禅の修行をして悟ろうということを、たとえば曹洞宗はむしろ否定するのですね。坐ればそれが仏の実現なのだと。それを味わっていくことを重んじて、修行してということを否定していく。自分で自分をはからうことを否定していくところにむしろ宗教的真理の実現があるといいますか、そういう子細もありますが、あれこれいろいろなものが絡まって、確かに日本仏教には問題があると思うわけです。

坂本：その点でカトリックも同じ問題を抱えていますよ。アメリカでも同じことです。

眞田：イスラームもそうですから。

坂本：自力本願ね。竹村先生、日本では他力本願の仏教が多いんですか。

竹村：いや、多いとはいえません。でも国民的な心情的には、やはりそういうものを何となくみんなが共有しているのではないでしょうかね。

眞田：他力本願というと、本願の願は何を願するかという対象でしょう。

竹村：あらゆる苦悩の衆生を対象とします。

眞田：そうでしょう。だけど実際、そんな立派な本願は……。

竹村：要するに修行をしなくても救われる、救ってくださるということですよね。

坂本：竹村先生、私は長い間ね、浄土真宗だったのです。若い時までずっと浄土真宗で、後にカトリックに改信したのですけれど、仏教の一番よい点は、たとえば浄土真宗で「南無阿弥陀仏」を称えるだけで救われるというようなところです。いろいろな精神的な悩みなどは無くなってしまう。これは大した働きですよ。精神医学からいうと悩みの多い人、鬱病だ、自殺だと流行っていて、これはヨーロッパでも段々そういう問題が出てくるのですけれど、やはりどうしたら人間が自分の魂の安らぎを得られるか、そういう主観的なものから考えると、先生、他力本願でもいいのじゃないですか。

竹村：「それでもいい」というか「それしかない」と言う人もいるわけです。結局ね。

坂本：自力本願はやっぱりきついですよ。

竹村：きついです。

坂本：私も自力本願を一生懸命やっていますけれど、カトリックも難しくなってしまって。できるだけ他力でやればいいかと思いますね。

竹村：森先生、大乗仏教の成立をどんなふうに見ていらっしゃいますか。私はあまり最近の研究をしていないもので。

森：いや、分かりませんね。

安蘇谷：私が少し勉強した時は、大衆部というか、あの仏塔信仰というのが大乗仏教の一つのきっかけになったんじゃないかという説がありました。

竹村：仏塔と大衆部というのはまた別なんです。

安蘇谷：別なんだけれど、特に大衆部か何か知らないけれど、いわゆる修行が大変だからそういう仏塔信仰が流行ったのではないでしょうか。仏塔というのが日本まで来て盛んになった。その理由の一つに、一種の仏の力があったのではないでしょうか。三身仏から来たのかどうか分からないけれど、そういう仏そのものが単なる歴史上の仏じゃなくて、久遠実成みたいな感じであり、素晴らしいものとして、その骨を拝むというのが在家なり大衆部なりの人たちの一つの救いの方法じゃなかったのかと思われます。上座部の僧侶たちが修行をしていると、それにすがるみたいな形で、庶民は乞食《こつじき》する僧侶に喜捨をするわけでしょう。仏になる修行をしている人たちとの繋がりで救済力を得るみたいな気持ちは、庶民にあると思います。そういう気持ちは、仏そのものであるゴータマ・シッダールタが亡くなった後、その仏の骨がどうしてあれだけ大事にされてきたかという根拠になりませんか。

竹村：昔はですね、大衆部の教義が大乗に似ているというので大衆部から出たのだろうといわれていました。しかし大衆部も部派である以上は一つの出家教団が基本になるのです。しかしながら大乗仏教には在家的要素がある。それで部派（出家の教団）に出自を求められない。それならどこに求めるかというので、平川彰先生が仏塔教団から出た、部派の外の在家の仏塔教団から出たという説を言いはじめたのです。最近は、出家の中にも仏塔信仰があるとか、やはり大衆部ではないかとか、そちらに戻って来ているような感じがあります。

安蘇谷：いろいろ研究はあっていいと思うけれど、あれだけ卒塔婆信仰みたいなものがあること自体、そういう救済を求めて骨を拝むという信仰があっても不思議ではないと思います。

竹村：それはあったのです。

安蘇谷：それが大乗仏教と関係しているという考え方は。

竹村：平川先生がその説なのです。けれども、最近それがかなり批判されたのです。

森：平川先生の説の骨子はですね、仏塔を信仰する集団は在家者であって出家者じゃない、というものです。大乗仏教は在家仏教だという前提があるので、そういう理論になっていった。だけど今は、「大乗仏教は在家仏教なのかというとそうでもないよ」ということになってきているのです。

坂本：私は神道の方にも聞きたいんだけれど、要するに政治権力、社会権力というものが、いわゆる宗教団体や宗教の本質に入っていいものか、という問題です。ユダヤ教とかイスラームはもう非常に近いわけですよ。政治権力と社会勢力と宗教とが緊密に結ばれている。初期のキリスト教はそうでなかったのですが、結局カトリックになってローマ帝国に組み込まれてしまったために変わってしまったんです。仏教はどうなんですか。初期からそういう宗教団体と政治団体とが全く関係がないということはできないんじゃないですか。

森：いえ、全く関係ないですね。釈迦仏教については全く関係がない。

竹村：徹底的にないですね。

坂本：そこを玉城康四郎先生が「仏教はどうしても社会的なものが欠けている」とおっしゃった。

竹村：それはまた別ですね。大乗仏教には結構社会的要素があります。

坂本：いやいや、社会性がないのが根本的な仏教なのではないでしょうか。

森：釈迦仏教は政治だとか社会とも殆ど関係がなく出家仏教です。修行者は政治とか経済活動とかとの関係を絶たなければならない。このことが戒律で定められているのです。それが出家仏教といわれる所以です。

眞田：イスラームの場合は、ムハンマドはキリストと違って純粋な霊的な存在となって、霊的な存在であるけれど同時に宗教的な聖的な存在なんです。

坂本：イスラームは、要するにユダヤ教の伝統を踏まえていますからね。

眞田：軍人であり、政治家である、かつ宗教者である、預言者でもあって、と、そういう側面を持っているんです。

坂本：モーゼがそうですよね。

眞田：そう。

坂本：非常に優れた軍人であって、戦略家であるし、それで同時に宗教の指導者でもある。そういうふうに伝統的に政治力と武力と宗教とが密接でした。政治力とは古代は武力が中心ですからね。戦って勝たないと駄目なんです。

眞田：そうだからこそ、イスラームでは、戦争というものが宗教的に、イスラーム的に決まっています。戦争をどういうときにするのか、どういうことをしてはならないのか。そういうことがきっちりと決まっている。いってみれば戦時国際法といえるものがあるわけです。『クルアーン』に定められてある。そういう図式ですね。

神道について　安蘇谷正彦

創唱宗教の前に自然宗教があった

神道の場合はほとんど議論することがないくらいです。神道における宗教としての成り立ち、ということはあまりピンとこない。神道を自然にできた宗教と考えるのがよいのかどうかも分かりません。しかし、少なくとも人類はアフリカで誕生して地球の全域にまで広がったという説が今は有力なようですが、そういう原初の人間にも宗教というものがあったかと問われたら、私は、おそらくあっただろうと考えます。類人猿にも宗教があったといわれるくらいで、たとえばゴリラなどは、自分の仲間が亡くなるとそこでじっとしているらしいですね。そういうのもテレビで見たことがあります。だから、自然や死に対する脅威というものは、おそらく原初の人類に芽生えていただろうと思います。

世界宗教といわれるユダヤ・キリスト教とかイスラームとか仏教とかは、そういう何か元々あった自然の宗教の中から、特定の人などによって成立したので、まさに創唱宗教といえる。しかし、それ以前に、おそらく自然宗教というようなものがあった。全世界に、自然や死に対する脅威なり畏敬に結びつくような、神聖なものに対する畏敬の念みたいなものが、まずあったんじゃないだろうか。私はそう考えています。

神道の成り立ち

日本人がいつ日本人になったのか、日本列島人がいつ日本人になったのか。その研究はまだ結論が出るに至っていませんが、私はやはり柳田国男（民俗学者。一八七五―一九六二年）の説がいいと思うんです。要するに、日本列島の風土の中で日本人が日本人になったのは稲作農耕が始まってからではなかろうか、というのが一番基本になると思います。それを私は『神道とはなにか』という本の中で詳しく書きました。お祭り（祀り）というのは神道の基本であるのですが、そのお祭りの一番古いものは八世紀まで遡れます。律令で最も有名なのは大宝律令でしょう。大宝律令の前に近江令とか飛鳥浄御原令とかがあるのですが、おそらく記録として我々が遡れるのは七〇一年にできた大宝律令です。その中に神祇令がある。それは、その後の『令義解《りょうのぎげ》』（九世紀の律令の解説書）という本で分かる。記録の上で七〇一年にできた大宝律令の中にある神祇令に約一七種類のお祀りが書かれていて、その七割近くが稲作農耕と結びつく形で行われていたということがはっきりしているわけですね。

もちろん、水田稲作がいつ始まったかについては多々議論があります。我々が中学生の時は紀元前二五〇年頃から弥生時代というふうに習ったのですが、今は大体紀元前一〇〇〇年説まで出てきている。縄文時代については、國學院大學に小林達雄という有名な考古学者がいまして、彼に「もし稲作農耕が日本に入ってきたのが紀元前一〇〇〇年だとしたら、その前後はどういうふうに考えたらいいだろうか」と尋ねたところ、「鉄器文化とそれから稲作農耕が入ってきたのがやはり一つのコマになって、それが弥生時代といっていい」ということでした。ですから大体紀元前一〇〇〇年くらい前、つまり今から三千年くらい前から水田稲作農耕が日本で行われるようになったと考えられる。これを先に言ったほうがよかったかもしれません。

とにかく、神祇令の中の祀りの七割近くが稲作農耕と結びつくものです。お祭りというのは何か。それは一言で言うと「神様に対するご奉仕」、サービスです。そして、神へのサービスであるお祭りの中で最も大事なのが、どういうものを神様にお供えするということでしょう。神様にあげる大事なものの中心は、やはり稲米、お米です。だから、お米なりお酒なりが上がらないと神道のお祭りとしては具合が悪いわけです。

それからもう一つ。神道を考える素材の中に神道古典というのがありますが、その古典の中に「斎庭稲穂《ゆにわのいなほ》の神勅《しんちょく》」という神様の詔があります。これは、天照大神から葦原中津国の人々への命令です。その神勅の中に「稲をきこしめせ（食べろ）」ということが出てきまして、これなども大きな一つの材料にして考えますと、少なくとも神様からいただいたものがお米であるということで、神道の立場からいうと、神道の起源を考える時には水田稲作農耕と密接な繋がりがあるわけです。したがって水田稲作農耕を抜きにして神道が始まったと考えるのは無理があると思われます。

もちろん縄文時代に立柱信仰みたいなものがあり、大きな巨大な柱を立てる例があります。たとえば諏訪大社などの御柱のお祭りがそうでしょう。そういう縄文時代にあった巨柱信仰とか立柱信仰みたいなものは現在も神道の中にあります。しかし、だからといって「神道の成り立ちは縄文時代まで遡ることができる」とまでは言い切れません。先ほど申したように、神道の成り立ちに稲作農耕が無いのでは具合が悪いと私は考えます。

私は、お祭りの伝統、神社の歴史、神道古典、神道思想史、この四つくらいを神道を考える際の素材としております。神道思想史ではあまりお米のことは出てきませんけれども、その他の三つから、稲作農耕と神道の結びつきというものはどうしても必要であると考えています。その意味で、神道の成立と起源、あるいは形成期というのは弥生時代くらいに遡るのではないかと思います。二千年ちょっと前くらいに、青森とか秋田とか、日本列島の北のほうでももう米作りをやっている。だから稲作農耕というのは比較的日本列島に早く行われていたことがわかります。誤解を恐れずに申しますと、「日本列島に住んでいた人間は、日本人になるためにお米を作った」と言ってもよいのではないかと考えております。

神道には開祖も宗祖も教祖もいない

宗教の必然的なものということですが、神道には特に開祖がいるわけでもありません。日本の神々がいつ頃から始まったのかという問題もあるのですが、とにかく神様の実在は神道にとって絶対不可欠です。神様なしでは、神道は何が何だか分からなくなってきてしまうと思います。ただ、日本人というのが難しいのは、神様の実在を意識的に信じるのか無意識的に信じるのかということです。意識的に信じるという人は日本人にはほとんどいないんですよね。先ほどから言っているように、日本人であれば稲作農耕をやる。稲作農耕をやるということは太陽の力、水の力、あるいは大地の力、そういう自然の力と関わらざるを得ない。そういうものの働きが無いと稲作はできないわけです。

稲作農耕をやるのが日本人の義務であるとすれば、自然の力に対して畏れる思い、あるいは産土《うぶすな》の神（生まれた土地の守護神）とか水の神とか、そういう神様に対する畏敬の念というのが、神道の始まりにあったのではないだろうかと思います。それは意識的に信じるというのではなく、日本人である限りそういうものがＤＮＡとして形成されていると言えると私は考えています。

宗祖というか、教祖についてはもう全くこれは考えられない。先ほど少し述べましたように、教派神道では宗派の創唱者はいますから別なんです。教派神道というのは大体江戸時代中期以降から起こり、神社神道の中の教派神道という形で位置づけられたのが明治以降です。神社神道の流れの中に教派神道があった、というくらいの押さえ方でいいのではないかと思います。

神道の聖典

神道に聖典というものは特にありません。ちなみに『神典』[15]という本が昭和十一（一九三六）年に出版されております。これは神職が資格を取るときにみんな買わされました。便利なことに『古事記』、『日本書紀』、『古語拾遺』から全てルビがついていて読みやすいのです。そのルビふりが正しいかどうかは別の問題なのですけれど。また、ほとんど抄文です。『新撰姓氏録』から『風土記』から全部入れたら膨大な分量になりますが、『神典』はそれらの中から神道に関係のあるところだけ入れてあります。これは当時の神道学者のほとんどが関わって作ったものですから、それなりに良い書物だと思います。おそらく神道の「聖典」と言った時に、この『神典』を挙げることには誰も反対しないと思います。

私としては神道を考える素材として、神道の聖典ということで挙げるとするなら、こういう物を一つの材料として考えていけばよいと考えております。神道は、どうしても宗教の成り立ちがキリスト教や仏教やイスラームと違いますので、この程度のことしかいえません。

神道についての座談会

森：一ついいですか。先ほど安蘇谷先生から現在の日本の坊さんたちの体たらくについて厳しいご指摘がありましたので……。

安蘇谷：体たらくというのではなくて、羨ましいんですよ。

森：現在の日本仏教の為体はですね、今に始まったことではなくて、もう既に平安の末くらいから日本仏教に特有の特徴だと私は思います。釈迦仏教は決して、先ほどの安蘇谷先生のご批判にあたるようなものではありません。中国や朝鮮半島の仏教もそうではないと思います。非常に日本的な特徴なんです。神道は日本人が日本人たることを土台にしているわけですよね。私は仏教が今のような、ちょっと仏教的ではない堕落した仏教になった理由は、日本の日本的なるものの影響が実に大きいのではないかと思います。

安蘇谷：それは全く否定しません。それについて私も、先ほど申した講演でも触れました。文化とは何か、日本文化とは何かという問題は本当に難しくて、文化人類学者の研究を集めたものだけでも、文化の定義が百六十くらいあるんですよ。

森：日本文化の。

安蘇谷：はい。日本文化論となると、文化の定義がもっといっぱいあります。文化というものをどう捉えるか、それは非常に面倒臭いのですが、元文化庁長官の青木保（文化人類学者。一九三八年―）先生が『「日本文化論」の変容』（一九九〇年）という本を書いています。要約すれば「日本文化論は時代によって変わる」という趣旨の本です。つまり、日本文化の内実は何か、それは本当に捉えにくい。とはいえ私は、中村元（インド哲学者、仏教学者。一九一二―一九九九年）先生の『日本人の思惟方法』（一九四九年）は良いと思います。中村先生は『インド人の思惟方法』『中国人の思惟方法』『チベット人の思惟方法』また『朝鮮人の思惟方法』と、各民族というか各国で仏教がどういう形で受容されたかを比較していて、そこがいいと思っています。ただ、私が気に入らないのは否定的な非論理主義的傾向などが強くて、文化というともう少し洗練されたものというイメージがある、という点です。私はいろいろ日本文化論を読んだけれど、中身としてやはり中村先生のが結構いいと思っております。あれに対抗するためにはただ単に欧米と比較しただけでは駄目だし、東南アジアと比較しただけでも駄目。梅棹忠夫（民族学者、比較文明学者。一九二〇―二〇一〇年）先生などはモンゴル草原の人たちと比較しました。和辻哲郎（倫理学者。一八八九―一九六〇年）先生の『風土』（一九二九年）というものもあります。けれども中村先生のは、比較対象が広いので良いのではないでしょうか。私は留学していた時に、たまたまインド仏教をやっている先生から「中村先生の本を読むと、インド人の思惟方法とかいろいろあるけれど、日本人の思惟方法が一番ではないか」という話を聞きました。もちろん、中村先生のものは歴史的な検証が足りないとか、証拠として挙げたものが江戸時代のもので、見ようによっては自分に都合の良いところを持って来ている等々の批判は当然あります。けれど、比較的良い研究だと私は思います。ですから私は日本文化論の内実として『日本人の思惟方法』を挙げたいと思います。

それと、『日本人の思惟方法』に書かれている大部分が、神道と合致します。ほとんど八割から九割が合致する。

だから、なぜ日本の仏教徒が酒を飲むのかも理解できます。インドの仏教では在家信者だって酒を飲んじゃいけないというのに、日本では出家した僧侶からして酒を飲みます。日本人ならば、お寺のお坊さんは酒を飲まないなんて誰も思っていません。坊さんが酒を飲んだって誰も不思議に思わない。それくらい戒律に対して日本人は融通無碍なのです。なぜ厳格ではないのか。そういうのも、やはり集団、社会集団の中でそれが許されるか許されないか、なのです。それから、よく私は「お寺のお坊さんは出家しているのに何で嫁さんがいるんだ」と言うのですよ。ベトナムの坊さんが日本に来て「日本人の仏教は仏教じゃない」と言ったらしいけれど、それは戒律の点からいって当然至極の批判です。そういう批判があっても、それは「日本の仏教は神道と結びついた仏教だから」という解説があるかもしれない。それはなぜか、意外に知られていない。要するに、私の見解では神社には産土型神社と勧請型神社[16]があって、産土型神社というのは土地の集落なり村の神社なんです。明治維新の時に、国家神道になる前ですけれど、国家権力で神社の数を調べたら二十万社あった。今は十万から八万くらいです。そして、その当時の神社を官社[17]にした。要するに明治維新の時には「神社は国家の宗祀（祠）だ」と言って神職の世襲制まで廃止してしまい、神社を国の物にしてしまいました。そうならなかったのは出雲の千家だけです。そこを除いては伊勢神宮でも社家[18]をみんな潰してしまいました。大きな神社でも潰した。そして官社が二十万の中たった九十九社です。ところが私に言わせると、十万のほうが分かりやすいから十万でよいのですが、官社になったのが九十九社。官社というのは官国幣社、官幣大社、国幣大社、官幣中社、国幣中社、官幣小社、国幣小社、それと別格官幣社、それらが官社なんです。神社の中のほんの一握りもよいところ。十万の中の百ですよ。終戦の直前にはほぼ二百になるんですが。その下が府県社で、府社とか県社とかがあり、それから郷社、その下が村社、その下が無格社。郷社以上が四、五千社しかありませんでした。ほかの九万五千は村社と無格社です。そういう神社は何をやっていたかと言いますと、春祭り、秋祭りしか行いません。

村人の中で「一年神職」と言って朝夕禊ぎをし神様に近づく資格を得てお祭りを行いました。郷社以上は、神職の専従者がいたかいないかくらいの神社なんです。

ちなみに郷社以上というのは大体、神仏習合の神社と思われます。つまり、産土型神社と勧請型に分けたら、勧請型神社は社僧が管理していた神社で、社僧は半僧半俗です。ですから、私の家もそうですが、お稲荷さんとか八幡さんとか天神さんとか、大きくなった神社はみんな社僧が奉仕していました。それは世襲制できています。うちも、いわゆる霊璽という、仏教でいう位牌みたいなものが元禄年間のものからあります。お墓も、私の家の隣の田沼家は元禄年間の卵塔みたいな墓石をまだ残しています。

神仏習合になったことによって、坊さんも半僧半俗となった。親鸞は恵信尼と結婚して世襲できました。それを認める文化が日本にあったということは間違いないです。だから、良い悪いは別にして、日本人がそういうものを求めたのだともいえます。今でも「成田山に行って神様のお札を受けてきた」なんて言われることがあります。私が「成田山はお寺ですけれど」と言うと「ああそうですか」で終わりです。お寺と神社、どっちがどっちでも自分にとっては関係ない、それが日本人です。そういう中で神道がどうあったか、仏教がどうあったかという事を突きつめて考えてもしようがない。それを批判したってしかたがない。先ほど言ったように佐野に厄除け大師があります。厄除けというのは元々どういう宗教が起源なのか不勉強でわかりませんが、お寺とどういう関係があるのか私には全く分かりません。坊さんに聞きませんけれど、おそらく仏教的根拠はないと思います。しかしそれがとても流行っていてすごいのです。

坂本：私は神道とキリスト教の関係をドイツにいた時に研究しました。神学校で論文を書いたんですけれど、日本の宗教性というか、宗教の代表的なものは何ですか。やはり神道でしょう。

安蘇谷：それは仏教でしょう、宗教としてはね。

坂本：私は仏教も考えました、私も仏教徒だったから。けれど、いろいろ研究してみると、やはり神道があっての仏教なんですよね。だからどうしても、日本の宗教というものの本質を探ると神道に辿り着くのです。キリスト教の今の形態は、堕落したかもしれませんけれど、最初のキリスト教の形態とは全く変わっている。だから戦争もするし、平気で原子爆弾も落とすカトリックの信者がいる。そういう宗教になってしまった。ヨーロッパの最初の宗教としてはギリシア・ローマの神話なんです。そうすると神道にものすごく近くなる。神道というのはやはり人間の死、生と死の問題を本当に現象的に考える。だからイザナギ（伊弉諾）は、イザナミ（伊弉冉）が死んだ時に訪ねて行って、イザナミの死骸にいろんなウジがわいていることにショックを受けるんですね。これは神道の一番深いところを突いていると、私は思います。

安蘇谷：あれは、ユング（C・G・ユング。スイスの精神科医、心理学者。一八七五―一九六一年）の、神話に対する原型論というのがあり、あのような神話が世界中にある。その原型の一つだと思います。今、人間は白人も黒人も黄色人種も皆ヒトゲノムはほとんど違わないらしい。やはり人類は一つから生まれ、それが皆とぼとぼ歩きはじめ、あちこちに散らばったわけでしょう。だからそれらが持っている神話というのは似ているのは当たり前だと思います。神道に似ているというよりも、それは人類が持っていた元々の原型で、それをそのまま持って来たのが日本の神道だというだけの話かもしれません。

坂本：だからこそ、神道というのは世界的に注目すべき宗教だと私は思う。イスラームもキリスト教も文化的にはなったけれど、自然というものから見ると非常に人工的な宗教になっているのです。そこから考えると、神道というのは世界的に見られる神話を今も生かしている。だから神話が良いというわけじゃないのだけれど。人間が自然に作ってきた、生と死に対する祀りとか、どこでも同じようなものがある。そういう神々が世界各地で考えられてそれが一神教に変わっていくのです。私は、ユダヤ人の宗教も最初は多神教だったと思うのです。

安蘇谷：それはそうでしょう。

坂本：これはイスラームの先生にも聞かないといけないのですが、歴史的に遡っていくと、ユダヤ人とかイスラエル人というのも、多神教だったものを一生懸命潰していったんですよ。だから一神教になった。そういう歴史を見ると、やはり神道のようなものが自然の人間性に合った宗教だといえます。

安蘇谷：それは人類の皆に共通していて、元々多神教の中に一神教が生まれたというように考えればそのとおりではないですか。

坂本：私はだから、多神教が本当に日本みたいにある程度生きている社会というのは尊重すべきだと思う。今のアメリカとかヨーロッパに行くと全くそれが無くなって、人工的な社会になっているのですよ。自然をもう少し生かす宗教、これが世界に必要だと思う。神道を尊重すべきです。

安蘇谷：そう言っていただくとたいへんありがたいけれど、実際のところ神社神道はだんだんこうなってきてしまった。それははっきりしているのです。稲作農耕をやっている人がこれだけ少なくなってきてしまうと、神道の必要性が薄いですよ。ただ、稲を作っていたDNAが残っているからまだ何とかなっている。私は自分の本社のほかに兼務社というのを四つ持っているのですが、その一つに毎年、春と秋に行きます。そこで、私は本当にびっくりしたのですが、かつては御輿を出したり山車を出したりをやっていたのに、今はもうひとかけらもなくなってしまった。お祭りというのは、かつては村人たちの最高のレクリエーションだったと思います。小さな村で山車なんて作るのは大変です。でも、それだけのお金をかけて皆で楽しんだ。「あっちでやっているからうちでもやろう」と言って神輿を作ったり山車を作ったりして、担ぎ廻って楽しんだわけです。それが今は、神主が行って祝詞をあげて直会ちょっとやっておしまいですから。そういう現実から考えていくと、やはり神社神道の将来も危ういと私は思うのです。ただ、坂本先生がおっしゃったようなことで、もう少し自信を持たなくてはいけないのでしょうね。

川本：一つだけ確認させてください。よく神社、神道は天照大神と言われますよね。これはどういう位置づけですか。

安蘇谷：天照大神は神道五典／神道五部書(19)の中で最も尊い神とされています。

川本：一番尊い。

安蘇谷：そうです。

川本：最初の神様ではないのですか。

安蘇谷：じゃないです。天之御中主神（アメノミナカヌシ）、高御産巣日神（タカミムスビ）、神産巣日神（カミムスビ）、これがいわゆる最初の神様（造化三神）です。最初の始原神なのに、なぜそれを尊い神としないのかということになるのですが、それははっきりしています。天照大神が最も尊い神であるという考え方がまずあって、そこから神道の神様の体系が作られた、それが理由と思われます。『古事記』では、そこがはっきりしています。理論的にいえば最初の神のほうが尊いはずなんだけれど、構造的にそうなっていないのです。天照大神は修飾が非常に多い。『古事記』の表記の中で天照大神が「至貴の神」と書いてあり、一番尊い。『日本書紀』の中でも「至貴の神」、尊い神という修飾語があります。これは皇室の祖先神（皇祖神）に決めたときからそういう構造が出来上がっています。

【註】

（1）公会議（［英］Ecumenical Council）　全世界の司教が教会の教義や儀式等に関して審議決定するため参集する会議。第一回は三二五年に小アジアの都市・ニカイアで開かれ、最近では一九六二年に第二十一回にあたる第二バチカン公会議が開かれている。

（2）教派神道　幕末維新期、教祖の宗教的体験をもとに多くの神道系の新興宗教が成立した。そのうち戦前に国家から宗教として公認されたものを教派神道と呼ぶ。そのおもなものは、①神道大教、②神理教、③出雲大社教、④神道修成派、⑤神道大成教、⑥実行教、⑦扶桑教、⑧御岳教、⑨神習教、⑩禊教、⑪黒住教、⑫金光教、⑬天理教であり、一般にこれらを教派神道十三派という。

（3）第二バチカン公会議　教皇ヨハネ二十三世の立案により一九六二年開会。途中ヨハネ二十三世の死後、パウロ六世が遺志を継ぎ、一九六五年終結。「時代への適応」を課題とし、「現代世界における教会」「神の啓示」「教会」「典礼」の四憲章をはじめ、「広報」「エキュメニズム」等に関する九教令、「信教の自由」等に関する三宣言を発し、現代世界の、戦争と平和、富と貧困などの問題を教会も自らの問題として背負い、また、他宗教、他宗派、他思想への開かれた教会であることを目ざした。現在のカトリック教会は、この公会議の方向の延長上にある。

（4）スンナ（［亜］Sunnah）　慣習の意。預言者ムハンマドが生前に実践していた慣行。一般のイスラーム教徒が従うべき規範とされる。『クルアーン』に次ぐ第二の法源で、ムハンマドの言行録『ハディース』の研究に基づき確定される。

（5）タウヒード（[亜] Tawhīd） 神の唯一性のこと。イスラームにおける主要な基本的教義。最近ではイスラームの包括的生活様式性や政教一致を意味するものとして用いられる。

（6）紀元前三八三年　日本の学界では、釈尊に関して北方に伝わった伝承とアショーカ王即位の年代とを合わせ考慮して、入滅を紀元前三八三年と見ている。八十年の生涯であったことから、生誕は紀元前四六三年となる。ただしセイロン（スリランカ）伝に基づく場合、釈尊の生存年代は紀元前五六三～四八三年と、百年早くなる。

（7）アートマン（[梵] ātman 我《が》） インド哲学では、個我の本質は常住・唯一・主宰の形而上学的実在であるとして、これを「我・アートマン」と呼ぶ。ウパニシャッド哲学では、この「我」が力説され、宇宙我である「梵・ブラフマン」（[梵] Brahuman）との相即が説かれた（梵我一如）。これに対し、釈尊は形而上学的議論を避け、人間を構成するいかなる要素も「我」として認められないという無我の立場を強調し、存在は縁起によって成立するものであると説いた。

（8）ダルマ（[梵] dharma 法） ①倫理的規範、②真理・理法、③事物・存在、④仏の教説など、その他多くの意味を持つ多義的な言葉である。ここでは③で「諸法」の意味。

（9）『倶舎論』（アビダルマコーシャ *Abhidharmakośa*『阿毘達磨倶舎論《あびだつまくしゃろん》』） 四～五世紀インドの仏教論書で、世親《せしん》（ヴァスバンドゥ Vasubandhu）著。部派仏教中もっとも有力であった説一切有部《せついっさいうぶ》の教義体系を整理、発展させ、経量部《きょうりょうぶ》や自己の立場から批判を加えて集大成した名著。

（10）三世実有、法体恒有《ほったいごうう》説　説一切有部の根本教説。諸法はわれわれの意識のなかに現れたり、現れなかったりするが、法そのもの（法体）は過去・現在・未来の三世を通じて存在し（実有・恒有）、自己同一を保っているという説。

（11）霊鷲山《りょうじゅせん》（［梵］Gṛdhrakūṭa グリドラクータ　鷲の峰）　音写して耆闍崛山《ぎじゃくつせん》とも訳される。インドのビハール地方ラージギル（古代マガダ国の都、王舎城）の東北にある釈尊ゆかりの山。

（12）有為法　この場合の法とは、千変万化する世界にあって自己自身を保ち続けるもののことで、いわば世界の構成要素であり、それには、心理的なもの、物質的なもの、心とも物とも言えないものなど、多彩なものがある。有為とは、縁起により、時間の中で、生じ、とどまり、衰退し、滅するように変化することである。したがって有為法とは、要は無常であり、変化するもののことである。

（13）無為法　有為法と異なり、変化しない世界のことである。虚空や涅槃など、また諸法の本性である真如などがそれに当たる。

（14）ポジティビズム（［英］Positivism 実証主義）　フランスの社会学者オーギュスト・コント（一七九八―一八五七）が打ち出した概念。事実から出発し、その精密な認識につとめ、あらゆる宗教的形而上学的先天的規定を拒む。コントは晩年、実証主義的人道教を宣伝するなど、科学的社会主義とは異なっている。近年では論理実証主義的な科学哲学の一つと目されている。

（15）『神典』　大倉邦彦（一八八一―一八七二）によって設立された大倉精神文化研究所より一九三

六（昭和十一）年に刊行。『古事記』『日本書紀』『古語拾遺』『宣命《せんみょう》』『中臣寿詞《なかとみのよごと》』『令義解《りょうのぎげ》（抄）』『律（抄）』『延喜式（抄）』『新撰姓氏録《しんせんしょうじろく》』『風土記』『万葉集（抄）』が収録され、以来、これらの文献が主要な神道古典と目されるようになった。

(16) 産土型神社と勧請型神社　産土《うぶすな》は、血縁を中心にした氏神とは異なり、地縁的な性格を持つ神。また、現在の鎮守の祭神には、諏訪（長野県）、八幡（京都）、熊野（和歌山県）など、国内の大きな神社の祭神を勧請してきて祀るものが多く、遠く離れた土地の神を祀る点で、産土とは印象が異なる。

(17) 官社　明治政府による一八七一（明治四）年公布の太政官布告「官社以下定額・神官職制等規則」では、全国の神社を格の高い官社とその他の諸社に分類し、これが近代社格制度の基礎となった。官社には官幣社と国幣社があり、それぞれ神祇官、地方官が祭るものとされ、国がその経費を負担した。

(18) 社家《しゃけ》　一定の神社に世襲的に仕える神職の家柄。伊勢神宮の荒木田氏、度会《わたらい》氏、出雲大社の千《せん》家《げ》氏、北島氏、春日大社の大中臣《おおなかとみ》氏、吉田神社の卜部《うらべ》氏などが名高い。

(19) 神道五部書　平安時代末、鎌倉時代初期に伊勢外宮の神官の手になるものと推察される。『天照坐伊勢二所皇太神宮御鎮座次第記』『伊勢二所皇太神宮御鎮座伝記』『豊受太神宮御鎮座本紀』『造伊勢二所太神宮宝基本記』『倭姫命世記』の五書をいう。外宮と内宮の関係を内外表裏の関係であるとする意図と、神道に教義をもたせる意図が看取される。

第2章　宗教の幸福観、人間観――男女観、個人観、自由意志の容認――

釈迦仏教の幸福観

森　章司

幸福とは苦しみが解決された状態

釈迦仏教には「四法印」といって、これが釈迦仏教だという教えの旗印みたいなものがありまして、その中に「一切皆苦」があります。これは「一切は苦しみばかり」ということを意味しております。「諸行無常」(1)「諸法無我」(2)というのも入っております。詳しく解説するといろいろ入れなければいけませんが、これらもこの人生は苦しみばかりということを表したものと解釈してよいと思います。したがって釈迦仏教の人生観は非常に pessimistic なものであったということができます。

お釈迦様の教えとして「幸福とは何であるか」といったテーマで論じられているものはありません。釈迦仏教の代表的な教えは「四諦」「四聖諦」といいますが、苦・集・滅・道という四つの真理です。最初が苦しみであるという真実で、その次が苦しみの原因は欲望であるという真実であります。つまり、「一切この世は苦しみばかりであるが、苦しみの原因は欲望である」というのが釈迦仏教の基本的な価値観です。

このように、釈迦仏教は欲望を否定する立場を基本としておりますが、在家生活では欲望を完全に否定するわけにいきません。そこで、釈迦仏教は出家をして修行をする出家仏教、出家者中心の仏教だといえると思います。ですから釈迦仏教には煩悩即菩提という発想はありません。煩悩即菩提は大乗仏教になって出てきた考えでありまして、これは竹村先生のほうからお話があると思います。

この釈迦仏教の人生観、価値観からしますと、「幸福とは何か」と問われれば「苦しみが解決された状態」と答えるしかないと思います。この「苦しみが解決された状態」を表したのが「四法印」の中の「涅槃寂静」[3]という言葉です。

少欲知足

しかしながら欲望に対する姿勢は、出家修行者と在家修行者とで異なります。出家修行者は欲望・煩悩を完全に断滅する。そして断滅した結果として解脱します。我々は生まれ変わり死に変わりする輪廻の世界にあるというのが仏教の世界観ですが、この輪廻の世界から解脱することが出家者の目標です。これに対し、在家者は家庭生活や社会生活を送らなければいけませんので、最低限度の欲望を充足するという形でないと生活が維持できません。ですから、出家者のようにこの迷いの世界から解脱をするという目標が立てられない。そこで在家者の目標は、生きている間に善い行為をして死んでから天に生まれ変わることとされています。

天の世界は空間的に空の上のほうに想定されていますけれど、今の科学ではそのような実体的な世界があるとは考えられませんので、現代の我々としましては天の世界とは「欲しなくても衣食住が自然に満たされる世界」と言い換えてよいのではないかと思います。

ただし、この天の世界は出家修行者が目標とした輪廻からの解脱ではありません。輪廻の中の一コマであり、迷いの状態です。また天に生まれたとしても、次は人間世界、ひょっとすると地獄とか餓鬼という世界に戻ってこなければいけない。これがお釈迦さんの説かれた世界観です。

この世界観は今から二五〇〇年前のインド人の世界観を基にしておりますので、現代の日本人が「死んでから天に生まれる、天上界に生まれ変わる」ということを信ずる必要はないでしょう。先ほど申したように「失っても欲望が充足される世界」というものを理想的な世界として、現実的には「少欲知足」を目ざせばよかろうと思います。欲望を小さくして満足を得る。欲望が小さければ小さいほど満足は得られやすい。したがって、「少欲知足」が釈迦仏教の幸福観の基礎になるといってよいと考えます。また、この「少欲知足」は出家修行者にとっても在家修行者にとっても仏道修行の出発点であろうと思います。

大乗仏教の幸福観　竹村牧男

仏教に幸福は馴染まない

大乗仏教を中心にお話をしたいと思いますが、同じ仏教ですから、今の森先生のお話と重なる点が多々あるかと思います。

森先生が「幸福とは何か」というテーマを立てて論じられることはないとおっしゃったように、私も仏教の中では「幸福」という概念にはどこか違和感を抱きます。仏教に「幸福」という概念は無いように思われるのです。「智」と「福」はあります。智の修行、福の修行とかですね。福ということがないわけではないのですが、一般的に言われる「幸福」ということはあまり言われていないように思います。

幸福とは「自分が明確に存在していて、その自分の物質的、精神的な喜びが拡充すること」といってよいかと思うのですが、仏教の場合は無我です。無我といって何もないわけではありませんので、「自分」というものを考える場合に、「無我である自己」をどう自覚し、実現するかが課題となるわけです。

それから、西田幾多郎（一八七〇—一九四五年。哲学者）は道徳と宗教は異なると述べました。道徳では自己がいかに行動するかが問題ですが、宗教ではそれ以前に、その自己そのものとは何だろう、自己はどこにあるのか、そういうことが問題になるというのです。仏教は正にその問題を根本としていると思いますので、そこに幸福という概念はあまり馴染まないような気がします。まずはそう感じました。しかし、森先生もおっしゃいましたが、仏教では涅槃を説きます。涅槃とは苦の滅の状態です。ですから「苦の滅の状態である涅槃」が実現したところに幸福ということも出てくるかもしれません。

そのためには善を修め悪を離れる必要があります。というのも善因楽果・悪因苦果の法則が厳然として存在しているからです。

悪とは何か。四諦の中の「集諦」、これを森先生が欲望といわれましたが、欲望でもありますし、無明・煩悩でもあります。煩悩の中には貪り・怒り等々もあり、それらが悪ということになります。善は修行のことということになります。

そうしますと、苦の滅の状態の実現、つまり涅槃の実現が幸福ともいえます。また、苦の滅を目ざして修行の道を歩めること自体が幸福ということになるのかもしれません。困難がつきまとうかもしれないけれども修行できること自体が幸福、と考えられます。大乗仏教の場合は一応、出家も在家も変わらずにそういう道を歩んで行くことが考えられています。

他者の苦の滅が実現することに関われる幸福

しかし、実際には修行の力を持たない者もいるわけです。とすると、そういう者は幸福になれないのかという問題が出てきます。そこで「他力」という道が大乗仏教の場合はあるわけです。これは釈迦仏教にはおそらくないでしょう。「他力」とは、阿弥陀様の力とかです。親鸞さんは阿弥陀様の本願によって無上仏にしていただけるのだと説きました。こちらは何も考える必要はない。「義なきを義とする」と言うのですね。何も自分で自分を計らうことは必要ない、そして無上仏そのものにならせていただけるというわけですから、正にこの道は幸福以外の何ものでもないかもしれません。

苦の滅の世界が涅槃なのですが、小乗仏教（部派仏教ですね）では有為と無為とに世界を分けるのです。有為とは現象世界、生滅のある世界です。無為とは生滅のない世界であります。涅槃は無為の世界でありまして、何の働きもない寂静なる世界と考えられているかと思います。しかし大乗仏教の場合、涅槃は無住処涅槃と言われまして、生死にもとどまらないし、涅槃にもとどまらない。生死から解脱して、涅槃に入るのですが、その涅槃にもとどまらないで、むしろ、この生死の世界に入ってきて衆生救済のために働いて止まない。その働いて止まないところに涅槃を見出すというような涅槃観が発達してきます。これは浄土教でいいますと、阿弥陀様の極楽浄土に往生してもまた娑婆世界に帰って来る。娑婆から極楽浄土に行くのが往相、浄土から娑婆に帰って来るのが還相《げんそう》というわけです。この考えは法然さんにははっきりと出てこないかもしれませんが、親鸞さんでは往相回向と還相回向の二種回向ということがしきりに言われます。つまり、苦難に満ちた娑婆世界に帰って来て衆生救済に励むということになります。涅槃に入ったらそうやって、ひたすら衆生の抜苦与楽の活動に専念して止まないということになっていくわけです。

そうしますと涅槃が幸福だとして、その幸福は涅槃や浄土に入って終わりというのではなく、いったんその世界に到達した後、さらに現実の世界に戻ってきて他者の苦しみの解消にかかわり続けられる、そこに究極の幸福があるということになるのかな、と考えます。簡単に言えば、他者のために働けることが幸福であるということになります。それは悟後の世界を今言っているわけですが、実は大乗仏教ではこの道を歩むという覚悟を定めるのが「発菩提心」です。菩提心を発す。他者の救済の実現のためにこの道を行く、その決意表明ということになるわけです。道元禅師も、菩提心とは「自未得度先度他」の心を発すことだと言います。自分は未だ救われないうちに他者を救うのだと、その心を発すのが発菩提心であるということを道元さんは言っているわけです。

そういうことから考えれば、大乗仏教では自分の苦しみを滅することが幸福なのではなく、他者の苦の滅が実現することに関われることが幸福なのであり、そこに自己の意味、自己の在りかを見出したことが幸福だというわけです。

神道の幸福観　安蘇谷正彦

お祭りと祈禱

私としてはお祭りとか神社の歴史等から、神道の幸福観らしきものを考えてみたいと思います。幸福の定義というのは様々です。私はアランの『幸福論』をちょっと読んですぐ嫌になって止めてしまったのですが、辞典だと分かりやすく「満ち足りた状態にあって、幸せを感じること」と解説しています。この解説も抽象的なのですが、ただ、「満ち足りる状態」、「幸せを感じる」というのは間違いないと思いますので、それらに関わるのが神道ではどういうものか、を考えてみます。

神道の場合はどうしても「人間は集団でしか生きられない」という人間観が強いのです。そして、人間が集団でしか生きられないとすると、住む環境が安心・安全であることが大前提となります。人間が生きる上で大切なものとしては食物の確保、これも大前提となります。そうしますと、日本列島においてどうだったかというと、人間の住む環境の安心・安全、それから食物の確保ということについて、神道ではお祭りというのがたいへん強く係わってきたといえると思います。

自然現象を表象するのが、太陽神であるとか、山とか海とか川とかの神々です。日本神道の神様というのは自然神的なものが基本です。もちろん外国からの神様と習合したりしてインドの神様なども拝まれているわけですが、一般的には自然神・祖霊神というのが神道の神様の基本だと考えられます。そういう神様たちの恵みをいただいて安全・安心そして食物の豊作などを祈願し、また災害を防ぐというようなことも祈願しております。ですから、神道のお祭りは日本人の幸福の大前提になっていると考えてよいかと思います。

神社の歴史における幸福観というのを考えてみましょう。神社においてご祈禱というものがあります。私的祈願とか個人祈願とかが元々神道にあったのかというと、これは仏教が入ってきてからそういう形になっていったのではないかと推測されます。私は神社を産土型神社と勧請型神社とに分けて考えますが、産土型神社というのは十万といわれる神社の大部分が当て嵌まります。勧請型神社という形で出発したのは八幡さんとかお稲荷さんとか、あるいは東京では氷川神社とか、沢山あるのですが、そういうのはどうも神仏習合的な形で展開した神社です。そういう勧請型神社で特に個人祈願というのが行われていて、家内安全・商売繁盛・健康長寿などが祈願されます。今は交通安全の祈願が盛んですし、合格祈願なども行われています。これらを神様にお祈りして、それがある程度成就するとその個人の幸せが得られると考えてよいのではないかと思います。
その意味で、神社での幸福の実現の道というのは、お祭りと神社における祈禱と、その二つが考えられるのではないかと思います。

キリスト教の幸福観　坂本　堯

戦争のない世界

キリスト教の幸福観といいますと、まず創設者のイエス・キリストがどのような考えを我々に教えたかということが第一の問題になります。イエスは当然、自分が生まれた社会から大きな影響を受けております。ユダヤ民族は当時、つまり今から二千年前、ローマ帝国との戦いで滅亡している。その滅亡の時代に生きたイエス・キリストがどういう幸福観を持っていたかということを見てみましょう。

ユダヤ民族は玉砕して世界に散っていった。それがその当時の歴史です。私は、キリスト教の幸福観は歴史観から離しては考えられないと思います。どういう歴史の中でイエス・キリストが生きたか。その時にイエスは、どういう幸福を人間は望んだらよいかということを教えています。私の考えでは、イエスは実はキリスト教の人ではなくてユダヤ教の人で、しかもユダヤ教を改革するために生きた人なのです。だから、イエスの人生にはユダヤ教があってもキリスト教はない。そういう視点でキリスト教の源泉というものを考えることが第一ではないかと私は思います。

キリスト教の根本的な考えは、「現世は皆が死んで行く世界であり、真の世界は天国とか霊の国、神の国にある」

というものです。これがイエスの教えです。真の幸福というのは現世にはない。イエスは、ある意味で現世の幸福というものは短い人生の中の一コマであって、それはむしろ天国に行く一つの契機であると考えていたように思います。

結局、キリスト教というのは世の終わりが近いということを説きます。これはイエスが盛んに教えたわけですが、初期の信徒たちは「やがてすぐ世の終わりが来る」と思って待っていました。天国に帰っていくイエスに使徒たちが「その世の終わりはいつ来るのか」と問うのは、彼らが世の終わりが近いことを願っていたからです。彼らは戦争の世界、ローマ人やいろいろな外国の人に滅ぼされていく世界を生きた。ユダヤ教は、この世では幸福を掴めないと、現世について諦めていたでしょう。その時代にイエスがどういう幸福論を教えたか。この世の幸福というのは実に短い瞬間的なものであって、来世の永遠の幸福こそが真の幸福なのだ。こういうことをイエスは教えたと思います。

人類の本当の幸福とは、戦争の否定です。そういう意味でイエスの幸福論は、戦争を否定して平和を唱えることです。平和な社会が幸福な社会なのであって、いかにお金を持っていても戦争で皆が滅ぼされていく世界は幸福ではない。だから、この世の権力とか富というものが幸福観となってしまった、当時のユダヤ教やローマ帝国の神話の世界に対して、イエスは「真の幸福とは現世の幸福ではなくて、むしろ来世の幸福である」ということを教えました。

イエスは戦争のない世界こそが幸福であると考えていた。戦争があって殺し合う世界は決して幸福ではない。イエスは戦争のための武器を取ることを禁じた。これがイエスの一番大きな幸福観であると私は思います。戦争のない世界こそが幸福なのであって、戦争のある世界、人殺しの世界は決して幸福ではない。そういうことで、イエスは平和のために、この世を捨てて愛の世界、アガペー（[ギ] agapē 愛）の世界に生きたといえるでしょう。

山上の説教

イエスの幸福観を教えた真福八端（八つの真の幸福）という考えが新約聖書に載っております。山上の説教といわれる有名なキリスト教の幸福観ですね。『マタイ福音書』の五章です。

「イエスはこの群集を見て、山に登られた。腰を下ろされると、弟子たちが近くに寄ってきた。そこで、イエスは口を開き、教えられた。」

この後、イエスは八つに分けて、はっきり幸福論を教えているわけです。

「心の貧しい人々は、幸いである、天の国はその人たちのものである。」

「悲しむ人々は、幸いである、その人たちは慰められる。」

「柔和なる人々は、幸いである、その人たちは地を受け継ぐ。」

「義に飢え渇く人々は、幸いである、その人たちは満たされる。」

「憐れみ深い人々は、幸いである、その人たちは憐れみを受ける。」

「心の清い人々は、幸いである、その人たちは神を見る。」

「平和を実現する人々は、幸いである、その人たちは神の子と呼ばれる。」

「義のために迫害される人々は、幸いである、天の国はその人たちのものである。」

そして、次のようにまとめます。

「わたしのためにののしられ、迫害され、身に覚えのないことであらゆる悪口を浴びせられるとき、あなたがたは幸いである。喜びなさい。大いに喜びなさい。天には大きな報いがある。あなたがたより前の預言者たちも、同じように迫害されたのである。」

イエスが自分の口から、彼の幸福論、幸福観をはっきりとここで教えた。すなわち、当時のイエスが生きた環境から見て、富める者、あるいは権力を握った者、政治を行う者たちは決して良い人ではない、そして幸福ではないとイエスは教えたと思います。

これを聖書学から考察してみますと、並行記事として四福音書があるわけですが、『マタイ福音書』のほか『ルカ福音書』に同じように載っています。ただし、『ルカ福音書』では、この説教は山でなく平地で行われたとなっています。また、『ルカ福音書』は『マタイ福音書』のように正確に書いているわけではないので、『ルカ福音書』よりも『マタイ福音書』の説教のほうが幸福観を一つにまとめたと聖書学ではいわれています。説教の意味は、聖書学的にいろいろな考え方ができると思います。私は自分の立場から次のように考えます。

私はイエスという人を、今のキリスト教の宣教で述べられているような絶対的な神として見ません。神として見る見方は三位一体論で、四世紀にできます。イエスの時にはまだそういう考えははっきりしておりませんでした。イエスについていろいろなことが言われ、段々それが四世紀頃から「三位一体論」によってイエスは神と一体になってくるのです。しかし、イエスの幸福論を知るためには、私はむしろ人間としてのイエスを重く見ることが必要だと思います。イエスを神として見ると、神は悩みとか苦しみとかがないわけです。人間としてのイエスが苦しんだ。そして苦しんでいる人を慰めて、その人を幸福にした。このことが彼の幸福論の重大なところだと思います。

イエスが説教をして回った対象者を見ることも必要です。誰に向かってイエスは説教したか。聖書によれば、まず出てくるのはあらゆる病人です。悪霊に取り憑かれた者、てんかんの者、中風の者。とにかく病を持って苦しんでいる多くの人たちに、イエスはまず説教を行いました。『ルカ福音書』では、『マタイ福音書』と違い、おびただしい群衆に向かって、ユダヤ全土、エルサレム、それからシドン、海岸地方の人々など、あらゆる人々、民衆にイエスは説教を行います。『ルカ福音書』は少し大衆的に考えています。しかしながら同時に、『ルカ福音書』の中にも病気治療の希望者がいます。汚れた霊に悩まされる人々、これは今の精神病の人たちだと思いますけれど、精神障害を持った人々に対してイエスが癒しを与えます。これを最近はスピリチュアル・ヒーリングといいますけれど、カトリックの教会ではあまり強調しません。私は、スピリチュアル・ヒーリングを行う霊能者としてのイエスの姿が福音書の中によく出ていると思います。

イエスは、富んだ人、あるいは権力を握ってこの世を思うままに楽しく暮らしている人々に説教するのではなくて、この世の中で苦しんでいる人、あるいは悩みの中で生きている人に説教することを目的としています。これが、私は、釈尊の一切皆苦の考えに通じるのではないかと思いますね。イエスは結局、現世的に一切皆苦というものをよく知っていたと思うのです。病の人を治す、悩みを持てる人たちの心の病を癒す、それが本当の幸せになる道であるとイエスは考えたと思います。確かに彼のヒーリングは、病人の癒しとか、死人を蘇らせるとか、不思議な治療を行っています。けれど、その中で一番大切なのは結局、苦難と貧困に喘ぐ人々を癒すことでした。ユダヤ人たちの中の貧困な人々、無惨な死を迎える人々、無視された人々、こういう人たちを前に置いて、イエスは、それでも幸福というものを人は望んでいるので、多くは必ず「死後の世界において幸福は確実に与えられる」ということを教えています。

天国に行くということ

次に、物質的な快楽についてイエスは何を教えたか。いわゆるユダヤ教会というのは当時、サドカイ人が支配していました。いろいろな律法学者が人々に沢山の律法を要求しており、その中でもサドカイ派というのが政治の力を握っていた。これは快楽主義者です。ヘロデ王も同じです。ユダヤ人ではあったのですが、ローマに取り入ってローマのお情けで生きていたのです。民衆たちには重税を課して、ローマへの税金を取っていた。これがユダヤ人にとって苦しいことであったと思う。苦しみは単なる肉体とか心や魂の悩みばかりではなくて、実際の社会の中でローマという国から圧政を受けていることです。民衆たちを苦しめていたのはユダヤ人の一部の人たちであって、彼らと結んだローマ人の支配する世界で、それは苦しみの世界でしかなかったといえます。

結論として、イエスは人間の死というものを大事に考えているのです。死によって、人間の幸福が、この世の幸福から実は来世の幸福に変わる。死というものがあるからこそ人間は幸福を見出すことができるし幸福な世界に入ることができる。この道をイエスは十字架の道として教えました。ですから十字架の道が天国への道となったわけです。真の幸福というのは天国にしか存在していない。この世は過ぎ去る世の中で、この世の幸福を求めるのは本当に愚かなことであるとイエスはおっしゃっている。天国こそ無限な生命の霊的な世界であって、死後、人は誰もがこの霊界に行く。仏教でいう極楽往生といいますか、私は、イエスはこの「天国に行くということ」を最も大事なものとして教えたのだと考えます。この世は短く空しい。人は神が与えた運命を甘受して感謝と喜びに生きるのが一番の幸福、とイエスは教えたと思います。以上が、私の考えるキリスト教の幸福観です。

イスラームの幸福観

眞田芳憲

神の目で見、神の言葉で語り、神の意思で行動する

イスラームでは男性信者をムスリム、女性信者をムスリマと呼びますが、イスラームの幸福観を考える場合には「そもそもムスリム、ムスリマという存在は何か」ということを考えなければなりません。ちなみに、「イスラーム」と「ムスリム」そして平和を意味する「サラーム」、この三つが表現する言葉は違いますけれど、アラビア語では母音をなくしますので、子音だけでいえば、イスラーム、ムスリム、サラームは同じ“m”“s”“l”です。語源が全く同じということです。つまり、イスラームという宗教を信仰するムスリム、そして信仰することによって実現する世界サラーム、これらは切っても切り離せない関係であるという構図になっております。

イスラームとは「創造主アッラーに対して絶対的に無条件に帰依し、服従すること」です。「イスラーム」から名詞的な形で「服従する者」を意味する「ムスリム」という言葉が出てくる。だから「ムスリム」とは「神の意思と命令に対して絶対的に無条件に帰依し、服従する者」ということになります。

ムスリムの幸福の源ということを考えてみます。ムスリムは、神の目で見、神の言葉で語り、神の意思で行動するよう命じられております。『クルアーン』には「自らを神の色で染め」るという表現が出てきます。そういう努力をする者が初めてムスリムとムスリマということになり、努力を積み重ねるところにムスリム、ムスリマの幸福が出現します。

第一章でタウヒードの話をしましたけれど、イスラームというものは神に対して絶対的に服従するということであります。人間にとって都合が良い悪いとかではなく、全て神に師事しなくてはなりません。そのことは生活の面でもいえます。神の唯一性の考え方には生活の唯一性という意味もあります。我々は「聖」とか「俗」とか言いますが、それは人間の都合での「聖」「俗」であって、この世を創った創造主の神の目から見たら「聖」も「俗」もない。そう見えるものも排除します。同じように精神と肉体、個人と共同体、現世と来世と、こう見えるものも排除する、これが生活の唯一性です。現世と来世の問題は幸福を考える場合のキータームでありますが、それは後ほど指摘したいと思います。

サラームに生きる

さて、平和を意味する「サラーム」という、イスラームで最もよく使われる言葉について考えてみます。ムスリムがムスリムとして神の道を歩む努力をすること、仏教でいう仏道精進ということになるでしょうが、アラビア語ではそれを「ジハード」と呼びます。よくジハードは「聖戦」と誤解されますけれど、本来は精進して神の道に生きる努力をすることであり、これを「大ジハード」と呼んでおりました。いわゆる自衛戦争（戦争と関わった言葉ですが）の意味でジハードを使う場合、それは「小ジハード」のことであって、その場合も決して戦闘、戦うという意味ではないのです。後で触れると思いますが、ジハードする、とは神の道を精進することです。そして、ジハードすることによって出てくる内的・外的な状態、平和、平安、繁栄、調和、これがサラームと呼ばれているわけです。サラームは、通常、「平安」「平和」と訳されておりますが、その意味するところはもっと広く、「安心・恒久・完全で、いささかの欠陥もなく保護され、救助され、満足して、いささかの不足も煩わしさもない状態」をいいます。こういう意味で、サラームは最高にして究極の幸福の成就の表現である、といっていいでしょう。

サラームにはどういうことをすれば至るのか。それは、個人個人のムスリム、ムスリマが神との関係においてどういう全人格的な関係を維持しているかというところにおいて決定されます。神に対して絶対的・無条件に帰依し服従すること、これはどこに基準があるかといえば、イスラーム法、シャリーアに定めてあります。シャリーアとは、難しい問題はありますけれど、イスラームの法律学では法の源と考えます。判断基準あるいは行動基準を決定するものは何かというときに、法の源を考えます。価値判断、行為・行動の基準、それらを規定しているものが法でありまして、イスラームもシャリーアと呼んでおります。その法の最高にあるものが『クルアーン』とスンナといわれるものです。『クルアーン』とスンナに書いてある事柄がイスラームの六信五行の中核になっているわけです。この六信五行というものを生活の中できちんと正しく行動に移す、それがサラームに生きるということになってこようかと思います。

そういう意味で、ムスリムは神の目で見、神の言葉で語り、神の意思で行動するように命じられ、自らを神の色で染める。神に一層近づき、神を模倣する努力を積み重ねるところにムスリムとしての幸福の多くが現れるということになってきます。

天国こそが真の住まい

六信の五つ目に「ムスリムは、復活の日、審判の日、死後の生命を信じる」とあります。これは、いわゆる死後の世界を信じるということです。火葬にしないで土葬にする、というのも最後の審判の日を信じているからです。骨を残さなければなりません。最後の審判の日に神によって改めて骨に肉をつけられて、肉体を持った人間として神の前に裁かれるために立つ。だから火葬にしない。復活の日を信じていなければムスリムとはいえません。

また、「神に帰一する現世の幸福と来世の幸福」ということを挙げておきましょう。『クルアーン』二十九章六十三節に「現世の生活は、遊びや戯れに過ぎない。だが来世こそは、真実の生活である。もしかれらに分かっていたならば」とあります。この「来世」は天国となりましょう。また、『クルアーン』六章三十二節に「来世を犠牲にして、その金で現世の生活を買い込むような者どもには、刑罰の軽減は一切ない」とあり、九章三十八節に「汝らは、来世よりも現世の生活に甘んじるのか。現世の生活の歓楽は、来世に比べれば微小にすぎぬ」とあります。これらは、現世がどんなに辛くても現世は仮の宿でしかない、という考え方です。だから、仮の宿でどんなに苦しくても辛くても、それは神の定められた宿命・天命だと受け入れて神の道をしっかり生きるわけです。シャリーアに基づいて人生を生き抜くことによって来世、天国に近づくことができる。天国こそが真の住まいであると考えるわけです。

そういう意味では、前に申しましたけれど、イスラームは神に直結した宗教です。ですから、幸福という問題も神に直結した問題として考えられているということになろうかと思います。

宗教の幸福観についての座談会

坂本：眞田先生、一つお聞きしてよろしいですか。ムスリムがイエスをどう見ているかということです。私は、イエスはムスリムに認められていると思うのですが、それは、先生がおっしゃった最後の「神に帰一する現世の幸福と来世の幸福」はまさにイエスが教えたものと同じだからなのです。イスラームの世界ではイエスを預言者として考えると私は思っているのですが、どうなのでしょうか。

眞田：「ムスリムは、アッラーからの全ての啓典を信じ」ます。また「アッラーからのすべての預言者を認める」のです。全ての啓典にはユダヤ教のこと、それから聖書、キリスト教の新約聖書も含まれます。それらは神からの啓示を納めたものですから、全ての啓典に含めます。つまり、ムスリムは自分たちの『クルアーン』だけを信じるということはしていません。だから絶対、自分だけの宗教だという考え方をしていません。これが一つ大事です。また、イエスは「すべての預言者」の中に入っています。それからアブラハム、イブラヒームもモーゼも「すべての預言者」に入っているということです。預言者であり使徒でもある六人が挙がっていて、そこにイエスが入っています。イスラームはイエスを否定していません。『クルアーン』の中にはマリアの章が五つあります。

坂本：あるのですか。

眞田：はい。しかし、あくまでもイエスは神の子でなく、マリアも神の母ではない。人間としてしか見ていません。

坂本：それはネストリアンの考えですか。

眞田：はい、そうです。

坂本：もう一つ。そのようにイスラームとキリスト教が流れ的に連なっていて、お互いに肯定するような位置にあるならば、なぜ十字軍が起こったのでしょうか。イスラームとキリスト教は何年にも亘って戦争を続けるわけですが、どうしてなのでしょうか。イスラームとキリスト教が内的な信仰の中において同一であるということを、どのように否定して戦ったのでしょうか。その動機を、眞田先生はどう思っていらっしゃいますか。

眞田：実に難しい問題だと思います。一義的には議論できません。いろいろな方面から考えないといけない要素を持っております。ちなみに、十字軍の問題を、イスラームの歴史家は「ラクダの尾っぽから蚤が落ちた程度」くらいにしか位置づけていないのです。イスラーム側からすると十字軍はヨーロッパ側が仕掛けた戦争であって、自分たちが聖地奪還するということです。イスラームは仕掛けられたという認識ですから、大して歴史的な意味合いを持たせていない。これは歴史的にそうだと思うのです。

坂本：ニコラウス・クザーヌス（Nicolaus Cusanus，一四〇一―一四六四年。ドイツの聖職者・哲学者）が初めての『クルアーン』をヨーロッパで訳して教えたわけですが、それまでキリスト教の世界では、イスラームと十字軍で戦うことがキリスト教の本義であると考えていた神学者がいるのです。そうすると、この考えは間違いですね。

眞田：そう思います。護教的になっているつもりはないのですが、イスラームもムハンマドが死んでからどんどんと領地が広がっていきました。本来は宣教の要素もありますが、イスラームの考え方の中では多神教徒との関係をどうするかという問題がいつもあります。現実的に全部ムスリムにはできません。『クルアーン』は強制的に改宗させることを禁じています。すると、イスラームに改宗しない人々には従来の宗教を信仰させせます。ユダヤ教を信仰させますし、キリスト教徒にはキリスト教を信仰させます。異教徒との関係をどうするかという時に、これはシヤル（siyar）といって、現在の国際法みたいなものがきちっと出てくるのです。他宗教との関係をどうするかという法理論、宗教理論が出てくる。どんどんどんどん領地が広がっていくと、これはイスラームにするという限定ができないようになってくる。キリスト教世界との共生性があって、この聖典が出てくるのです。ムハンマドは七世紀の人ですから彼の死後百年くらいに、キリスト教徒とどういう関係を持つか、ユダヤ教徒とどういう関係を持つかという国際法的な理論が八世紀頃から出てきます。それだけイスラーム世界がキリスト教世界にも広がっていったということだと思います。

坂本：キリスト教のほうでは聖トーマス（トマス・アクィナス Thomas Aquinas，一二二五―一二七四年。イタリアの神学者）が『スンマ・コントラ・ジェンティーレス』（『対異教徒大全』）というのを書いてイスラームを敵視したということがはっきりしているのですが、それをクザーヌスが否定して、むしろイスラームとの平和的な関係を保とうとして頑張ったのです。しかし結局、キリスト教のほうは異教徒に対する戦いだから、むしろ先生がおっしゃるような平和的というよりは「コントラ・ジェンティーレス」、すなわち異教徒を滅ぼして唯一のカトリック、すなわちキリスト教にしなきゃいけないという考えが強かったと思いますね。

眞田：それはローマ時代にカトリックを確立する中で、カトリック以外の者を異端視する、それから異教を全部否定する。そういう国家法ができることによって、カトリック以外のキリスト教を全部迫害し、そしてキリスト教＝カトリック以外のものは全部否定するという一つの動きが出てきたからで、それを創ったのがキリスト教徒の世界なのではないでしょうかね。

坂本：私も同感です。十五世紀になるとプロテスタントが興ってきます。それを全部カトリックの教会は異端視して征伐して結局殺しちゃったのです。これがやはりカトリックという一つの世界を制覇する宗教なのです。今十何億になっていますけれど、キリスト教全体を合わせると二十億近いと思います。イスラームが十億ですね。この問題は、現在の世界でも最大の問題だと思うのです。謎としてはイエスの幸福観の結果だと思うのですが、何とかここで平和を確立する方向を考えたいです。どうしたら幸福観を、キリスト教の方とイスラームの方とで実現できるか。そういう道を拓いていく方法がありますかね。

眞田：イスラームの中でも今の過激派といわれる人々が、本当にイスラームは平和の宗教であるということを知っているかどうか。我々はよく「宗教がハイジャックされている」という言葉を使うのですが、正しいイスラームというものを彼ら自身が知らなさすぎる。そこに問題があると思います。それを生み出してきたものが何か、という問題もあります。

坂本：キリスト教とイスラームの根元にあるユダヤ教の問題もあるでしょうね。ユダヤ教の人がここにいませんけれど、ユダヤ教からどういう幸福観を出してくるかが重要な気がします。イスラームとキリスト教の問題をいろいろ見る時、そこにユダヤ教というもの、イスラエルの宗教というものを考えなければいけないと思うのですが、どうなんでしょう。

眞田：私もユダヤ教はよく存じませんので、発言する資格を持っておりません。ただ、パレスチナ、イスラエルからもＷＣＲＰ(4)（世界宗教者平和会議）に参加し、宗教対話をやっている方々がいます。ユダヤ人でありながらムスリムの子どもも、ユダヤ人の子どもも一緒に教育するという、そういうことをやっている方々です。ユダヤ教徒の中でも様々な派閥があり、非常に幅が広い。

坂本：先生がおっしゃることはもっともだと思います。ただ、私どもが幸福観をキリスト教とイスラームの間で考える時に、どうしてもユダヤ教を入れて考えないとならない気がするのです。私は、カトリックはどちらかというと四世紀に興った一種のユダヤ教派だと思います。七世紀に興るイスラームよりも前に、四世紀のローマ帝国では既にイエスの純粋な信仰というものによっていろいろな問題を処理できなくなっていた。だからローマ帝国はキリスト教を取り入れて国教にして、「三位一体論」を創った。ユダヤ教徒とイスラームが絶対に認めないような神としてイエスを定義した。これは先ほどおっしゃったネストリアンとかアリウス派の問題です。そういう問題がローマ帝国の時代から起こっています。戦争を主体にしたローマ帝国。これはローマ帝国の歴史によって分かるのですが、ローマ帝国というのは、イエスの教えやイスラームの平和的な考え方が根本的にはないと思うのです。だから戦争で世界を支配するというローマ帝国になった。カトリックに対して失礼なのですが、帝国主義がキリスト教に入ったのがカトリックだと私は思います。

眞田：私は一九六五年の第二バチカン公会議、これがやはりキリスト教の世界に格別な変革を起こしたと思います。四世紀末以来の、カトリック以外の宗教を追放し迫害するという方針を改めたわけですから。これによって他の宗教との対話ができるようになった。それでも教皇のお立場によっていろいろな波があるようですけれど、ともかくそういう大きな変化があった。第二バチカン公会議までは、宗教対話を考えなかったのですよね。異なる宗教に対しては死をもって復讐するとかいうこともありました。一九六五年からまだ百年も経っていないわけです。宗教対話の歴史は本当に浅い。異なる宗教どうしが戦うという考え方が否定されたにもかかわらず、それが続くのは、まだまだ歴史が浅いからなのだと思うのです。

坂本：私もそう思います。私もバチカン公会議に行って、神学的な変化を中で見ておりました。クザーヌスがいわば初めて再発見された時代なんですね。ベア枢機卿が「実は公会議がクザーヌスの理念によって創られた」などと言っていますけれど、クザーヌスの時代は十五世紀で、あの時は十字軍の第七回目が出ている。そのトップに教皇が立って馬に乗って十字軍に出発したのです。クザーヌスはそれに反対したために教皇から叱られたのですが、それがやはり第二バチカン公会議の時にはベア枢機卿が「クザーヌスこそがキリスト教の本当の平和論を唱えたのだ」ということを言っております。私はその点で、眞田先生が今おっしゃったことを何とか理解できるのです。

森：いろいろな宗教の幸福観をうかがいましたが、キリスト教もイスラームもそれから釈迦仏教も「宗教的な幸福が現世では得られない」としています。キリスト教とイスラームは「真の幸福は死んでから天国で」という印象です。宗教的な意味では、仏教の天は天国とは少し概念が違うと思いますけれど。神道は、現世において幸福は得られるという立場だと思いました。大乗仏教の基本的な幸福観が得られる場所というのはどこなんですか。

竹村：「無住処涅槃」とか「生死即涅槃」という意味においては、大乗仏教は現世の中に幸福を見出していきます。

現世の中に、幸福というか、生きることの意味を見出していく立場は十分ありうると思うのです。現世と来世とか、娑婆と浄土とか、生死と涅槃とかを分けない。今ここで直ちに根源的ないのちの世界を見るといいますか、そういうところに大乗仏教の特徴があるのではないでしょうか。単に内在的でもないし、単に超越的でもない。超越即内在、内在即超越というか、今の中に今を超えてしかも今を成り立たしめている、その根元を見ていくというか、その中で幸福といえば幸福を自覚していく、そういうことになるのではないかと思います。

森：すると、欲望についてもそんな感じですかね。釈迦仏教は欲望を否定すると申しました。キリスト教でもイスラームでも欲望は基本的に肯定されませんか。

眞田：欲望はですね、イスラームにはあるんですよね。権力を持ちたいとか、智慧を持ちたいとか、そういう欲望です。ただし、それらの欲望は全て神から与えられたものだから自分の意思で自分の利益のために自由にしてはならないわけです。財産は神から与えられて、たまたま今の財産を持っている、だからそれは人々に、神に返さねばならない。ザカート（喜捨）というのは、みんなこれ貧しい人々に返す。ラマダーン（断食）というのは、ひと月食べない、そして食事をしない分は全部貧しい人に渡す。そういうことですから、全て神から与えられたものは神に返す、これが原則ですね。だから利息なんかも絶対に取ってはならないとなっています。

竹村：銀行は成り立たないですね。

眞田：成り立ちません。イスラーム銀行が別にあってちゃんとやっていますね。彼らはそういう特殊なイスラーム銀行と呼ばれるものを作って、それでイスラームの中東世界はイスラーム的な経済が動いているわけです。

坂本：キリスト教のほうから先生の質問にお答えできるかどうか分かりませんが、キリスト教が「主の祈り」(5)の中で教えているのは「フィアット・ボルンタス・テュア」（[ラ] Fiat Voluntas Tua 御心が行われますように）という「神の意思」というものです。「御心の天になるがごとく地にも為させたまえ」と、神の意思が行われることを最大のものとし、その後に「日常の糧を与えたまえ」と祈ります。食べ物は人間にとって必然的に必要なものですから、与えられるよう祈る。それから人に許すということも自分が許すから人が許す。それから出てくるのが「全ての誘惑から私を救ってください」ということです。最後に「全ての悪から我々を救い給え」という。そういう祈りの中に、森先生がおっしゃった、現世の中で求めていい我々の欲といいますか、生存に必要なものは、当然、神に祈ってよい。そういうことをイエスは教えていると思います。ですから、この点でイスラームと似ているところがあります。この世の生活を全部否定しているわけではなく、魂の中でそういうものに依存する。富によって人を迫害することを否定しているのであって、日常のカテゴリーとかは全て入っていると思います。だから生きていくために最小限度のものは神から与えられてよい。そのために毎日、日常の祈りで唱えているわけです、キリスト教も。

釈迦仏教の人間観

森　章司

人身受け難し

先ほども話したように、釈迦仏教は生まれ変わり死に変わりするという人間観を基本的な世界観として持っております。ですので、今人間に生まれていても来世には地獄に生まれ変わるとか、畜生・餓鬼あるいは天に生まれ変わるといった世界観です。したがって、人間を特別扱いにはいたしません。大乗仏教では「一切衆生悉有仏性」と言いますが、一切衆生という中には人間はもちろん哺乳動物だとか鳥とか魚とか一切の有情が含まれているということです。

ただ「人身受け難し」という言葉もありまして、人間に生まれるというのは特別なことです。人間でいる間だけ悟りを得ることができる、だから特別なのです。動物は本能に動かされて生きていて修行しませんし、天上の世界は幸せ過ぎて厳しい修行を行おうという意欲が出ません。人間に生まれるのは希なことでありまして、いざ生まれてみればとても幸せで、また人間に生まれている間にだけ解脱し悟りを得ることができる。そういう人間観です。

男女観につきましては、お釈迦様は男女差別の考えを一切持っておりませんでした。インドの宗教としては珍しく、女性の出家修行を認めました。ただし、女性が出家すると男性中心の比丘教団の中にいろいろ混乱が起きますので、お釈迦様は女性の出家をあまり望みませんでした。しかし弟子の阿難の「女性は悟ることができないのですか？」という一言で、女性の出家を許した。女性も男性と同じように修行して悟ることができるという男女観を持っていたからです。

個人観、特に自由意志の容認ということですが、先ほど竹村先生がおっしゃったように、仏教の基本的な倫理観は自業自得です。善い行いをして楽になる、悪い行いをすると苦しみの結果が生まれる。幸せになるのも不幸せになるのも全て私たち自身の行為の結果だということです。その意味で、仏教は個人の自由意志を最大限に尊重しているといえる。この人生はこの世界に生まれてくる前に決定しているとか、一神教的な神が私たちの幸せ不幸せを決定するとか、幸不幸は偶然なのだとかいった考え方は仏教的な見解と反する。仏教の姿勢は精進論と業論あるいは行為論。お釈迦様は自分の教えをそういうふうに表現しています。

大乗仏教の人間観　竹村牧男

唯識思想

大乗仏教における基本的な人間観・世界観は、取りあえず唯識思想というものに求めることができると思います。これは大乗のアビダルマともいうべきもので、アビダルマとは世界の分析みたいな性格を持った知的営みです。唯識思想では、人間を八つの識から成り立っていると見ます。意識が第六意識ですが、その意識下に二つの識を認めて、八つの識から成り立っている。しかも人人唯識といいまして、一人一人が八識から成り立っていると見ます。眼識・耳識・鼻識・舌識・身識、これは、視覚・聴覚・嗅覚・味覚・触覚という五感の識です。第六番目に意識があります。ここまでは自覚しているわけですが、さらに唯識では、その奥に第七末那識、第八阿頼耶識があると説きます。末那識は常に自我に執着している識で、これが意識に何らか影響を与えている。末那識は意識が起きていない時、ぐっすり眠っている時でも働いているといいます。阿頼耶識は、無始より無終に、刹那刹那生滅しつつ相続されていく識です。ですから常住の本体としてのアートマン（我）ではないという形になる。しかし、無始より無終に相続されることの阿頼耶識の上で、生死輪廻がなされていくということになります。

阿頼耶識は過去一切の経験を情報として貯蔵している識です。そもそも阿頼耶とは「蔵」という意味です。しかも、その中に環境世界と身体をも維持しているとされます。この辺を説明するとなかなか難しいのですが、その中で見たり聞いたりが行われているというわけなのです。人間は過去世の業によって寿命が定められておりまして、七十年とか八十年とかです。それが終わるといったん七識が消えるのでしょう。そして阿頼耶識だけが相続していて、そこにまた次に生まれるべき環境世界と身体が生まれ、そして一定期間相続される、ということになります。生きている間、我々の日常の経験は全て情報化されて阿頼耶識に蓄えられていきます。種子《しゅうじ》として阿頼耶識に貯蔵されていくのです。その際に善の行為を行えばその善の要素が阿頼耶識の中で増えていき、悪を行えばその悪の要素が増えていく。その総和が次にどこに生まれるかを決めていくことになります。生まれる先は地獄・餓鬼・畜生・修羅・人間・天上ですね。

第七末那識は自我に執着しているエゴイズムの根元みたいなものなのですが、意識レベルで修行を選び、善を修めていくことによって第七末那識も智慧に転換していきます。自他の平等性を覚る平等性智という智慧に変わるわけです。本来それぞれの八識は刹那刹那生じては滅し生じては滅して相続されており、あるいは縁起の中で生起するものですので、実体はなく、空なるもので空性を本質としています。その本性においては全て平等であり、自他の間も平等であります。末那識は自他平等性というものを如実に知る智慧に変わるわけです。こうして人間は本来自他平等であり、かつ個々のレベルでは自他相互に関わり合い支え合っている、そういう構造が見えてくるわけですが、この自他平等性に目覚めた時に、他者の苦しみを自己の苦しみとして、その解消のために励むということになっていきます。

修行を続けることによって、八識のすべてが智慧に転換します。眼識・耳識・鼻識・舌識・身識は成所作智、第六意識は妙観察智、第七末那識は平等性智、第八阿頼耶識は大円鏡智に転換します。これら四つの智慧に転換したところが、仏といわれることになります。問題は仏になる要因、これを仏性というわけですが、この仏性を人間はどういう形でどのように持っているのかということです。一切衆生悉有仏性という立場では一乗思想(6)です。実は唯識説では「仏性を持っていない人もいる」ということを言います。仏になれない者もいる、それは三乗思想の立場ということになります。人間観としては一乗三乗というようなことも実は関わっているわけですが、ここではそこまで詳しく触れることはできません。

男女観と自由意志

それから男女観ですが、大乗仏教の男女観といえば、有名なものとして『法華経』に八歳の龍女が即時に成仏したという話が出てきます。ですから女性も成仏できるわけです。ただそこには変男成仏、男子に変わって成仏したと出てくるのです。それで後の仏教の中では、経典にはそうあるけれど単に勇猛の相を現したまでで男性に変わったわけではないのだとか、華厳宗などはそのままその場で特に南方に行かなくても成仏するとか、そういう議論が展開しました。日本の法然や道元や日蓮らが女性差別をしなかったことは有名かと思います。歴史的には森先生が明らかにされたとおりだと思います。

それから自由意志も森先生が言われたように、行為論者というのが釈尊の立場でありまして、『スッタニパータ』の中で「生まれによってバラモンになるのではない、行為によってバラモンになるのだ」と説かれています。要するに「生まれがその人を規定するわけではなくて行為がその人を規定する」という意味です。これを拡大解釈しますと、それまでの状況がどうであれ、新たに規定し返すことが人間には可能なのだということを意味しているように思います。そこに自由意志の問題があると思うのです。あるいは、仏教では聞・思・修といいますが、これは、教えを聞いて、自分でよく考えて、そして実践するということで、実践するかしないかはその人の意思によるということになるかと思います。善を志向するか悪を志向するかは、その人の自由意志によるわけでありまして、自由意志がなければ、単なるロボットになってしまい、人間とはいえないと私は思います。仏教はその自由意志を認めていると私は思っております。

神道の人間観　安蘇谷正彦

人間は神のご意思で生まれる

私は自由意志の問題は何も言うことがないので、人間観のところを少し長く話すかもしれません。人間観についてはは拙著『神道の生死観』で取り上げた神道思想家を素材に致します。これが正しいかどうか分かりませんが、一つの研究方法として良いのではないかと考えています。というのは、お祭りとか神社の歴史からは人間観というものを抽出するのは容易ではないのです。そこで、何人かの思想家が神道の信仰を言葉にしているものですから、そういう人たちの主張を私なりにまとめてみました。結論だけ簡単にお話しします。

まず人間の誕生については、神様の御霊をいただいてとか、神様のご意思でとかご命令によってとか、いろいろな形で表現していますが、人間は神のご意思で生まれるというように要約されると思います。

それから人間の生きる意味についてですが、人間の誕生は神に基づくという主張は、人間の生きる意味においても基本的には類似していると言えます。要するに、人の命は神から与えられていて、神のご意思によって人間が誕生するとすれば、神の「命令」とか「みこと」を実現することが人間のこの世における生きる意味につながると言えるかと考えられます。

ただし、その表現の仕方はいろいろそれぞれでございまして、幕末の岡熊臣という国学者は人間の誕生を「スメラミコト（天皇・皇尊）のためにアマツカミ（天津神）が創り出したものである」と言います。これは、天皇崇拝が宣長・篤胤あたりから顕著に出てくるものですから、その思想が反映したと思われます。この思想は明治になると中央集権国家を建設するため顕著に出てきます。

ですから「神のみこと」を実現するために人間は生きるわけです。具体的には、江戸時代の社会階層に応じた職業に励むのが基本です。また、忠孝や五倫五常(7)、仁義礼智信なども具体的な表現としては出てくるかと思います。そういうものを否定する人もいるのですが、宣長自身は忠孝を否定しているわけでもありません。やはり身分に応じた仕事をしっかりやれということを明確に主張しています。

人間の本性については、これも人間は神様によって誕生するという考えと関連しています。神性を有するというか、神的なものをもって生まれるというのが基本的な見解であって、それが人欲によって発揮できないとか、人間の情というものの影響を強く主張する思想家もいます。宣長のように、人間の本性が「頼りなく女々しい」とか「ぐらぐらしている」とか言う人もいます。あるいは篤胤のように「仁義礼智みたいなものが本当は人間の誠の心だ」と言う人もいます。そこのところは一つにまとまりません。しかし、基本的に人間は神性を有する、このことは江戸時代の思想家だけではなくて中世の神道家も言っておりますから、かなり一貫していると捉えて良いと考えられます。

神道の最高至貴の神は女神

男女観についてはいろいろ考えなくてはいけません。イザナギ・イザナミの二柱の神が国生みをする際に女神が先に声をかけて「みとのまぐはひ」をしたため不完全な子が生まれた、だからこれは男尊女卑の例であるという人もいるのですが、別に男尊女卑というほど強くはないと私は考えます。もし本当に男尊女卑が強かったら、最高至貴の神を女神にしないのではないかと思うからです。ただ女性の場合は、時代によって多少変わるのですが、どうしても神道には「穢れ意識」というものがあります。それが女性の面ですと血の不浄というのですか、そういうことで穢れているという差別観が出てきています。武家社会において男尊女卑というのが強く出てくるのですが、一般的には神道が男女の差別を強く言ったということはありません。「神道の教義によるとこうなっている」ということはないと思います。天皇の後継に関しては男系というのが定まっていまして、初代神武天皇以来一貫しています。但し、女性天皇は十代ありました。女性の宮家を一代限りは認めてもよいのではないかとか考えたのですが、どうもわざわざ男系にしているようにも思われます。例えば二十六代継体天皇も十六代仁徳天皇の五代後を探して男系にしているのを見ると、やはり男性文化と女性文化みたいなことを考えていたのかなと思われます。ただ、それは男が尊くて女が卑しいと差別することとは違うと思います。本当に男尊女卑なのであれば、天照大神が男神でなければいけないと考えるからです。個人の自由意志というのは、神道では当然認めているのではないかと思います。

キリスト教の人間観

坂本　堯

神が人間を創造した

キリスト教の人間観なのですが、第一番目に、人間は神によって創造されたということです。全知全能の無限の霊で天主である神というものがまず存在して、この宇宙を絶対無から創造し、その完成として人間を創造したと聖書に書かれています。「主なる神は土（アダマ）の塵で人（アダム）を形づくリ、その鼻に命の息を吹きいれられた」というわけです。そして人間が二つの要素、すなわち肉体と魂からなっていると書いている。

次は男と女の創造なのですが、主なる神はあらゆる獣、鳥を土で作り、人の家畜としたのですが、人の助けとならないので人を眠らせ、そのあばら骨の一部を抜き取り、それで女（イシャー）を造り上げました。そして男（イシュ）ができた。ここに男尊女卑の考え方がはっきりしているわけです。カトリックでは実は女性は司祭になれません。女性は本当の聖職者になれないのです。カトリックの男尊女卑の考えは徹底しています。法王を選出して法王に任命する時には、必ず男であるということを何かの形で確認するそうです。聞いて笑ったのですが、何やら、覗いてという話があります。それくらいカトリックというキリスト教は男尊女卑がはっきりしています。

問題はイシュとイシャーの関係なのですが、私は、この男尊女卑の考え方は少し間違った捉え方をしていると思います。ここはよく読みますと、まずアダマというのがあって、そこから人間のイシュ（男）とイシャー（女）が出てくるわけです。最初に造られた、アダムとエバが出てくる根本の人間というものは男と女が一緒になっていて、言い換えると男性と女性が一つになっている両性具有の存在なのです。私は医学的にそう考えます。だから決して男性が先に造られたわけじゃなくて、最初に両性が一体となった男性女性具有の存在が造られて、そこから男と女が分かれた。そうなると男性と女性とが全く同じ立場であるわけです。私はそう解釈するべきだと思っております。

司祭職は独身男性という制度の是非

男と女の結婚は創造の歴史から、『創世記』の中に出てきます。人が一人でいるのは良くない。したがって、婚姻は人類が子孫を残すために神が定めた守るべき秩序であって、自然法[8]だと私は思っております。どうしてもカトリックは独身の男性を大事にして尊敬するのですが、それは歴史的に出来上がった一つの慣習なのだと私は思います。神道で天照大神が女で最高の神であるように、キリスト教の神は男とされています。カトリックの祈りでは必ずパーフェクトとか男を使うのです。が、それは実は伝統的な一種の間違いであって、男とも女とも区別もつかないのが超越的な神の存在だと私は思います。「パーテル・ノステル」（［ラ］Pater Noster「われらの父」の意）という祈りがあるのですが、「そこではパーテル（父）とマーテル（母）を一緒にしている」と言う日本人の学者がいます。私はこの説に賛成です。ヨーロッパのヘブライ思想から出てきた男性が優位に立つという考え方は、これはイスラームでどうお考えになるか聞きたいところですが、カトリックの、やはりユダヤ教から出た間違った一つの伝統であろうと私は考えます。すなわち、男性に力があるため男性が優位に立つというのは間違いだと、伝統的な一つの間違いだと、私は思っております。

カトリック教会は、聖職者は男性で独身でなければいけないと十一世紀に規定してしまいました。この独身制、私は一種の社会的な思惑があったと思います。むしろ女性の司祭を認めてよいと思うのです。それをカトリック教会はなぜ認めなくなったか。一つの伝統的な仕方だと思います。女性を司祭職から排除してしまうのは間違いだと思っております。これは十一世紀にインノケンティウス三世という教皇が、聖職者は、特に皇位継承者は男性でなくてはいけないと決めたわけですが、イエスはそんなことを決めてなどいないのです。ですから本当にイエスの伝統に立てば、女性がそういう聖職に就いても悪くはないと私は思います。しかし現在のカトリック教会は、司祭職は独身男性という制度を強固に守っています。第二バチカン公会議の後、オーストリアでカトリック大会があり、私も出席しましたけれど、そこでいろいろな意見を聞きました。年寄りの司教たちは、要するに自分たちは独身で通してきたのだから、お前たちも独身で通せと言うのですが、若い司祭たちはそれが本当にイエスの教えなのかと言って疑問を出しました。イエスはそういうことを定めなかったし、パウロまで「結婚したいなら結婚しろ」とはっきり言っているのに、なぜローマカトリック教会は強硬に独身制を守っているのか。今、アメリカで大問題になっているのが、子どものアビューズ（虐待）の問題です。司祭がそういう罪を犯すわけですが、私はそんな伝統は変えたほうがよいと思います。これは単純な考えです。一夫一婦制で離婚を許さないというのはイエスがそう教えたわけですが、『マタイ福音書』十九章に、婚姻関係の解消は死によるのが原則で、例外的に姦通があった場合のみ離婚が認められるということが書いてあります。

愛の掟に従って行動する自由

個人の自由意志ですが、イエスは社会の権力者・支配者の行いを厳しく批判して反省と改善を求めました。私はこれがイエスの存在価値だと思う。権力者は勝手に法律を作って人々の自由を束縛する。法律は自然法に則って、良心に従って作るべきなのに、支配者が自分の勝手な意思でもって人々の自由を縛る。こういうことにイエスは反対しました。これがイエスの本当の気持ちだと私は思います。ただイエスの自由は何でも好き勝手にするという自由でなくて、そこに十戒[9]というものが既に旧約聖書にあるわけで、これもイスラームと同じかと思いますが、十戒の掟というのは概ね自然法に従っているのです。十戒の最初の一、二、三という戒には、ユダヤ教が作った、ある意味で自分の宗教のみを絶対として他の宗教を迫害して無くすというような考えがあります。が、これはイエスがはっきりとは言っていませんけれど、イエスの行為から、例えば異教徒を大事にしたり軽蔑された人たちを大事にしたり、あるいは女性を守ったりする行為から、イエスは愛の掟に従って行動する自由を主張したと考えられます。

イスラームの人間観

眞田芳憲

あらゆる存在を等価性・差異性・相補性の関係的構造の中に位置づける

私はイスラームの人間観、男女観、個人観といった問題を議論する前に、そもそもこの世の様々な存在に対してイスラームはどう考えているのかという、いわばイスラームの世界観をまず考え、その中で人間をどう考えるか、男女をどう考えるかというように議論を進めようと思います。

タウヒードの一元論の世界観によると、神が創造した一切の被造物は、それが人間であるか動植物であるか、はたまた鉱物であるかなどを問わず、それぞれ神から授けられた固有の資質・能力・機能を有するゆえに異なった存在、つまり「差異性」的存在であります。しかし他方において、それらの存在は唯一なる神にその創造の源を持つがゆえに、存在の価値としては全て「等位性・等価性」の関係に立つものであります。こうした無限の差異性の中で存在する一切の被造物は、同時に相互依存の「相補性」の関係においてその差異性が止揚され、調和ある世界が現れてくる。このように考えるわけです。

タウヒードは、あらゆる存在を等価性・差異性・相補性の関係的構造の中に位置づけ、階層的二元論を排除し、イスラーム独自の役割論を展開していく。このようにいえると思います。その意味では環境の問題を考える場合、私は聖フランチェスコの『太陽のうた』ですか、動物や自然に対して人間と同じように神の創造物であると見なす、そういう環境論をイスラームに感じております。

人間観でいいますと、あらゆる人間は神の被造物として等価・平等な関係に置かれている。人間の平等原理は、『クルアーン』の章句にある人間創造の中性的性格に見ることができます。『クルアーン』の一節に「人びとよ、あなたがたの主を畏れなさい。かれはひとつの魂からあなたがたを創り、またその魂から配偶者を創り、両人から、無数の男と女を増やし広められた方であられる」とあります。ここに出てくる「ひとつの魂」と「その魂から創られた配偶者」とは、アラビア語で男女いずれをも意味する中性的表現になっております。人間創造において、まず性差を拒絶した「ひとつの魂」(nafs wahida) とその「配偶者」(zaujaha) が登場し、その後に初めて性差を具体的に意識した「男たち」(rijalan) と「女たち」(nisa'an) が登場するという構造です。イスラームにおいて人間を本質的に規定するのは「人間たること」であって、男性とか女性という性差はあくまでも属性的なものとして受け止めていると考えられております。ではイスラームの男女観はどうか。男と女は人間として本質的に平等である、それが当然のことと理解されているわけです。『クルアーン』九章七十一節では、男女は「男の信者も女の信者も互いに仲間である。彼らは正しいことをすすめ、邪悪を禁じる」存在であり、互いに保護者にして管理者であり、それゆえに実質的な協力者であります。『クルアーン』はこのことを「彼女らはあなたがたの衣であり、あなたがたはまた彼女らの衣である」と簡潔な言葉で表現しています。それゆえ、イスラームは結婚を奨励いたします。ムハンマドは「結婚はムスリムとムスリマたるものの積極的義務である、結婚しなさい」と言い、また「婚姻はわが教えの一部である。わが道から離れ去る者は、わが仲間ではない」とも述べております。ただし、婚姻を奨励しますけれど、「必ず結婚しなさい。しなければこういう罰がありますよ」ということは言っておりません。積極的に結婚しなさいということを説いているだけです。

ところで、イスラームは平等と公平とを無条件に同一視いたしません。男女の間に本質的優劣の差はなく、ただ生物学上の差異や自然的・経済的・社会的な諸条件によって両者の役割と責任に相違が生じてくるにとどまる。イスラームにおける男女の役割は決して競合的なものではなく相互補完的な機能を持っている、とこのように考えております。実際にイスラームの共同体を作っている時に戦争が行われ、その中で女も兵士として戦争に参加している。男女を確認して差別するような考え方はないということであります。

人間は、神の創造した行為を自己の意思と行為によって収穫する

自由意志についてですが、これは大変な問題です。イスラームの六信の一つ、「アッラーの定めを信じる」、これをカダル（定命）といいますが、全てが神によって造られる人間は神によって規定されるのだということになりますと、それは決定論的な議論、宿命論になってしまう恐れがあるわけです。神の被造物たる人間であれば、神が人間の行為の原因の創造者であるということになる。そこで宿命論と自由意志論がイスラーム神学において大変な論争になっていると聞いております。

現代のスンニー派の中で支配的地位を保ち続けているアシュアリー派の祖、十世紀の神学者アシュアリーが「人間各個人の自由な行為の中の、神のものである創造の行為と、人間のものである獲得（カスブ）の行為とを区別し、人間のあらゆる自由は創造者としての神と獲得者としての人間の合致によって成立する」と、述べております。神の意思の何たるかは、人間が現実に行為を実行するまでは予め知ることはできない。実行してみて初めて神の意思の何たるかを知ることができる。つまり人間は、神の創造した行為を自己の意思と行為によって収穫する、そういうように考えるわけです。ともするとこの六信五行のカダルが運命論になりやすいところでありますが、自由意志をこのような形で認めていこうということでございます。

宗教の人間観についての座談会

森：坂本先生、アダムが両性具有なのですか。

坂本：いや、アダマ。そこからイシュとイシャーとが出てくる。これが男女なんです。だから最初の存在アダマは両性具有ですね。アダマとは土とも物質ともいいます。

森：なるほど、そういうお考えなのでしたか。

坂本：安蘇谷先生のお話で私が心を惹かれたのは、人間に神の性があるとはっきりとおっしゃった点です。キリスト教の神性というものと、先生がおっしゃる神道の神性、それがどう比較できるのか教えていただきたいのですが。

安蘇谷：簡単にいって、神道の神的なものというのは神様になる資質を持っているということなのです。神と同一にまでなり得る性質といったらよいですかね。

坂本：例えば靖国神社で祀られるというのは、そういうことなのですか。

安蘇谷：そうです。英霊、これは神様です。特に江戸時代、ある村がいつも洪水になって荒廃する、それを庄屋さんが自分の財産を投げ打って堤を造って村を助けたという話が結構あります。そんな庄屋さんを神に祀るという話がいっぱいある。ただしそれはあまり有名でありません。それから山崎闇斎《やまざきあんさい》（江戸前期の儒学者、神道家。一六一八―一六八二年）が神になったとか織田信長が神になったとか、そういう意味での神性を神道は認めています。天皇も現人《あらひと》神《がみ》ですから神様なのです。現人神は生きているままの神様です。出雲大社の宮司さんなど、お祭りの中で神になっているのではないかという説もあります。乃木大将や東郷元帥は国家のために頑張って、死後に神様として祀られました。ですから、先ほど少し述べましたように、村という地域社会・地域集団をよくするために頑張ったというのが神になる一つの条件になっているかもしれませんけれど、とにかく神様になる資質・性質を人間は元々持っているという考え方です。

森：神道で人が神になる条件としては、靖国神社に祀られている神様のように国のために命を捧げるとか、地域社会のために貢献するとか、英雄的行為をするとかのほか、どういうものがありますか。

安蘇谷：大体それで決まりです。ただし、難しいのは時代です。例えば戦後、湯川秀樹の神社を創ろうと言った人がいました。なぜ昭和天皇を神に祀らないかという議論もありましたが、昭和天皇神社はできなくて、記念館になってしまいました。大正天皇もやはり祀られていません。ですから、神様にすると誰が決めたかというものではないのです。明治天皇のための神社を創ろうというのは、渋沢栄一とか当時の東京市長など何人かがそういう考えを提案して、祀ったわけです。官幣大社になったのかな。もちろん内務省で承認するわけで、天皇の認可というのもあったと思いますけれど、しかし、どうしてそういうようになるかというと別に決まりはないのです。江戸時代などは先ほど述べましたように、田舎で祀っています。佐野市の戸奈良に鹿島神社という小さな神社があって、そこに先ほど言った名主さんみたいな人を祀っていますが、どこかで許可を得てとかいうのではありません。

森：神社を建ててしまって祀る。

安蘇谷：ええ、神社を建ててしまってみんなが祀ると神様になるという感じです。たとえば靖国神社の元は招魂社で、招魂社というのは幕末の志士たちに由来します。幕末の志士たちは家を出て、脱藩して活動した。すると死んでも祀られない。それで幕末の志士たちが「自分たちの仲間が天皇のために亡くなった」といった趣旨で祀ったのが招魂社です。それが全国にありました。各地で護国神社といわれているのは元の招魂社の跡です。東京招魂社は靖国神社という名前に変わりました。国で祀ってまた地方で祀る。二重に祀られているわけです。だから「うちは外してくれ」と言うのはおかしいのです。

森：人が神様になるのは原則として死んでからですか。

安蘇谷：死んでからですね。生きている人はあまりやっていない。江戸時代に山崎闇斎が垂加霊社というお社を創ったのですが、それは生きている時でした。自分の御霊はタカミムスビの神の御霊の一部であってそれを祀るということで創ったのです。それを弟子たちが引き継いで今でも祀っています。二月の二十二日かな、私も一回行きまして拝礼したことがあります。個人的にやっていると言えばそれまでです。

坂本：神道系の新興宗教、天理教[10]みたいなものはどうですか。やはり同じなのですか。

安蘇谷：いや、同じではないはずです。私はあまり存じません。国家神道時代になって政府がある程度神社神道というのを管理するようになりました。それで明治以後、教派神道を十三派と決めた。要するに治安維持法とかに反しない限りという感じで信仰の自由は認め、それを政府が認可する形で十三派に定められたようです。けれど天理教などは戦後すぐ「神道ではない」と言って神道系の新宗教であることを止《や》めています。戦前は宗教に対して、憲法上信教の自由を認めていましたが、それなりの統制や法律的な縛りがあったということではないですか。「大本[11]」などが弾圧されたのは、結局、天皇に対する不敬ということで当時の法律によって弾圧したようです。教派神道の十三派は大体幕末、江戸時代から始まっています。

坂本：現在、神道系の新興宗教は沢山あるそうですね。

安蘇谷：そういえます。教えもみな違いますから。

森：眞田先生にお伺いしたいのですが、先ほどの「神の意思の何たるかは、人間が現実に行為を実行するまでは予め知ることはできない。実行してみて初めて神の意思の何たるかを知ることができる。すなわち、人間は、神の創造した行為を自己の意思と行為によって収穫するということになる」という文章、素晴らしい文章だと思うのですが、これは先生がお書きになったのですか。

眞田：私は『アラビアン・ナイト』を素材にして考えたことがあるのです。『アラビアン・ナイト』には非常にセクシャルな話もありますが、ものすごく清純な生き方を説く話もあるのです。粗筋を申しましょう。男女が出会って恋に落ち、相思相愛になるのですが、なかなか彼女が肌を許さない。その理由を尋ねても答えません。ところがある時、ついに「実は、私は王様の後宮にいる者だから貴方には許せない」と理由を打ち明けた。それを聞いた男は、やがて彼女が「どうぞ私を」と申し出ても頑として結婚を受けつけない。二人は清い状態で愛し合い、紆余曲折を経た後、この恋は最終的に王様の知るところとなった。そして王様は二人の結婚を認めたのです。この二人は愛欲の虜になるのだけれど、イスラームのシャリーアの「してはならないこと」を断固として守った。そういう生き方をして結果的に二人は結ばれ、それだけでなく、王様も男の妹と一緒になった。つまり、若い男女の清純な恋を巡って周りの人々も幸せになっていく、そういう結末になるわけです。私はここにイスラームの自由意志の特色を感じます。厳しい状況を神の天命、カダルとして受け止めながら、神の道に沿って正しく生き続けていく。その結果、当人たちがそれは神の定めということを知っているかどうかは別として、自分たちも幸せになり、周りも幸せになる。そういう大きな収穫が得られる。イスラームの自由意志は宿命論に近い考え方です。全て神のものであるから、してはならないことをしてはならない。その典型が先に申した「インシャッラー」の考え方です。明日の約束、未来の約束はしない。神の問題だから。彼らは時間にルーズで遅れてくる。半日でも遅れてきて「インシャッラー」と言う。言われたほうとしてはたまったものではありません。「何を考えているのだ」と腹も立ちます。イスラームは何もかも神様の責任にするわけです。未来のことは神によっている。見ようによっては全部が宿命論なのであって、自分で責任を負わない。こういう問題が神の創造の話からどうしてもあるといえます。おそらく一神教の世界には、自由意志の問題と唯一絶対の創造神の問題をどう折り合いをつけるかという難問があります。キリスト教の世界でも大問題なのだろうと思います。アダム・スミスの自由主義論は難しいのですが、このような観点からもう一度読んでみたいと思っています。

坂本：そのとおりです。神に対して人間が自由に自分の意思を主張できるか、そこは難問です。私は次のように考えます。まず神によっていろいろなことが決まっていると大枠で認める。そして、その中で自分の選べるところがあると認める。Ａを選ぶかＢを選ぶかＣを選ぶか、その自由は人間にあるわけです。相対的には神の意思の中にあるものを、実現方法は自由に選べるものがある。その自由しか人間にない。神の掟とか神の意思に反することは絶対できないけれども、実現する中においていくつか方法が考えられるわけです。これをやるか、あれをやるか。どの実現も神の意思を実現するための方法なのであって、人間には選ぶことが許されていると思うのです。それが人間に残された自由意志です。つまり絶対的な自由意志が人間にはない。神の掟に反するような行為をする自由はない。キリスト教も旧教に十戒があります。イスラームもこれは同じだと思う。神の命じる戒律があって、それを否定したりそれに反したりすることは大きな罪になるから、できない。その中で人間には可能性が複数ある。どの可能性を選ぶか、これが人間の自由なのです。大きな神の掟に反しなければ自由に何かをしてもよいということだと思います。

眞田：竹村先生と森先生にお尋ねしたいのですが、『法華経』如来寿量品の中に「已事を示し他事を示す」という言葉が出てきます。自分の幸せから不幸せ、幸せと反対の事柄が出てくる。それから家族が大きな不幸に遭った。そういう逆境をどう受け止めるか。「全てこれは仏様のお計らいだ。あなたに相応しい形でそういう現象が出ているのだから、それも仏の意思として受けとめなければならない」というわけですね。逆境を仏様から頂戴した尊い教えだと受け止めることによって自分の新しい道を切り拓く。こういう考え方です。ここに私は、イスラームの自由意志論と近いものを感じます。イスラームでも、人が死んでお葬式に行くと「大変でしたね」と言います。言われたほうは「アルハムドゥ・リッラー」、つまり「神様のお陰だ」と答えます。神様の思し召しなのです。死んでも神様のお陰、風邪を引いても神様のお陰。いつもそう。すると逆境を感じない。他事を仏様、神様の意思の一つと考え、どうそれをプラスに持っていくか。仏教とイスラームが非常に似ているという感覚を持ちます。全部が神の意思だからどうしようもないのだとしょぼくれるか、神の心は何かを考えてプラスに持っていくか。そのように、自由意志の問題として、私自身は他事と己事の議論を受け止めます。どのようにお考えですか。

竹村：これは竹村先生にお任せします。大乗仏教にお任せします。

森：今のお話、私は正直あまりよく分かりません。受け止め方が似ているというのは正にそのとおりだと思うのですが、基本的に仏教は主宰神を認めないからです。仏教には全てを計らっている存在がいるという考え方はないです。全ては縁起でありまして、人間の一人一人の自由意志の行為の総和として世界が動いていくという形になると思います。しかし人生を生きていく中で、これは何か自分を超えた仏様のお示しなのだとか、仏様の配慮があるのだという受け止め方の中で前向きに生きていく、これは十分あり得る話だと思うのです。ただ、眞田先生がおっしゃるように全てが神の計らいだということになると、自己の責任の問題がどこかあやふやになってしまいます。自分がある行為をして、自分がそういう行為を選ぶことも実は神が知っていたのだということになると、結局自分に自由意志はないという話になりかねないので、その辺はどうなのかなということを感じました。もう一つ、選べることはあるけれど、破れないのだというように言われたと思うのですが、でも人間というのはそもそも林檎の実を食べてしまった者の子孫であって、原罪を抱えている。だからある意味では、神の掟を守れないのが人間なのです。常に人間には掟を破る可能性がある、罪を犯す可能性がある。それにも拘わらず、その者がそれでも救われるのだというのがあって初めて宗教であるということも有り得るのではないかと思われます。そういう行為を選び得ることがある人間の救済はどうなっていくのか。悪を犯してもなおかつ救われるということがキリスト教やイスラームの中であるのかないのか。あくまでも六信五行を守らなければ駄目なのだということでは永遠の地獄へ行くのだということになってしまうのか。それで果たして宗教なのかと、そこを少し疑問に思うのですが。

坂本：その疑問に少しお話しさせてください。これこそキリスト教でも大事なところで、罪の赦しということです。竹村先生がおっしゃったように、原罪がある。人間は全て個人的な罪のほかに人類としての原罪というのがあって、ある意味で誰もが地獄に堕ちるわけです。だけどキリスト教では、そのためにイエスが罪を全て自分で背負ってくれた。イエス・キリストの存在理由です。有名なアンセルムスの『神は何故に人間となりたまひしか』という論文があるのですが、神学の第一番目の大きな問題はここなのです。神でなければ人間の全ての罪を償うことはできなかった。神が人となって初めて、無限の人間が犯す罪を許すことができるようになった。イエス・キリストの十字架の意味はそこにあると彼は言う。おっしゃったように人間は全て罪人です。洗礼によって罪を全て許されるという考えがあるのですが、洗礼の後もいろいろ個人的な罪をつい重ねるわけです。イエスが言ったように最大の罪は人殺しで、戦争であるかもしれないけれど、人類の歴史は戦争の継続みたいなものです。人を殺した者がどれほどいるか。その人たちの罪を誰が償うかというと、やはりイエス、神しかない、というのがアンセルムスの考えです。アンセルムスは「神でなければ人間の無限の罪を許すことはできない、償うことはできない。だから赦しというのはただ許すだけではなくて罪の穢れを全部洗い去る」と言うわけです。

竹村：罪と自由意志というのは何か一緒のものがあるのではないでしょうかね。罪を犯すというのは自由意志が与えられたということではないですかね。

安蘇谷：これはちょっと時間をかけて議論したいですね。面白い話です。

坂本：ここにキリスト教の持っている大きなミステリウムがあるのです。ミステリウムを人間は理解できない。神は絶対の正義だ、絶対の愛だなどと言うわけですから。沢山の罪をこんなに許す、そういう大きな愛があるわけですよ。それはミステリウムで人間には分からない。それはアンセルムスが言うとおりです。そうなってくるともう、宗教の根本は要するにミステリウムで人間の理性がいくら尽くされても分からないのです。神は絶対の愛であり、また絶対の罪を許す存在であり正義である。そういうことだと思いますが、イスラームではどうですか。

眞田：イスラームも結論は同じだと思います。ただし、原罪をイスラームは認めません。そういう考えはありません。アダムが神に懺悔をして許しを請い、許された。その段階で原罪からもう全てが許された。だから原罪という思想はありません。

竹村：そうなのですか。

安蘇谷：お話を聞いていて、基本的な疑問を持ちます。今の強欲資本主義というか、今の人たちに、宗教の話が通じるのかどうかという疑問です。仏教でもキリスト教でもよいですが、死んだ後で天国に行く、それが真の永遠の幸せであるなどということが、今、通じるのかどうか。そういう現代の問題と我々はどう関わったらよいのか、問題にしなくてよいのかどうか。ゆくゆくはその辺のところを議論したいものですね。

【註】

（１）諸行無常　もともとは、私たち衆生は生まれたら、老い、病気し、死ななければならないということを表したものであったが、後に普遍的にこの現実の世界のあらゆる事物は、種々の直接的・間接的原因や条件によってつくりだされたもので、絶えず変化し続け、決して永遠のものではないということと理解されるようになった。

（２）諸法無我　もともとは、私たちにはアートマン（我）がないから、生まれ、老い、病気し、死んでいくことを如何ともし難いという意味であったが、後に普遍的にあらゆる事物には、永遠不変な本性である「我」がないということと理解されるようになった。

（３）涅槃寂静　初期仏教では、戒・定・慧の三学の修行によって、身体・感覚・心・その他の諸現象の無常・苦・無我を悟り（如実知見）、それによって厭離・離欲を生じて一切の苦から解脱するプロセスが説かれる。涅槃（［梵］nirvāṇa ニルヴァーナ）とは、このプロセスにおいて終局的に実現される完全静寂なる境地。「永遠の平安」「完全な平和」「絶対の安らぎ」とされる。

（４）ＷＣＲＰ（World Conference of Religions for Peace 世界宗教者平和会議）　一九七〇年に創立された諸宗教が参加する非政府組織で、ガンディーの平和主義を基礎とする。キリスト教、イスラーム、ヒンドゥー教、仏教諸派をはじめ、多くの宗教宗派が参加。宗教間対話による相互理解と平和のための宗教協力を目的とする。ニューヨーク国連ビルに本部を置き、各国に委員会がある。数年ごとに世界大会を開催。最近では二〇一九年にドイツ・リンダウで第十回世界大会が行われ、百二十五ヵ国から千名以上の宗教者が集った。難民の問題や紛争解決、環境問題など現代的な諸課題に取り組む。

（5）主の祈り（主禱文）　キリスト教の代表的な祈禱文。新約聖書に記されており、イエス・キリストが弟子たちに教えたとされる。キリスト教のほぼすべての宗派で唱えられている。

（6）一乗思想　大乗仏教では仏教の教えを三種の乗り物にたとえ、声聞乗・縁覚乗・菩薩乗に分けるが、これを総称して三乗という（第3章の註（1）参照）。三乗を実践する者には、それぞれ資質や能力に差があり、それに対応して到達できる境地も異なるとされる。ところが初期大乗経典の『法華経』では、三乗は一乗（仏乗、一仏乗ともいう）に導くための方便であり、真実なる一乗によってすべてのものが等しく仏の境地に到達すると説く。

（7）五倫五常　五倫は儒教で説く五つの基本的実践徳目。君臣の義、父子の親、夫婦の別、長幼の序、朋友の信をいう。五常は儒教で説く仁、義、礼、智、信の五つの基本的徳目。

（8）自然法　時と場所を超えて普遍的に妥当する永久不変な自然の絶対的理法。古代より近代に至るまで西洋思想史を支配してきた基本的概念。

（9）十戒　モーセがシナイ山において神より与えられたとされる、ユダヤ民族が守るべき十の戒め。神に対する愛について、①ヤハウェのほかなにものをも神としないこと、②主なる神の名をみだりに呼ばないこと、③安息日を記憶してこれを聖とすること、また他人に対する愛について、④父母を敬うこと、⑤殺さないこと、⑥姦淫しないこと、⑦盗まないこと、⑧偽証しないこと、⑨他人の妻を恋慕しないこと、⑩他人の所有物を貪らないこと（『出エジプト記』二十章）。

（10）天理教《てんりきょう》　一八三八（天保九）年、大和国の中山みきが天啓を受けて創唱。「親神《おやがみ》」天理王命《てんりおうのみこと》による世界の救済を説き、祈念と奉仕と相互扶助による平和で幸福な「陽気ぐらし」の実現をめざす。教義を示したものに「みかぐらうた」「おふでさき」「おさしづ」がある。本部は奈良県天理市にあり、人間創造の聖地「元もとのぢば」とする。

（11）大本《おおもと》　〝大本教〟と呼ばれることがあるが、正式名称は大本である。一八九二（明治二十五）年、教祖出口ナオが神がかりして京都府綾部で開教。女婿出口王仁三郎《おにさぶろう》が教理を体系化。艮《うしとら》の金《こん》神《じん》を世のたてかえ、たてなおしの真神であるとし、理想世界「みろくの世」の実現を説いて大発展を遂げた。しかし、一九二一（大正十）年と一九三五（昭和十）年に二度の弾圧をうけ壊滅。一九四六（昭和二十一）年、愛善苑の名で再建、一九五二（昭和二十七）年、旧称に復す。本部は綾部市と亀岡市に分かれている。

第3章　宗教の死生観

釈迦仏教の死生観

森　章司

輪廻転生という世界観

釈迦仏教を含めて、仏教は「輪廻転生」という世界観を持っております。今の生が終わったら次の生に生まれ変わり、その生が終わったらまた次の生に生まれ変わるという世界観です。キリスト教やイスラームの世界観と違うのは、仏教が創造神を立てないことです。一人一人の有情の主体的な行為を尊重するという姿勢がこの世界観、死生観に表れていると思います。輪廻転生というと五道輪廻や六道輪廻があり、地獄とか天国とかも関係してきますけれど、それは後で申し上げます。

輪廻転生という世界観は死後の世界を認めているわけです。ところで釈尊は、私たちの死後があるかないかと問われて、あるともないとも答えられなかった、これを「無記」といいます。したがって、現代の仏教学では、死後があるというのは通俗的な教えで、勝義（真実の教え）ではないというのが定説のようになっております。しかしこの「無記」説とは、「如来（tathāgata）は死後に存在するか、如来は死後に存在しないか、如来は死後に存在しかつ存在しないか、如来は死後に存在するのでもなくかつ存在しないのでもないか」という質問に対して、釈尊が「存在するとも存在しないとも答えられなかった」ということなのです。つまり、質問は「如来」が主語なのであって、私たち「衆生」が主語なのではありません。「如来」とは生死を超越し輪廻を解脱した「仏」のことですから、「仏に死後があるかないか」と質問された時に「ある」とも「ない」とも答えるべきでないのは当然です。この「無記」を主題とする一連の経典の中には「煩悩が解決されていない凡夫・衆生は死後に他の世界に生まれる」と明記されております。すなわち私たち迷いの衆生には死後があるというのが仏教の教えです。現在の学界が、「如来」を「私たち衆生」の意味で解釈しているから、それが定説のようになってしまっているのです。これは明らかに間違いだと私は思いますけれど、それについて細かい議論をすると時間がかかります。ちなみに先日、横浜の光明寺で「死後輪廻はあるか」というテーマで講演をさせていただき、そこで詳しく述べました。「現代仏教塾」というのですが、その講演が YouTube にアップされるそうです。それを参考にしていただければと思います。

さて、輪廻の考え方に基づけば、私たちは仏のように生死を超越しない限りは無始無終に生まれ変わり死に変わりするということになります。そうなりますと、生と死は、連綿と続く「いのち」のところどころにコンマを打つようなものです。ではどこに「生」のコンマを打ち、どこに「死」のコンマを打つか。まず、「生」は受胎の瞬間です。つまり、人間は母親の胎内から生まれるのではなく、母親の胎内に生まれる。母親の胎内に生まれた時から今生が始まります。また「死」の瞬間は寿・煖・識が失われた時とされております。寿は寿命です。煖が失われるとは暖かみが失われることですので、これは「心臓死」にあたるかもしれません。識が失われるのが「脳死」にあたるかもしれません。もちろん仏教が「心臓死」「脳死」を分けて考えているわけではなく、あえて当てはめるとそうなるかもしれないということです。

無我と無常

現代の仏教学が死後の世界を認めたがらないのは、仏教が「無我」の教えを説くことにも関係しています。しかしながら「無我」とは、決して「霊魂」がないことを意味しているわけではありません。仏とは生死を超越して不老・

不死を得た人であり、いわば永遠の生命を得た人です。如来性とか仏性を実現した人ということもできます。私の解釈でいえば、永遠の生命、如来性・仏性が「我」なのであり、これらをインド語で「アートマン」と呼んだわけです。すなわち仏とは「アートマン」を得た人だと私は考えます。竹村先生の領域ですが、大乗仏教の如来蔵思想では、如来は常・楽・我・浄であるとされ、これを無常・苦・無我・不浄であるとするのは転倒した見解とされます。釈迦仏教は衆生についての教えであり、如来についてはほとんど一言も説かれていません。はっきり表れていませんけれども、釈迦仏教でも如来の境地が常・楽・我・浄であるのは当然のことだと私は考えております。

次に「諸法無我」について話します。「諸法無我」は「諸行無常」と対句のように使われる言葉です。「無常」とは、私たちが生まれ、病気をし、老い、死ぬ、という輪廻を繰り返すことです。「無我」とは、如来性・仏性を実現していないから、生老病死を超越することができない、生老病死をいかんともすることができない、ということを意味する、とこれも私の解釈です。これが仏教用語アナートマン（anātman）すなわち「無我」の教えであると私は考えます。仏教のみならず宗教一般は「自己の欲望のみを追求するな」、「我を捨てろ」、「無我愛を実践せよ」、「無我になりきれ」と教えておりますけれど、この時に使う無我と、仏教用語としての「無我」とは同じ意味ではありません。

輪廻転生する主体

ところで、生まれ変わり死に変わりするためには、生まれ変わり死に変わっても変わらない、一本の線のように続く何かがなければなりません。この何かを「霊魂」と名づけるとわかりやすいのですが、仏教は霊魂の存在を認めないというのも学界の通説のようになっています。しかし先ほど紹介した「無記」説では、十無記とか十四無記とかありますが、「霊魂（jīva）と身体（sarīra）は一つであるか、あるいは別であるか」というのも十あるいは十四のうち一つのテーマであります。つまり、この質問に対しても釈尊は無言をもって答えた。霊魂と身体が一つであるとも別であるとも、釈尊は答えなかったわけです。本来“jiva”とは「いのち」「生命」を意味しまして、一般には「霊魂」とも訳されますけれど、もし「霊魂」という訳を使うとするならば、この質問は「霊魂」と「身体」というものを一応認めているということになると思います。「霊魂」というと語弊がありますが、“jiva”「いのち」とか「いのちの主体」とか「輪廻転生する何ものか」というように理解すればよいのではないかと私は思います。

先に申した生の瞬間、生まれる瞬間を仏教では「生有」といい、死の瞬間を「死有」といいます。死有と次の生有の間を「中有」といいますが、日本ではこれを四十九日間ととらえ、四十九日の追善供養をします。この「中有」は「ガンダルヴァ（gandharva）」と名づけられており、これは出産に関わるインドの妖精の名前を借りたのですが、五蘊から成っているとされます。五蘊とは色・受・想・行・識のことで、衆生の身体と精神活動を五つの要素に分けたものです。今生きている私たち人間はもちろん、中有にある人間も五蘊から成っているわけです。生きている私たちは目に見えますけれど、死後のガンダルヴァは非常に微細で、人間の目では見ることができない、天眼によってしか見ることができないとされます。「中有」を「中陰」ともいうのは、古い中国の訳で五蘊を「五陰」と訳したことに由来します。余談になりますが、ガンダルヴァは香りを食べるので、このことが死者の霊に線香を焚き、香りのある花を供え、炊き立ての湯気の立つご飯を供えるという習わしにつながります。

このように、輪廻転生する主体を何と表現してよいかわかりませんけれど、そういうものが存在しないと輪廻転生は説明できませんので、釈迦仏教（部派仏教）の側ではそれをプドガラ（pudgala）と名づけたり、非即非離蘊我と名づけたり、窮生死蘊と名づけたりします。果報識、細意識、一味蘊、根本識なども名づけています。大乗仏教の瑜伽行派が阿頼耶識というものを想定することは皆さんご存じかと思いますが、私たちの深層にある識として阿頼耶識を立てたのも、実は輪廻転生する主体の説明をしようという意図があったからと考えられるわけです。

「五道輪廻」や「六道輪廻」は、輪廻転生する世界の種類を五または六と想定しています。地獄・餓鬼・畜生・人、それから天すなわち神、これが五道です。五道に阿修羅を加えますと六道となります。輪廻転生を認めると地獄界や天界を認めなければならない。古い仏教の文献では地獄界は私たちが住んでいる世界の地下の奥深くにあるとされ、天界は空中にあるとされます。しかし今の科学からいえば、地下に地獄という客観的な世界があることはありえません。また、月にまで人間が行き、地球の周りをいつも人工衛星が回っている時代に、空中に天人が住む世界があるということも荒唐無稽なことで信じられないでしょう。つまり、釈尊の時代の天文学や地理学の知識では地獄界や天界が存在したかもしれませんが、現代の科学ではそういうものは存在しないと断定してよろしかろうと思います。地獄や天がないのならば、輪廻転生もないのか。私はそう考える必要はないと思います。私たちが五道や六道の中で客観的にあると認められるのは畜生界（動物の世界）と人間の世界です。ですから現代では、動物の世界と人間の世界で生まれ変わり死に変わりすると考えればいい。あるいはもっと限定的に、人間であればまた別の人間に生まれ変わるというように考えればいいのではないかと思います。

生まれ変わったらどんな人生が送れるのか楽しみでワクワクしながら死ぬ

以上のような世界観からすると、仏教では、私たちが究極的に目ざすべきは成仏して生死を超越することです。しかし成仏は簡単に実現できるものではありません。そうすると私たちの現実的な目標としては、死んで別の世に再生する時に今よりさらに良い人生が送れることを目ざして努力する、そういうことになるのではないかと思います。どのような死に方をするかというよりも、どのような生き方をして次の生でどのような幸せな人生が送れるかということです。

次の生で幸せな人生を送るためには、今の生で、自分本位の考え方をせずに、人の喜びを我が喜びとして、また人の悲しみを我が悲しみとする慈悲の心を持って生きる。そうすれば次の生によりよい人生が送れる。そう考えるわけです。そうすると、死に臨んでは、次に生まれ変わったらどんな人生が送れるのか楽しみでワクワクしながら死ぬことができるでしょう。そういう死に方が良い死に方であると思われます。私もそうなるように努力しております。

大乗仏教の死生観　竹村牧男

死とは何か

森先生に詳しくお話しいただきましたことは、大乗仏教でもそう変わりません。かなり重複しますが、釈迦仏教と相補的な部分もあるかと思いますので、お許しください。

初めに死とは何かという問題です。仏教は一切皆苦を説き、その苦しみの中でも根本的な苦は生・老・病・死の四苦にあると説きました。では、なぜ死が苦しみなのでしょうか。その理由としては、自我と物とに愛着し執着しているゆえに、それらを失うことは堪えられないから、あるいは自分の思いどおりに自分を生きることができなくなることは堪えられないから、あるいは何よりも自分が無に帰することにより絶対に否定されてしまうことがどうしても承服できないから、などが考えられるでしょう。死後の世界など信じることができない現代人にとって、死の苦しみとは主に最後のことにあるのではないでしょうか。自己が無に帰する苦しみは、主に身体的に生きている状態を失うことによってもたらされると思います。呼吸が止まり、熱が失われ、心臓の鼓動が消えた場合、もはや生きていくことはできません。近年、脳死が社会的にも認定されるようになりましたが、その場合も、生の停止に向かって不可逆的状態に至ったことの確認なしに、死は認められないでありましょう。しかし、この自己が無に帰するという苦しみは、必ずしも身体的な死のみによるものではないと思います。いじめのように社会的に無視されたりする場合、自己が絶対的に否定されたも同然で、そこで自殺に至ることもしばしば見られます。老や病等によって自己が何もできない状態に至ることも死の苦しみに相当すると思いますが、それ以前に、身体的には生きているにもかかわらず、しかも社会的に自己の存在そのものが全く否定されてしまった場合、そこにも死があるといえます。

ところが仏教の場合、死の苦しみは、自己が無に帰することとも少し異なると思われます。というのも、今、森先生からお話がありましたように仏教は生死輪廻を説き、自己の死後の相続を認めているからです。たとえば仏教は、生有・本有・死有・中有という個の相続を説いております。中有の後また生有になる、というサイクルが続いていくのです。生有は生まれた刹那、死有は死んだ刹那です。生まれた刹那とは、先ほどのご説明のように受胎した瞬間です。死有も一刹那として捉えられていますが、それは主に身体の冷却が足からもしくは頭から心臓に至った時と説明されますので、基本的に心臓死を死と見なしていると言えるかと思います。死を分類する意図はなかったでしょうから、脳死か心臓死かという問題意識はなかったと思いますし、脳死も死であり心臓死も死であるという問題意識もなかったと思います。一方、本有は一生涯です。そして中有は死後、その次の世に生まれるまでの間、いわば準備している期間のことで、普通の人間にはこの世界は見えませんがそれが確かに在るのだと仏教では説いています。中有には最長四十九日間いるというのです。この四十九日という期間は『倶舎論』などの説でありまして、別の期間が設定されている場合もあります。

十二縁起

生死輪廻がどのようになされていくかについては、十二縁起説が説明します。十二縁起という教理があって、その説明には『倶舎論』に代表される「三世両重の因果説」と、唯識の「二世一重の因果説」とがあります。これらは詳しく説明しないと分かりにくいのですが、いずれにせよ、興味深いことは、臨終時に起こす我執の煩悩が、輪廻の促進に大きな役割を担っていると説くことです。ですから臨終時に正念に住するというのは非常に重んじられます。臨終時に南無阿弥陀仏と称えれば一切の罪が消えるといったことも言われるわけです。

そういうわけで、仏教の立場では、死の苦しみとは自己が無に帰することにあるのではなく、死後、どのような苦しみの世界に再び生まれるのか分からない不安にあるといえます。さらにこの輪廻が一、二回だけでなく、どこまで続くかわからない、永遠に続くかもしれないことが大きな不安であり苦しみとなるということにもなるのだろうと思います。

死後の世界とそのありようですが、生死輪廻は、業によって行われていきます。自我に執着する心のもとに行われる行為が、来世に再生する要因となる業を作りだし、その結果、輪廻していくと説明されます。悪業か善業かといった業の内容によって、次の世で苦しみの多い世界に生まれるか楽しみの多い世界に生まれるか、解脱していくかが決まっていきます。行為の世界における善因楽果・悪因苦果という法則は、過去世と現在世あるいは現在世と未来世を貫いて、厳然と存在しているわけです。その輪廻すべき世界には、大乗仏教では、地獄・餓鬼・畜生・修羅・人間・天上・声聞・縁覚・菩薩・仏の[1]十界があると、しばしばいわれます。とにかく死ぬとまず、光に出会うというようなこともいわれます。しかしそれで救済されるわけではなく、その後、中有の世界に入ります。中有では、すでにそれまでの業によって、次の世にどこに生まれるかが決まっています。その世界の生き物の形をした身体をしているものの、人間の肉眼には見えません。また、その中有の間であったかどうか少し調べがつかなかったのですが、その者は、行きたいところに物理的抵抗なしに即座に行けるともいわれます。エリザベス・キューブラー＝ロス(2)が臨死体験で報告しているようなことが『倶舎論』などにけっこう多く説かれているわけです。中有では、最長で四十九日間、この間さまざまな縁により、七日ごとに次の世に生まれる可能性があるといわれます。

死後の世界

さて、地獄・餓鬼・畜生・修羅・人間・天上・声聞・縁覚・菩薩・仏の世界とは、どのような世界でしょうか。このことに関して、特に六趣（六道）については、初期仏教（釈迦仏教）以来、さまざまに説明されてきたことでしょう。特に地獄の様相については、『倶舎論』に詳しい説明があり、それを源信が『往生要集』に多く引用していることは有名です。焦熱地獄とかいろいろな地獄があるのです。

一方、大乗仏教では三世十方多仏説を採り、それぞれの仏にその仏国土（浄土）があることを明かします。特に阿弥陀仏は本願により十方の衆生を自分の国土＝極楽に引き取るというメッセージを我々に届けています。では、極楽浄土とは、どのような世界でしょうか。実際の経典の記述は次のようなことになっています。

まず極楽は西方に位置する（しかも無限の距離を隔てている）。地獄・餓鬼・畜生の三者が存在しない。日・月・星辰がなく、暗黒がない。須弥山等もなく、大海もなく、平坦である。つまり山も海もないというのです。池・泉または河があり、水は欲するままにある。七宝で樹木が飾られている。宝樹が風に吹き動かされて、快い音を出す。風が吹くと、地面は香高い美しい花で敷きつめられる。……云々とあります。

これをシンボリックな表現と解釈すれば、その内容の核心は快適・無差別・満足、そういう世界だということになると思います。しかもそれは感覚上の快楽とか快適というより宗教的な意味で苦の消滅した世界のシンボリックな表現と受け止めるべきなのではないかと思います。山も川もない世界は一向に面白くないように思われますが、経典には、山を見たいと思えば即座に現前するということも述べられています。ともあれ、実際の浄土とは、生死の苦しみが根本的に解決された世界のはずだと私は思います。

以上が死後の世界の一端なのですが、それでは「死」を前にして、どのように対処すべきなのでしょうか。生死輪廻の苦しみを教えられれば、目ざすのは、まずは少しでも楽の多い世界に生まれることかと思います。そのためには、善根を積むことが必要になります。しかしその善業の効果が失われれば、またどこか苦しみの多い世界に生まれることになりかねません。そこで根本的には生死輪廻から解脱することの実現が重要となるわけです。それは覚りを実現することによる、というわけです。細かいことはいろいろあるのですが、大雑把にいうとそういうことです。その場合、いわゆる小乗仏教（釈迦仏教）では、我執を断じて自己の本質を究めることにより生死輪廻を脱して涅槃に入ります。しかしその涅槃というのが何かというと、どうも寂静なる無為なる世界と考えられているわけです。大乗仏教は、我執を断じて自己の本質を究めるのみならず、法執（これは物に対する執着と考えればいいと思いますが、本当は七十五法という心理的要素、物質的要素、あらゆる要素が法＝ダルマなのであり、総じて一切の事物に対する執着）をも断じて世界の本質を究めることにより、生死を脱して涅槃と菩提とを実現する、ということになります。我執を断じて涅槃を実現するのは小乗と同じなのですが、大乗の場合、法執も断ずることによって菩提を実現する、涅槃と菩提の両方を実現するといいます。そうすると涅槃も単なる寂静無為の世界ではなく、無住処涅槃となります。無住処涅槃とは、生死にも住さないが涅槃にも住さないという世界、むしろ生死の中に入っていってさまざまな活動をしてしかもその働きの只中に涅槃を見るというような世界、そういう涅槃になると思われます。仏として未来永劫、衆生救済のために働くということになるわけです。その前段階の高位の菩薩になると、業による生死（分段生死）を越えて、自己の意思で生死（変易生死）を続けていく。人びとの救済のために等の理由でそうする、それが変易生死です。分段生死に対する変易生死が説かれます。

生死の問題の解決

そういうわけで仏教では、生死輪廻を解脱するには自己と世界の本質を究めることが必要とされます。このときその究明は、自己が無に帰することに発する死の苦しみの問題をも解決するでしょう。禅の世界では、生死を明きらめるという一大事に対し、己事究明の道を説いています。「仏道をならうというは、自己をならうなり」（道元『正法眼蔵』「現成公案」）であります。自己と世界を究明するには、智慧（般若波羅蜜多）の修行が必要です。仏教の教えを信じ、智慧を磨いていく修行を深めていくことによって覚りの智慧を実現し、さらにその後も智慧の修行を深めていくことによって、最終的に仏となりうることになります。しかしそれは計り知れないほど長い期間の生死輪廻の中での修行による、とも説かれます。特に唯識、法相宗はそういう立場です。それに対して密教は即身成仏で、この世のうちにその修行は完成するという立場です。それは密教の修行は勝れているからだという主張なのです。また、この道を行けば自己の真実を体得することができると信じて一歩踏み出すところにすでに問題の解決はあるとの見方から、「初発心時、すなわち正覚を成ずる」とも言われます。これは信の立場でもう成仏するという意味です。ゆえに仏教の立場からすれば、まずは仏教の教えに自己の真実を深く尋ね、信解すること（理解して信ずること）、それが死の問題解決に不可欠の第一歩と言い得るかと思います。

信から行へという道があるわけですが、いずれの行も及びがたい身であると自覚したとき、ではどのような解決方法があるでしょうか。この問題に対し画期的な道を提示したのが、日本では法然です。法然は、弥陀の本願によって称名念仏という易行により確実に極楽浄土に往生させていただく、それで問題を解決していくという道を拓きました。親鸞は、阿弥陀仏がこの私こそを一心に救おうとしている、その一心に出会う中で、そういう自己の真実の理解つまり仏と自己の関係の体認、これをいただいた時もうすでに救われるのだということを指摘しました。

それはともかく、生死の問題の解決は、いったい生死の二元対立の中で生を永遠に延長させることにあるのでしょうか。永遠のいのちを得ることが、その解決の道になるのでしょうか。むしろ生死の二元対立の根本を究明して、今・ここ・自己の上に、不生（ゆえに不死）の真実を体得することにあるのではないでしょうか。盤珪禅師[3]は、「不生でいっさいが調う」と喝破しました。この不生の自己の体解に至りえれば、まさに即今・此処において生死の大事の解決がもたらされるのです。この盤珪さんの立場は、大乗仏教に共通の極意といえるでしょう。

仏教の死生観についての座談会

安蘇谷：森先生のお話で少し気になるのは、私の理解している宗教らしさが足りないところです。科学で証明されないとか、月に行っているから証明されないとか、そういうことを仏教学者は言うわけですが、私に言わせると、形而下学的なものを超えた次元でないと宗教そのものが成り立たないのではないでしょうか。中有とか天界とか地獄とかいうのも全てやはり形而下学を超えた次元のものであり、そういう次元での実在を認めない限り宗教は成り立たないのではないかと思います。ですから、科学技術が発達したからとか、自然科学で証明されているからとかいうのは止めたほうがいいと私は思います。そこに私は少し違和感を持ちました。

森：そうですか。

安蘇谷：というか、よく分かりません。仏教が長い年月の中でいろいろ説明をしていることはそれなりに面白いのですが、やはり現代の人たちには、そういうことを信じないと救われないのか、それに対してどうするのか、という大きな問題があると思います。

私はこの前、神道系の大学で学生相手に話しました。「神職として講話をやってくれ」と言われ、学生に話した内容は神社神道の根本は何か、神職とは何かといった事柄です。その時に私が最も大事にしたのは信心のことです。常に私は「神様を信じろ」と言うのですが、現代において一般の日本人が神様を信じている割合などほとんど〇％に近いのです。けれど少なくとも神職、つまり神様に近づく人が神様を信じなかったなら自己否定となります。私は「神様を信じない」と言う神職たちには「お前たちのやっていることはパントマイムではないか」と言い、「嘘つきは止めなさい」と言います。神道系の大学の学生の中に「私は神様なんか信じられません」という子がいたのですが、私は「学生の時はそれでよいけれど、神職になるのであれば、そこを決断しなさい」と言いました。「神様を信じると決断しなかったら君は嘘つきになります。神道の一番の根本は正直です。正直を止めたら偽善者ですよ」とも言いました。

森先生にお答えを願いたいのは、形而下学と形而上学[4]とを分けなくては仏教の説明ができないのではないかということなのです。

森：そこのところは釈迦仏教と大乗仏教の一番の違いなのです。第1章で議論したときにも申し上げたことですが、釈迦仏教は合理的な科学の世界なのです。もちろんお釈迦様の時代ですから、二千五百年前に今と同じレベルの科学的知識は持っていません。望遠鏡も顕微鏡もありません。しかしその時点で天体を観察し物質を観察して、物理学や天文学を作ったのです。インドの多くの科学的な知識の中に仏教も組み込まれていくのですが、当時の最新の科学を釈迦仏教は受け容れているわけです。当時の科学に反するようなことは一切説きません。そういう意味で、お釈迦さんの教えは非常に合理的で科学的なのです。

安蘇谷：分からないところは分からないとお釈迦さんはおっしゃったのでしょうか。

森：分からないところもあったでしょうね。例えば世界が空間的に有限であるか無限であるか。あるいは世界が時間的に有限であるか無限であるか。そういう問題は分からなかったでしょう。ですから無限だとも有限だとも答えていません。しかし、当時の科学で判断されていることはきちんとその科学の知見に従っています。ですから、そういう釈迦仏教の立場で考えると、現代の科学が否定する事柄を釈迦仏教が受け容れる必要はないのです。現代科学の知見の中で教えが展開されればよい、そのように私は考えております。

安蘇谷：それでは、先ほど説明された輪廻転生などはどう解釈なさるのですか。現代の科学だったら、輪廻転生があるならば証明しなければならない。また、善因善果というものがあるとすれば、それを科学的に証明しなければいけないのではないでしょうか。

森：しかし、無いという証明もできないでしょう。

安蘇谷：もちろん、科学では無いとも証明できないですよ、ある意味で。今現在を生きている人間における善因善果についても、科学的にある程度まで説明できるかもしれないし、できないかもしれない。しかし、善因善果とか悪因悪果とかは、科学的には説明できないけれどこういうものだという説明はできる、そういうことでしょう。

森：そうですね。

安蘇谷：ですから、その説明は形而下学ではなくて形而上学なのではないですかと私は申し上げたいのです。私は、科学というのは証明できるものだと思います。存在とか空間とかの範囲内にあるからこそ科学で証明できるのであって、宗教の世界というのはそこを超えた次元にあると私は考えています。例えば、哲学の世界もやはり何も証明できないのです。マルクスがいくら唯物史観は正しいと主張しても、それが証明できるかといったら多くの批判がある。科学の世界というのは形而下のものであって、存在と空間に制限されているがゆえに証明できる、と私は考えます。

森：しかし努力すれば報われる、惰り怠けているとよい結果は得られない、これは誰しも日常生活で体験していることではないですか。また生死輪廻についてですが、現代の科学が死後の世界はないと証明できるのであればそれに従うべきだと私は思います。今から二千五百年前の科学的な知見では地獄もあり天もあると考えていた、それが当時の世界観です。その世界観に釈迦仏教は従っていたわけですよ。

現代の私たちは、地球が太陽系に属するという宇宙観を持っています。その宇宙観は、お釈迦さんの時代にはなかったかもしれません。少し後の釈迦仏教の系統では、地動説ではなく天動説です。地球を中心とした宇宙観です。地球の真ん中に須弥山という高い山があって、その周りを太陽と月が回っている。これが当時の太陽系宇宙です。その太陽系宇宙は、私の計算によると三十六億年くらいでなくなります。するとそこに住んでいる衆生はどうなるかというと、違う世界に生まれるのです。その太陽系宇宙観では、須弥山の下、正確には何由旬と仏典に書いてあるのですが、例えると百キロくらい地下に地獄がある。ある意味で客観的に地獄を認めているわけです。須弥山の一番上のほうに帝釈天という天がある。その脇に多聞天や増長天だとかが住んでいる。四天王です。その上に兜率天とか梵天など空中に住む天がいるのです。それが全部、太陽系宇宙がなくなるといなくなる。三千大千世界というのは、千×

千×千で十億ですね。これが銀河系宇宙です。銀河系宇宙の外にも無数の銀河系宇宙のようなものがあって、極楽世界は、銀河系宇宙から十万億土向こう（十万億というのは十兆とか分かりませんけれど）にあるという想定なのです。ですから、天国とか地獄とかを倫理的な欲求で想定してはいないのです。客観的世界として描いていた。

安蘇谷：そうすると森先生は、今は証明できないから信じなくてもよいというお立場なのですか。私がよく分からないのは、森先生ご自身がそういうものを信じられないから信じないのか、釈迦仏教の立場から信じないのか、どちらなのかということなのですが。

森：私は輪廻を信じています。

安蘇谷：ちょっと待ってください。六道輪廻みたいなものを信じていらっしゃるのですか。

森：餓鬼はあるかもしれないと思います。畜生や人はありますからね。地獄や天の世界については、私には今、あると思えません。科学はその存在も証明できないでしょう。無いと証明できているのではないかとも思えます。ですから私は、地獄や天の世界の存在は認めなくてもよいという立場です。餓鬼があるとすれば、餓鬼や畜生や人間の世界は輪廻するだろうと思っています。輪廻転生の世界観は五道とか六道とかがないと成立しないというわけではありません。生まれる前の生もあったし、死んでからの生もある。悟りを得ないと、この生き死にがいつまでも繰り返される。それを輪廻転生といっているのです。私は今ここにこうして一生懸命に考えて議論しているわけですが、この私が無から現れてきて、死んだら無になるなどということは想像さえできません。実感としてこの世に生まれる前にも私はあったし、死んでからも私であり続けるだろうと思っています。もしそうでないなら一体自分はどこからきて、どこに行くんだろうと思いませんか。ですから輪廻はあると思います。

仏教学界一般では、釈尊は人間に死後があるかないかと問われて、あるともないとも答えられなかった、それが釈尊の教えだと考えられているようですが、私はこの説には反対で、釈尊は死後はあると明言しているという論文を書いたことがあります。ここでは詳しく申し上げる時間がありませんが……。ですから輪廻はあると思います。

安蘇谷：そういうあり方は、形而下学的にだったら証明できるわけです。しかし証明できないから無いというのと、形而下学を超えた世界はあるというのとでは、やはり違うのではないでしょうか。私の見解は単純だと思います。形而下学の世界と、宗教という形而上学の世界との間には差があって隔たりがある。だから、宗教である仏教の説く輪廻転生だろうが善因善果だろうが、我々には「そこのところは信じる」としか言いようがない。そう私は考えているわけです。神様とか御霊とか霊魂とかも、私は科学ではやはり証明ができないと思います。釈迦仏教の立場だったら霊魂は認めると言う。おっしゃったように命という言葉に置き換えても認めると言う。私はやはり、霊魂は実在すると信じるという立場が宗教の世界ではないかと思っているのですが。

森：科学で存在が証明できるものは、これは当然その存在を信じますよね。その存在が科学で証明できないのだから、あるかないか分からない、釈迦仏教の議論はすべて科学の枠組みの中での議論なのです。合理的・現実的な枠組みを越えたところは議論しないのです。超越的・神秘的な領域には踏み込まないのです。覚りの世界は超越的にならざるをえませんから、覚りの世界さえ説くことはありません。明確に説明すべきではない、無記であるとして保留されるのです。しかし心や生命の問題は、科学の領域ではないでしょうか。

ところで釈迦仏教で信心といえば、人間ブッダとしての釈迦牟尼仏と、その教えと、これらによって悟りを得、幸せになった人々がいるということを心の拠り所として生きていこうと心に誓うこと、これを三宝帰依といいますが、これが仏教徒としての出発点ですから、これが信心ということになるかもしれませんね。しかしここには形而上な要素はありません。

安蘇谷：神道の立場でいって一番困るのは、神様なのです。神様がいるかいないか、やはりそれは証明できない。私自身も体験的にはいっぱいそういう話はあります。神様が出てきてどうたらこうたら、夢の中に出てきてどうたらこうたら、といった話です。それを私は信じられない、しかし、そういうものを超えた実在というのは信じるわけです。

森：仏教はそういう現実を超えた実在というものは存在しないといっているのです。

安蘇谷：それは分かります。しかし宗教の世界に、科学で説明できないもの、証明できないものが、あるというのか全くないというのか、そのことについてはどうなのですか。

森：仏教の基本的な世界観は因果論です。創造神のような絶対的な根拠というものを立ててはいけない、これが仏教の教えなのです。因果の道理というのは合理的な世界でしょう。

安蘇谷：自然科学はそういっていますけれど。

森：因果の道理、自然科学的な道理でこの世界が動いている、と仏教はいっているわけです。

竹村：釈尊が、あるとかないとか言えないものについては、どちらだとも言われなかったといいます。仮に釈尊が「輪廻がある、地獄もある」と言ったとするならば何らかの根拠に基づいていたと考えられます。科学では空間的に地獄は存在を否定されるかもしれない。しかし、それは理性・知性の立場であって、覚りを開いた釈尊はその覚りの智慧の中で世界を見ているわけですから、そこで見た地獄の世界というものが全くないかどうかは分からないですね。私自身は死後の世界があるとは思っていませんが、そう受け止めることもできるわけです。科学で否定したからといって全部ないと言いきれるかどうか。釈尊の覚りの智慧の眼で見たときにあると考えられたものが、全くなかったと言い切れるかという問題はありえます。

唯識で「一水四見」と言われます。川が流れているのを人間は川と見る、天は瓔珞（宝石が連なっているもの）と見る、餓鬼は膿の川と見る、魚は住処と見る。同じ一つのものを四者が四様に見るわけです。だから、地獄が空間的にないからといって、我々が見ている同じ世界を何らかの生き物がまるで違うように見ている、そのような存在が全くないとはいえないかもしれない。大乗はそんな立場です。

森：大乗仏教でも十界互具と言います。その世界を私の個人の中で真理として説明するわけですね。

安蘇谷：私が申し上げたいのは、あるとかないとかが自然科学的に証明されない事柄について宗教者の立場から否定するのはまずいだろうということです。善因善果も、はっきりいえば見えない。ある程度までは自然科学的に分かるけれど、しかしそれ以外の善因善果というのは言い伝えのようなものです。昔、自分が行動した世界があって、そこから現世の私は豚になっているとかいう話。自然科学的には、前世があると証明できないわけです。

森：現世における善因善果は認められるでしょう。

安蘇谷：それも、自然科学的にはいかがでしょうか。

竹村：現世では、良い行いをしている人が不幸になったり苦しんだりしている場合があります。それを輪廻で考えると、この世では苦難だけれど来世に良いことがあると説明がついていくのですよね、逆に。

森：普通の思考の範囲でも「努力すれば報われる」というのがあるじゃないですか。

安蘇谷：それも難しい。

坂本：今の議論は重要です。キリスト教では存在論、つまり神が存在するかしないかということが最大の問題なのです。神については、認識論という哲学があって初めて神の存在がいえる。実証的に科学的には証明できなくても、神が存在するということがキリスト教哲学からはいえるわけです。クザーヌスという人の哲学でいいますと「推測論」です。すなわち、智慧のあり方には実証的なものとそうでないものとがあるわけで、クザーヌスの考えでは実証的に我々が知り得るものは限られている。しかし、我々が実証的には知り得ないけれど、自分の持っている英知、智慧で推論できる領域がある。その推論する領域こそが神学の領域なのです。ですから、キリスト教には、存在が科学的に実証できなくても、哲学的に存在が証明できるとする哲学があるわけです。これを森先生がどうお考えになるか、私はうかがってみたいのです。科学、科学とおっしゃいますが、科学というものは本当にあるのですか。実証科学としてしか私は認めておりません。

森：そうですか。

坂本：形而上的なものは哲学なのです。ですから哲学の事柄を科学で解決しようとするのは、哲学的な論理からすると外れているわけです。哲学の問題として、実証科学を超えたところの存在があるというキリスト教的哲学の考え方を森先生がお認めになれば、先生がおっしゃった仏教のお話を、それはそれで信じることができます。哲学的に信じられる。

森：電子辞書の『広辞苑』は科学を解説して、「観察や実験など経験的手続きによって実証された法則的・体系的な知識」としています。私はこのような意味で科学という言葉を使っているのですが、むしろ「合理的」のほうに重きを置いて考えていただけるとよいと思うのです。もう一言だけ申しますと、お釈迦さんは「私は天佑論と創造論と偶然論と運命論を採らない。私は精進論なのだ」と述べています。天佑とは天の助け。創造論とは、神がこの世界を創ったのだから苦しみも悲しみも全部神様が創ったのだという説です。偶然論とは、苦しみ悲しみは偶然なのだという説。運命論とは、全て前世に定められているとする説。天佑論も創造論も偶然論も運命論も採用しないで精進論を採用する、それが釈迦仏教なのです。精進論とは仏教の立場でいう行為論ですね。それが仏教の基本的な世界観、基礎とする立場です。

坂本：森先生にもう一つうかがいたいのは、宗教史的な観点からです。仏教はインドの宗教史の中でどういう役割を担っているのか。キリスト教はユダヤ教あるいはイスラームとかと関係していろいろな役割を持っている。インド宗教史の中で仏教はどのような役割を担っているのでしょうか。現代のインドの宗教というのは、仏教よりもヒンドゥー教のほうが強いでしょう。そういう仏教がインドの宗教に対してどういう関わりがあったのか。実は私は、キリスト教がイスラエルのユダヤ教に対する宗教改革者という意味を持つように、仏教はインド宗教史における最大の宗教改革者だと思っているのですけれど、こういう考えは間違いでしょうか。

森：インドではバラモン教に対する仏教その他の宗教を沙門教といいますが、沙門教が生まれてくる以前のバラモン教の段階では一神教的な宗教もありましたし、神道のように多神教的な宗教もありました。仏教は一神教の立場を取りません。多神教の神々を取り入れましたけれど、五道輪廻や六道輪廻の天の住人が神々なのです。ですから神々は輪廻の世界にいるわけで、特別な存在ではありません。

安蘇谷：それは分かります。

森：これは当時のインドではかなり革新的な教えだったと思います。

坂本：そうでしょう、私はそう思っているのですよ。

竹村：一つはアートマンに対する見方ではないかと思われます。森先生は非常に大胆な発言をされているような気がしないでもないのですが、本来のアートマンを仏教が明かしているとおっしゃった。インドの伝統的な思想はアートマンを説く。アートマンとブラフマン(5)が一つであるとか説くわけです。アートマンの伝統的な捉え方が偏っていたというか間違っていたというか、そういう状況にあったのを、仏教が本来のアートマンの捉え方に戻した、森先生の立場ですとそういうことになります。そういう意味では、本来、無我であるアートマンを仏教が明かしたところが非常に大きな改革だったということが一つあると思います。もう一つは、社会的に見るとバラモンが真理を独占して、その階級の中だけで伝えていき、公開しない。それでいて民衆には祈りを捧げろといって金品を搾取するというか、宗教家が宗教家にあるまじき行為をしている、そして社会を支配している。それに対する大きなプロテストをしたのが仏教であるといえるかもしれません。仏教は真理を公開しましたから。

坂本：私の思ったとおりですね。竹村先生にそうおっしゃっていただいて、初めて私も自信が持てました。私は仏教の世界で生まれ、キリスト教徒になってからキリスト教の世界を見るようになりました。すると、古いユダヤ教とかイスラエル社会の諸々をどうにかして変えることがイエスの願いだったように思われます。それがイエスの死につながったのですが、死をもってユダヤ教を改革しようとしたという点で、私は大いにイエスを買っています。そしてお釈迦様もそういう方でなかったのかなと想像しているのです。どうもありがとうございました。

竹村：仏教はある意味でキリスト、救世主を否定したということもあるわけです。出家集団の中では否定したのだけれど、民衆を含む社会全体を変えるには至らなかったですね。

坂本：そうですね、社会を変えるのはそんなに容易いことではない。特に宗教というのは選ばれた人から生まれてくるので、一般大衆に及ぶまでには時間がかかります。こういっては悪いのでしょうが、私は、キリスト教はその点で、初期のイエスの念願が叶わなかったと思います。それはなぜか。四世紀にコンスタンティヌス大帝が出てキリスト教を自分たちローマ帝国の国教にしてしまったからなのです。国教化によってキリスト教は堕落したと私は思う。これは私のカトリックに対する批判です。こんなことを言ったら今のローマ法王様から叱られますけれど、私はキリスト教徒として正直にいえば、仏教と同じような改革者の運命を辿っているキリスト教がこれからどうなるのか、期待しています。

神道の死生観　安蘇谷正彦

死は穢れである

死の問題については、主として神道思想家の見解を取り上げます。私としては常に、祭りの伝統、神社史、神道古典、神道思想史の四つを素材として神道を考えるという方法が頭にあります。ほかに考えようがないですから。神道学者によっては神道古典を最重要視する立場の人がおりますけれど、私は祭りとか神社の歴史とかを加味したほうがよいという立場です。少し申しますと、神道神学という授業を第二次世界大戦後小野祖教先生が初めて持ちました。その後、上田賢治先生が継承して、その後を私がやっています。小野先生は仏教のお寺の出身で、上田先生は商人の家の出身です。お二人とも神社神道と関係ない立場ですから、神社やお祭りのことなどをさほど考慮なさいませんでした。もちろん、小野先生には祭りについての立派な聞き書きがありますし、上田先生もそれなりの常識は持っています。私は社家の家に生まれたということがあって、お二人との違いがどうしても出ます。世間では小野先生の著書も上田先生の著書もあまり読まれていないようですが、上田先生は神道に興味のある日本人に結構影響力があります。私よりあるのではないかと思います。

では、神道における死についてですが、祭りの伝統や神社史から見て簡単に言うと「死は穢れである」ということですね。清浄の反対の観念である穢れ。これがはっきりしています。今は一般の人たちも死を穢れと思わなくなっており、あまり気にされていないようですが、平安時代にはお祭りの日に死者を見ただけでお祭りを取り止めたという例もあります。死とは恐いもので、死に触れる「触穢《しょくえ》《そくえ》」というのは避けるべきことだったのです。

神職は清浄な生活をしなくてはいけません。例えば、専任の神職がいない神社では「一年神職」という制度があり、その一年神職に選ばれた人は一年間だけ朝夕に禊ぎをします。家族の者と別の火で炊いたご飯を食べて清浄を保つということまでやり、それで神様に接近する資格が得られるのです。結婚式をやって話題になっている出雲大社では、神職は出雲から離れてはいけない。京都へは「神賀吉詞《かむほきのよこと》」（神の祝福）ということで行くのですが、あとは外に出てはいけないわけです。伊勢神宮の神職もあまり外に行かないですね。外で教化活動をやるのは権禰宜[6]階級とかです。神職はそのように清浄な生活をすることが最も大事なのです。伊勢神宮では今でも、手洗いに行って小便の後だと手を洗うくらいなのですが、大便の後は潔斎をする。一々水をかぶる。そうでないとまずいのです。そのように「清浄を保つ」という生活を送るのが神職なのです。

神道古典の中でもイザナギノミコト（伊邪那岐命）が「吾は伊那志許米志許米岐穢き国に至りて在りけり」と言って禊ぎをするというように、死者の国は穢れた世界であることが強調されています。

神から生まれているので神の仕業で死ぬ

神道思想家はあまり「穢れ」などとは言わないようです。六人の思想家を取り上げてみましょう。神道の死の問題について答えた人たちで、この六人は儒教的神道家と古学神道家の二つに分けられます。儒教的神道家から説明しましょう。

吉川惟足《よしかわこれたり》（一六一六―一六九四年）は元々商人で、歌に興味を持って神道に入り、古典を勉強しました。やがて商人を辞めて京都に行って吉田神道を学び、後に神道思想を展開して大名にまで影響を与えました。中西直方《なかにしなおかた》（一六三四―一七〇九年）は伊勢の神主さんで、若林強斎《わかばやしきょうさい》（一六七九―一七三二年）は山崎闇斎の系統の儒学者です。吉川惟足と中西直方と若林強斎は江戸時代初期の思想家で、儒学の影響、特に朱子学の影響が強く、朱子の「形あるものは死す」とか「初めがあれば終わりがある」とかの死についての説明くらいしかございません。ただし、生というものは天命とか神の仕業みたいなことは主張しています。中西直方もそういうことを述べています。強斎はあまりないのですが。

古学神道家の本居宣長《もとおりのりなが》（一七三〇―一八〇一年）、平田篤胤《ひらたあつたね》（一七七六―一八四三年）、岡熊臣《おかくまおみ》（一七八三―一八五一年）は国学者といわれる思想家です。篤胤は宣長の直弟子ではなく死後の弟子なのですが、熊臣は宣長や篤胤の著書を読んでいて死後の世界についても書いています。宣長、篤胤、熊臣のグループはどちらかといえば、死は禍事《まがごと》である、神様の仕業であるということを強調しています。特に宣長の場合は「死は悲しきもの」と言い、あるいは「禍事」ということを強調しています。

私としては、神から生まれているので神の仕業で死ぬ、という捉え方が神道の場合は良いのではないかと考えております。

死後観については整理をするだけで大変なのですが、私はかつてそれぞれの特色をできるだけ集めて本を書いたものですから、それを使ってお話しいたします。すると、「死後の霊魂を祭れば来格して祭りを受ける」ということが共通しているというか、中核になるといってよいと思われます。死後の霊魂がどうなるかについては、「死後の霊魂は不滅である」とか言いますし、宣長のように「途中で消えてしまう」というのもあり、いろいろなのです。六人の神道思想家は大体、自分の思想を展開するうえで手引きにしたのが『古事記』とか『日本書紀』です。ところが記紀では死後の霊魂についてはっきりと書いていません。例えば女神であるイザナミノミコトは、皆さんもよく知っているように、火の神を産んで亡くなって黄泉の国に行きました。これを篤胤などは「死んだのではない。ただ別の世界に移っただけだ」と主張しています。確かにそう読めないこともないのです。黄泉の国について宣長は「暗くて、汚い、汚れた世界」のようなことをイザナミノミコトのところで書いています。イザナミノミコトのお身体にヤツイカヅチが這い回っている、ウジがたかっていると、そういう遺体のイメージを書いています。もう一つは男のイザナギノミコトは自らの仕事を終えて高天原の日之《ひの》少宮《わくみや》に行くとか、多賀の宮に行くとかの説がありますが、日之少宮とはどういう世界かというのは何も書いていません。このように、死後の世界のイメージについてはあまりはっきりしていないのです。

篤胤は面白いというか少し特異です。篤胤は当初宣長に賛同していて、宣長の説を真似て「黄泉の国へ死んだら行くのだ」と書きました『鬼神論』という本を著すのですが、その後の『新鬼神論』や『霊能《たまの》真柱《みはしら》』という別の本で「宣長の説は間違っている」と言って批判します。ちなみに篤胤は「この世＝仮の世」「来世＝本世《もとつよ》」といった言い方をしています。これはどうも、篤胤がキリスト教の『畸人十篇』（マテオ・リッチ著）とか、そういう中国で漢語に翻訳されたものを読んでいて、その影響を受けて書いたと思われます。篤胤は三十五歳くらいで書いた『霊能真柱』（一八一三年）という本の中で「元々この世は仮の世」的なことを言い、「大国主命が死後の審判をする」というのに近いことを述べています。自分の主張と合うものがたまたまキリスト教にあったのでそれを持って来たのかもしれません。いずれにしても、篤胤は来世主義的世界観を書いたと言えます。

宣長は「死んだら善人も悪人も尊き人も賤しき人もみんな黄泉の国に行く」ということを言明しています。何ヵ所かでそう述べている。面白いことに、これは『古事記伝』（一八二二年、全四十四巻刊）の中でも書いていますが、宣長は「死んだら黄泉の国に行くのだが、この世に残って留まる霊魂もあるのだ」とも主張しています。そして宣長はその考えに基づいて遺言書を書いています。その前には自分の墓所を山室山という松坂が見通せるような場所（私も登ってお参りしたことがあります）に墓地を求めて、そこで「千世のすみかをもとめたから自分はもう安心だ」という趣旨の歌を詠んでいるのです。いつからそうなったのかは分かりませんが、少なくとも最晩年にはそういう考え方をしていた。また宣長は『天地図』という一枚の図を描きました。この世と神の国、黄泉の国を描いた絵図です。そこに死後の霊魂は黄泉の国に留まるとの説明まで入っています。黄泉の国には総てが皆行くのだと主張しています。一方で宣長は、この世で優れた業績をあげた人はこの世に留まる、その霊魂はいつまでも神の世に留まるという言い方もしています。

神道が見る死後の世界については、この六人の神道思想家の見解をまとめるだけでも大変で、みんないろいろです。共通しているのは、あまり死後の世界について上手く書かれていないこと、死後の霊魂の働きは認めていること、死後の霊魂を祭れば祭場にやってきて我々と交流が可能であるというようなこと、などです。

天職、天業を一生懸命やることが死後の安心につながる

死の対処法について、最初に祭りの伝統とか神社史とか神道古典を素材に考えることもできると申しましたのは、例えば神社の歴史から見て「神様になる」ということがあるからです。この世で立派な仕事をして神様になるという例が、特に江戸時代に見られます。聖人信仰というのとはまた別だと思われますが、立派な仕事をした人物を死後に祭神として祀る。

神道思想家の説を挙げます。第一グループ・儒教的神道家と、第二グループ・古学神道家（国学者）の考え方を眺めてみますと、惟足など儒教的神道家も「天命を尽くす」とか「性を尽くす」とか述べています。強斎は特に忠孝と

いうものを強調して、「忠孝を尽くすために生まれたのだからそれをしっかりやることが死の恐怖を克服する」みたいな言い方をしております。惟足は『生死伝秘』という書物で「生とはどういうものか、死はどういうものか、死をどう超克するか」といったことを書き、それを大名に教えたりしています。そういう記録も残っている。その意味で、吉川惟足は死の問題について体系的にまとめた最初の神道思想家だと思われます。

議論はいろいろありますけれど、第一グループ・儒教的神道家は、性を尽くしたり天命を尽くしたりすることが上手くいかないと、後は地獄に堕ちるというか（地獄という言葉は使わないのですが）、妖怪や邪気となって苦しむとか、仏教の説く因果応報的なことを主張しております。

それに対して第二グループ・国学者は次のような主張です。岡熊臣は宣長の説と篤胤の説の折衷的なところもあるのですが、概ね宣長の説に従ったといえます。宣長の場合は、先に述べたように「死は悲しきものであって、禍事であって」ということを強調していますけれど、「この世で優れた業績をあげることによって神のようにこの世に霊魂が留まる」というようなことも主張しております。ですから、第一グループとあまり違わない。つまり「天職、天業を一生懸命やることが大事なのだ。それが死後の安心につながる」みたいな見解です。宣長がそういうことを言っていればよいのですが実際には言っていないものですから、私は推測でそうなるのではないかと思います。

ここで死の対処法については、神の命令によって生まれて神の命令によって死ぬとすると、神の命令をどう考えるかという問題が残ります。それはその人その人が考えていくしかないのだと思います。生まれた環境とか出会った友とか師とか職場とか、生きて行く中で、与えられた中で自分で見つけて行くしかない。私は私で考えていくしかないと思っております。

神道の死生観についての座談会

坂本：キリスト教の側からすると、神が善か悪かという問題があります。神道の神というのは人間に「死すなわち禍」をもたらす神で、悪の神と見なしてよろしいのですか。

安蘇谷：神道の神は善とか悪とか決まっていないのです。その辺りはキリスト教のようにきちんと説明していません。例えばイザナギノミコトとイザナミノミコト、二人で国生みとか神生みをするわけです。そして死んだ後は別々になる。誰だか名前を忘れましたが、イザナミノミコトが「黄泉《よも》つ神《かみ》」（黄泉の国を支配する神）になったことについて、それは証明できないのですが、殺すのがイザナギノミコトみたいだと言う人もいるのです。あえてそういうことを言う人もいる。しかし日本人は、神道思想家も含めて、悪神だとか善神だとかを気にしません。これは学問の神様であるといった機能信仰みたいな点も実にいい加減だと思われます。

例えば八幡様などは、本当は戦の神であり、長い間源氏の氏神として祀られてきたのに、今は京都の石清水八幡宮に行っても鎌倉の鶴岡八幡宮に行っても「どこどこの大学に受かりますように」などと絵馬を掛けていますから、あまり気にしないというのが実情です。マガツヒノカミ（枉津日神）というのを宣長は悪神にしたのですが、宣長に誰もが同調した訳ではありません。跡部良顕という垂加神道家は「マガツヒノカミが悪神であるというのはおかしい」と言い、平田篤胤も「宣長先生のマガツヒノカミ悪神論は間違っている。これは審判の神である。善とか悪とかを判定する神であって禍をもたらす神ではない」と主張しています。例えば相撲の土俵の神の中にマガツヒノカミがいるそうです。それは審判の神だからでしょう。要するに、神様について、これが善神、これが悪神と必ずしも決めないというのが神道の神観念の特色かもしれません。

坂本：確かに。私は神道の優れた点はそこにあると思います。二元論のようにバッサリ分けないところに奥行きの深さを感じます。私が質問したいのは、天照大神がスサノオノミコトの悪行を嫌って天岩戸に閉じこもったでしょう。あのような反応、神道の根源的な悪あるいは暴虐に対する一つの反応を、安蘇谷先生はどう説明されますか。

安蘇谷：『古事記』などをよく読めば分かるのですが、スサノオが何度も何度も悪さを繰り返すのに対して、天照大神は特にスサノオを責めるでもなく、いわば「しょうがないな」と言う感じで天岩戸に入ってしまう。もちろん、当初はスサノオが何のために高天原にやってくるのか分からなくて武装して迎え撃ちました。が、悪しき心がないと分かってからはお姉さんみたいな感じで見守るわけです。スサノオは実に多くの悪事を重ね、ついには神様が機を織っているところに死の穢れの馬を投げ下ろし、それを見て機織りの女性が亡くなる（『日本書紀』では亡くならない）。そこで天照大神は、我慢に我慢を重ねた挙句に閉じこもったわけですが、ストーリーは単純に怒ったからというのとは少し違います。日本人としては許せるというか、お姉さんなりの行動は許せるという感じに書かれています。

坂本：そこに日本神道の奥深さがあると思うのです。二元論的に悪人と善人とか悪神と善神とかに決めて分かれてしまうと、そこから戦争になる。だからヨーロッパのユダヤ教の根本は戦い。悪神と善神との戦いで終わる。ユダヤ教の流れにイスラームも含まれるでしょう。日本人が考える非二元論的で非対立的な考え方を彼らは持っていない。神道は奥深いです。相手をできるだけ包んで、たとえ悪であってもそれを何とか善の形から見るようにする。天照大神は姉として、弟のスサノオがいかに悪くても、彼を罰するとか殺すとかしないで、自分が天岩戸に閉じこもる。これは日本的で、私は日本の宗教の良さは奥深さにあると思います。ユダヤ教、キリスト教、イスラームといった二元論的な宗教では、最終的にハルマゲドンになって世界は滅びる。こういう宗教をキリスト教が引き継いでいるわけですよ。だから私は、ユダヤ教、キリスト教、イスラームなど二元論的宗教は、その点を反省して神道に学ばなければならないと思うのです。

安蘇谷：少し付け加えると、神道は曖昧なのです。悪くいえば、いい加減。それで誰も文句を言わない。私が見るところでは、ユダヤ教やキリスト教の伝統は、神様が一つだから正義が一つなのではないでしょうか。自分が正しければ相手が間違っている、そういった発想があるのではないかと考えています。

坂本：罪と死というのがキリスト教ではつながっているのです。だから死の定義は、罪があって初めてできる。神は死の原因ではない。人間の罪がすなわち人間の死の原因になったというのがキリスト教の考え方です。イスラームもこの考えだと思うのですが、眞田先生にうかがいたいところです。イスラームが二元論的な立場に立つならば、戦いというものをどうしても避けられません。これはユダヤ教の宿命みたいなものです。それを世界の歴史の中に今も私たちは受け容れている。日本人がそれをいかにして防ぐことができるか。私は、宗教哲学的な意味で神道に期待するところが大きいのです。

安蘇谷：仏教も多元論ですからね。仏教が入ってきても神道とあまり喧嘩をしなかったのはそこに要因があったと考えられます。キリスト教が日本に入ってきた時、宣教師たちは大名を改宗させました。すると改宗した大友宗麟など九州の大名は神社仏閣を「邪教だ」と言って壊した。そういうことが後のバテレン追放令の原因の一つであったことは間違いないと思います。

眞田：非常に単純化された議論をしているのではないかと思われます。二元論についても、単純化されすぎているようで心配がありますね。今、戦争であれば当然、敵味方の二元論です。では仏教の世界に戦争がなかったのか。いつぱいあったわけです。仏教僧がやった戦争、それはどう考えるのか。イスラームのことで考えれば、戦争をする仕方がきちんと決まっています。問題は、イスラームでは戦争の仕方がきちんと決められているけれど、その決まりを守ったかどうか分からないところです。イスラームでは、捕虜をどうするか決まっています。捕虜を殺す時の殺し方も、首を切るとか、殺してはならないとか、そういうことが定められている。戦争をする場合も勝手にやるわけにいきません。自衛戦争に限るなどの決まりがある。自衛戦争に限られていても、イスラームがどんどん大きくなっていくとイスラーム以外の宗教の地域と戦争が起きることがある。その時の手法というのはシハールという国際法で、原則が書いてある。「戦争をするときは、まずお前たちの大前提は自衛ですよ。自分が侵略するのではないですよ。そのときにはイスラームを信じるか信じないかと問いかけるんですよ」といったことが書かれています。イスラームは信仰を問いかけないで戦争をやることはないのです。イスラームの宣戦布告というのは単に「やるぞ」ではなくて、イスラームというものを受け容れるか受け容れないかという問題なのです。受け容れなければどうするか。「受け容れなかった場合には一つの税金を納めることによって戦争を避けることができる。税金を納めるか否か」を問いかける。そういう準備次第というものがある。イスラームが二元論だから戦争になるのだといった、そういう単純なものではないと思います。お互いに注意しながら議論する必要があると感じたので申し上げました。

竹村：イスラーム国（ＩＳ）というのはおかしいのですか。

眞田：おかしいですね。許されないことですね。それを国連でも全然問題にしていないわけですが、これはまた後ほど話題にできればと思います。

竹村：神道で死は穢れですね。すると生は清らかなのでしょうか。どうなのでしょうか。

安蘇谷：生の中にも血の汚れとかありますから、生の中にも穢れはあります。しかし、汚いものも穢れの中に入りますから、死が一番強烈な穢れというか、そういう意味で、死は清浄の反対であると申しました。生の中に穢れはもちろんあるわけです。

竹村：穢れは汚れという清浄の反対の意味と、当て字がどうか分かりませんが「気《き》が枯《か》れる」ということとは違うのですか？　これは死の穢れにはピッタリだと思うのですが。

安蘇谷：実は谷川士清《たにかわことすが》（国学者、神道家。一七〇九―一七七六年）がそれに近いことを言っているのです。しかしどうも国語学者に言わせると「け」と「かれ」を分けるのは有り得ないそうです。「けがれ」は「けが」とかに近いのではないかとのことです。「けが」も血が出ると汚いものになってしまう。血がついたらよくないのです。だから女性の月経もよくなくて、その時は神社にお参りをしてはいけないとかいわれます。「きがかれる」のようなことは谷川士清のほか折口信夫《おりくちしのぶ》（歌人、国文学者、民俗学者。一八八七―一九五三年）も少し話していて、民俗学では桜井徳太郎先生（一九一七―二〇〇七年）が言っています。具合がよいものだから私も使っていたのですが、どうも国語学的には問題がある。しかし「気が枯れる／涸《か》れる」ということが死につながると言うことはよいと思います。薗田稔先生（神職、宗教学者。一九三六年―）もそれに近いことを述べています。

竹村：気が枯れる、涸れるというのは「けがれ」との関係でよく見聞きしますよね。

安蘇谷：語源としてはちょっと具合が悪いのではないかと思います。

森：安蘇谷先生にお願いがあります。神道にはいろいろな神様がいらっしゃるみたいで、国作りの神、生死を司る神様もいらっしゃる。国の為に尽くした人も神様になるようです。神道の神様を定義する意味で、こういう神様がいてこういう神様がいてということを一回、講義していただけないでしょうか。

安蘇谷：それはほとんど無理ですね。時代によっても変化しています。今は稲荷というのは一般に商売の神様ですが、元々は「稲なり」で農業の神なのです。それが商売の神になってしまった。天神さんは元々怨霊神ですが学問の神様になって、今では受験の神様です。「ギリシャ神話のバッカスは酒の神」みたいには、機能神的に決まっていないと考えた方が良いと思います。だから融通無碍なのです。初詣で明治神宮に正月三日間で三百万も四百万もお参りする人々がいます。ほとんどは神様の名前など知らないで出かけているわけです。近代にできた明治神宮でさえも神様がどういう神か分からないで参詣する人が多い。それをどう説明するかというのはなかなか難しい。私は「神社というのは神様のお住まいのシンボルだ」と言います。神道の神が機能神的なものであったなら、明治天皇と昭憲皇太后を祭る明治神宮に行ってどうして「私の今年の一年が良い年でありますように」などと祈れるのか分からないですよね。

森：何か定義があるのではないですか。

安蘇谷：要するに日本人は神様を総体的なものとして認識しているのでしょう。稲荷の神だってウカノミタマ（＝ウケノミタマ。宇迦御魂／倉稲魂／稲魂）が祭神名です。うちの神社ではトヨウケヒメノミコト（豊受姫神）が祭神です。しかし、そういう御祭神名に関係なく人々は神社に詣でるのです。そういう中で御祭神の機能がこういうものだと分けても意味がないと思うし、そもそも分けられないのではないかと思います。お稲荷さんでも今は交通安全の神様で、摂社[7]の祭神としてサルタヒコ[8]の神がいるから交通安全の祈願祭みたいなことをやっている。結構皆来てお参りしてくれています。だから難しいですね。

森：神道辞典などには神という項目があって何か定義しているのでしょうか。

安蘇谷：神道辞典には無理して書いてあります。なぜ無理してかというと、実は明治維新のときに国学イデオロギーで中央集権化を図ったからだと考えられます。また、神社を管理しようとして、神社は国家の宗祀というスローガンを掲げたわけです。そして御祭神名とか御由諸とかを登録させ、それによって全国の神格の社格制度を決めたのです。

その時にほとんどの神社では困惑しました。御祭神名が分からないからです。神社が全国に二十万もあって、そのほとんどで御祭神名が分からない。しょうがないので、『古事記』などを引っ張り出してきて学のある人に聞いて、「どうもスサノオノミコトに近いのではないか」とかいった感じで名前を提出した。それが明治維新の改革の一つです。もうひどい話ですが、しょうがないわけです。例えば秩父神社もそうだったようです。宮司の薗田稔さんと私は研究室が一緒だったから「どこまで遡るの？」と聞いてみました。すると「なかなか遡らないですよ」という答えでした。私が現在奉仕している神社などもトヨウケヒメノミコトということにしてありますけれど、明治以前にその御祭神名を書いたものがないのです。明治二年に書かれたと伝わる家の神社の社記みたいなものがあり、そこには書いてあります。ところがその前に一瓶塚稲荷神社縁起というものが、明暦年間（一六五五―一六五八）に出ているのです。その一瓶塚稲荷神社縁起によると真言宗の空海さんが関東に来たことがあり、その御縁で雨乞いの修法をお願いしたら、雨が降った。その時使用した瓶を埋めて塚を築き、稲荷神社を建立したという話になっています。真言宗の能満寺の坊さんが社僧で、家の祖先になるのですが、社僧というのは江戸時代には世襲でした。しかし、神社が仏教の真言宗に由来するなどという御由緒は神仏分離令が出た当時では具合が悪かったので提出しなかったと推測されます。秩父神社も本当は妙見信仰なのだけれど、それを出せないから、平安時代の『旧事記《くじき》』（『先代旧事本紀』の略）の巻第十『国造本紀』という個所に秩父の命という神名が出てくるからそれを御祭神にしたようです。だから秩父神社の元の祭神は妙見菩薩だと思います。そういう例がたくさんあります。神仏習合で来ているわけですから、神社はお寺との関係でやって来ました。天神様は菅原道真《すがわらのみちざね》（八四五―九〇三年）、御祭神名は明白です。しかし、神仏習合のところは皆、御祭神名がはっきりしない。はっきりしないのに無理をして『古事記』や『日本書紀』に載っている神様を国に提出したと私は思います。全部調べたわけではないけれど。ですから、神道の神様の分類はあまり意味がありません。大まかにはできるかもしれませんが。

坂本：なるほど、そうでしたか。キリスト教とかイスラームを含めて一神教のほうからお尋ねしますが、日本の神道というのは、キリスト教などが行った宗教改革とかをどのようになさったのですか。私は、神道の歴史を見ると宗教改革者があまりラジカルに出ていない点が残念なのです。日本に仏教が入った時もそうなのですが、穏和的に調和するのは上手なのですけれど、それによって自己改革するということがなかったから、今のように神道が訳の分からない宗教になってきたのではないでしょうか。神道の宗教改革を安蘇谷先生がやってくださいませんか。

安蘇谷：神社界内部からの宗教改革はほとんど不可能でしょうね。そもそも神社界を指導した人がいないのですよ。元々そういう組織になっていません。神道の教団ができたのがいつかというと昭和二十一（一九四六）年ですよ。皆バラバラにやっている。国家神道時代は神祇会という神職の集まりがありました。黒住教[9]とかの教派神道みたいなものが、日本神道において一種の宗教改革者だったかもしれないですね。

竹村：神道はユダヤ教みたいなものでしょうか。

安蘇谷：バラモン教と一緒だと思いますよ。

竹村：ですから教派神道みたいな、黒住教とか金光教[10]とかが改革者かもしれない。

坂本：神道の中でも、ある時期そういう新しい動きがあったわけですからね。神道学者が頑張って何か神道というものを改革できないものですかね。神道における新たな宗教改革。

安蘇谷：天理教にしろ黒住教にしろ、神社神道とは別の神様が降臨して出発しているのです。ですから神社界とは必ずしも関係がありません。天理教が典型的なのですが、できた時から神社神道とはケンカしている感じです。「大本」は全く神道と違います。神道系かといわれれば神道系なのですが、一応神様の名前を挙げているというだけではないでしょうか。国家神道時代には管理上は神道の中に入れて貰わないと公認されないから、無理矢理、一所懸命に神道的に説明をしたのです。だから戦後になって、天理教も「全くうちは神道ではありません」と主張したと思います。考えてみると、神様の名前なのですが、八百万の神も今までの神とは少し違う形で出発しているのです。そのため神道の宗教改革というのは難しいと言えます。

キリスト教の死生観

坂本　堯

死は「原罪」によって生まれた

まず「死」とは何かという問題です。この問題をキリスト教の神学者を取り上げて考えるには数が多すぎます。そこで、カトリック教会のカテキズム（教理問答・信仰問答）という公的な教えの本から取ることにいたしました。私はプロテスタントのキリスト教も決して無視しているわけではなく、一緒に考えております。キリスト教の中の二つの対立する派である旧教も新教も私は一つにしてキリスト教と考えています。しかし、死についてはカトリックのほうから考えることにいたします。

人の肉体は神の創造により存在する、これが死の始まりだといえます。神が人間の肉体を創造して初めて人間は生まれたわけですが、死は「原罪」によって生まれました。アダムとエバが罪を犯さなかったなら人間の死は存在しないのです。しかし現実には、聖書にあるとおり、アダムとエバは神の掟に背いて原罪を犯した。楽園にある生命の木と智慧の木のうち智慧の木の実を二人で食べてしまった。これは神から厳重に禁じられていたことです。その禁を破って罪を犯したわけですから、罰を受けた。罰の最大のものが死です。イエスの死によって人類は最終的に滅んだかというとそうではない。神の定めというか約束によって、イエスが救世主になって死の罪を補った。原罪を償った。ですから人間は死後に復活して永遠に生きる。こう教えるのがカテキズムの立場です。

次に、キリスト教の死生観について神学的立場を述べてみます。神学者はそれぞれの立場からキリスト教を解釈します。聖書の解釈にもいろいろある。聖書は旧約聖書と新約聖書に分かれていますが、この両者が基本的に一つになって神学が形成されているとカトリックは考えます。派によって違いますが、カトリックの聖書は新約も旧約も両方が一つの聖書になっています。神学的解釈にはカトリックとプロテスタントの立場があります。カトリック神学では、カトリック教会の公会議決定の教義は共通に認めても、アウグスティヌス神学やトマス神学やクザーヌス神学の学派では、その哲学から異なる点が存在します。だからキリスト教の教義はかっちりしているのですが、その解釈は神学によって異なるのです。ここでは、ニコラウス・クザーヌスの神学の立場から述べることにします。というのは、アウグスティヌスの神学もトマス・アクィナスの神学もクザーヌスの神学も時代的なものなのですが、私としては、クザーヌスの神学には東洋の宗教に通ずるものがあると思うので重視しているわけです。クザーヌスは主な著書である『知ある無知』『隠れたる神』『カトリック共和論』『信仰平和論』によって彼の神学を創っています。

クザーヌス神学は聖書を基本にする宗教改革神学であると私は思います。私がなぜ宗教改革を大切に感じるかというと、どの宗教も大体、時間と共に腐敗し堕落するものだからです。そういう宗教の本質性から宗教哲学的に考えると、宗教には必ず宗教改革がなければならない、私はそう思います。そしてクザーヌスは、宗教改革の基本的なものを考えているといえるのです。クザーヌスはルターより十六年前に生まれ、ドイツの神学の中からカトリックの神学というものを根本的に改革しようとした。最後はローマ法王とぶつかって困った事態に陥ります。しかし彼は自分の立場を決して捨てませんでした。民衆にカトリック信仰を教え、彼らの霊的救済に尽力しました。社会に平和をもたらし、十字軍戦争に反対して教皇と対立しました。それが宗教改革者のクザーヌスです。私は彼を本物の宗教改革者であると思います。トマスとかアウグスティヌスとかは、ある意味でカトリック教会が異教に対して優位に立つと思っているのです。アウグスティヌス神学はカトリック教会の外には救いなしと言って、全ての宗教を否定しました。このアウグスティヌスの立場は正しくないと私は思います。クザーヌスの前任者であったトマスは「イスラームは異教である」として『スンマ・コントラ・ジェンティーレス』(『対異教徒大全』)を書いてイスラームとの戦いを増長しました。私はそう見ています。私は、クザーヌス神学に比べるとトマス神学も決して本当のキリスト教の神学ではないと思う。当時のカトリックの神学大学であるハイデルベルグ大学の神学教授ウェンクはドミニク会の神父でしたが、彼は「クザーヌスは異端」と告訴しました。これはルターが宗教改革を告訴されたのと同じ理由です。ですから、クザーヌスが正に宗教改革者であったということが証明されていると思います。

聖書に見る死生観

死生観の聖書学的基礎ですが、『創世記』の天地創造の章に「初めに、神は天地を創造された。地は混沌であって。闇が深淵の面にあり、神の霊が水の面を動いていた。神は言われた。「光あれ」。こうして光があった。……神はご自分にかたどって人を創造された。神にかたどって創造された。男と女に創造された。神は彼らを祝福して言われた「産めよ、増えよ、地に満ちて、地を従わせよ。海の魚、空の鳥、地の上を這うもの生物すべてを支配せよ。……」」とあります。これを読むと神の絶対的な命令が死生観に表れています。

『創世記』の第二章には「天地万物は完成された。第七の日に、神はご自分の仕事を完成され、第七の日に神はご自分の仕事を離れ、安息なさった。……」とあります。これがキリスト教の日曜日の休みなのです。一般にはアダムとエバが最初だと思われているのですが、聖書によるとアダムとエバは二番目です。最初はアダマです。まだ男と女に分かれていないアダマが出てくるのです。そのアダマからアダムとエバが出てくる。聖書に「主なる神は、土（アダマ）の塵で人（アダム）を形づくり、その鼻に命の息を吹きいれられた。人はこうして生きるものとなった。……主なる神は人に命じて言われた。「園のすべての木からとって食べなさい。ただし善悪の知識の木からは、決して食べてはならない。食べると必ず死んでしまう。」……」とあります。死を予告されたにもかかわらず、アダムはエバと一緒に罪を犯し、ついに死が人間の世界に入ってきたというわけです。

『創世記』第三章に蛇の誘惑と死が書かれています。死というのは人間自身が招いたのではなくて、実は蛇に誘惑された。蛇というのは悪魔の霊です。しかし聖書では、神がアダムに「お前は女の声に従いとって食べるなと命じた木から食べた。……お前がそこから取られた土に。塵に過ぎないお前は塵に返る」と言います。このように聖書は、死が完全に人間の犯した罪から生まれたものであることを明確に示しています。

その他の聖書学的死生観を紹介いたしますと『ルカ福音書』十二章に、死は一般的な人間の運命であるが誰も死の時を知らない、ということが書いてあります。『コリント書一』十五章二十六節に「最後の敵として、死が滅ぼされます」と、これはパウロが書いたものです。『創世記』には「死は神の掟の軽視から生じた」ということが書いてあり、『コリント書一』には、「死はすべての終わりではない、復活への希望」ということも書いてあります。

最後の審判

死後の世界とそのありようについてお話しします。死後の世界のことについては、私審判と公審判という「最後の審判」がキリスト教徒を待っている運命です。人は死んだら、すぐ自己の人生の善悪について裁きを受け、その結果に基づいて不滅の霊魂は永遠の報いを受けます。三つの道、すなわち「煉獄」「天国」「地獄」のいずれかが決定されるわけです。煉獄に行く人は清めを受けた後に天国に入る。天国に行く人は、死後ただちに天国に入る。『ヨハネ福音書』三章二節には「地獄に行く人は永遠の苦しみ、罰」と書いてあります。

煉獄、地獄の教えの目的は、まず責任感を皆に教えるということです。次に改心を促すための招きです。聖ペテロが「神は、誰一人地獄に予定してはいない」と言っています。神は誰かを地獄に入れようと思って地獄を創ったのではない、というわけです。「全ての人が地獄から救われる」ということをドイツのある神父が私にはっきり言いました。この神父に私は日本人のキリスト教徒として「地獄に行く人は誰か」と質問をしたのです。すると彼が「誰も地獄に行っていない。行くと思わせて人間を罪から妨げたのがこの教えなのだ。結局、地獄に行った人は誰もいない」と言いました。その神父はドイツの、カール・ラーナーと並んで有名な神学者です。彼がそう言ったのですから私はそれを信じています。

最後の審判については「すべての死者の復活が行われ最後の審判が行われる」と『ヨハネ福音書』に書いてあります。カトリック教会のカテキズムは「世の終わりの死者の復活がキリスト教の最大の義務だ」と教えています。復活しなければ人間は幸せでないとキリスト教は教えているのです。『コリント一』十五章に「死者の復活の教義は教会の始めから、本質的な信仰」であると書かれています。神の国の完成については『使徒言行録』一章六―十一節に次のように書かれています。

「イエス、天に上げられる

さて、使徒たちは集まって、「主よ、イスラエルのために国を建て直してくださるのは、この時ですか」と尋ねた。

イエスは言われた。「父が御自分の権威をもってお定めになった時や時期は、あなたがたの知るところではない。あなたがたの上に聖霊が降《くだ》ると、あなたがたは力を受ける。そして、エルサレムばかりでなく、ユダヤとサマリアの全土で、また、地の果てに至るまで、わたしの証人となる。」こう話し終わると、イエスは彼らが見ているうちに天に上げられたが、雲に覆われて彼らの目から見えなくなった。イエスが離れ去って行かれる時、彼らは天を見つめていた。すると、白い服を着た二人の人がそばに立って、言った。「ガリラヤの人たち、なぜ天を見上げて立っているのか。あなたがたから離れて天に上げられたイエスは、天に行かれるのをあなたがたが見たのと同じ有様で、またおいでになる。」」

これが聖書の教えです。「死」を前にして、その対処の仕方を教えています。カトリック教会のスピリチュアル・ケアについて教えているわけです。

カトリック教会のスピリチュアル・ケア

カトリックの神学者にもいろいろいて、神学や聖書学をやる人もいれば、教義や倫理学をやる人もいます。私はスピリチュアル・ケアを専門にやってきました。これは医学の一部でもあり神学の一部でもあります。そこで、カトリック教会のスピリチュアル・ケアについてお話ししたいと思います。カトリック教会は、その歴史を見るとイエスの時代から死を前にして苦しむ病人の肉体的、霊的救済を目ざして存在してきました。その源泉は創立者イエスの言行であり、それは聖書の教えに基づいています。彼は人類の病者の救済者なのです。

一番目。カトリック教会のカテキズムの第五項は病者の塗油の秘跡を取り上げています。カトリックの教会はただ教義を教えるだけではなく、人々を実際に救うためにいろいろな教会の行事を行います。それが「病者の聖なる塗油と司祭の祈りをもって全教会は、苦しみを受け栄光をうけられた主に、病苦を和らげ病人を救われるように願い、なお病人に対しては、進んで自分をキリストの受難と死に合わせて、神の民の善に寄与するように勧め励まします」と一四九九条に書いてあります。

二番目。聖書では病気を神との関わりの中で考えます。神に対する罪や悪によっての罰として病気をとらえる。つまり、病気というのは死と同じように神の罰として人間が受けるものだと考え、神の許しを病気の治癒の始まりと考えました。イエスは多くの病人を癒し、ハンセン病、精神病までも癒し、死者さえも蘇らせました。イエスはスピリチュアル・ヒーリングの医師でした。これを今の現代のカトリックは無視してしまって、司祭が医療をすることを教会法で禁じているわけです。イエスの立場を無視したやり方ですね。だからカトリック教会のそういう教会法というものを私はあまり信用しません。

三番目。キリストの治癒力は秘跡を通して現れるとされ、これが塗油の秘跡として古代よりキリスト教会で行われ、現代は「終油」の秘跡として臨終に際してのみ行われるようになりました。これは私も何回か授けました。病人が死に瀕しているときにこれを授けることによって人間の病気が治ることもあるそうですが、私はそれほどの力がなく、奇跡は起こりませんでした。

四番目。司教と司祭だけが病人の塗油の秘跡の授与者であると書いてあります。塗油の秘跡は共同体的典礼祭儀として行われ、場所は家庭、病院、聖堂などで、個人でも大勢の病人が対象となります。その式次第は按手、祈禱、祝福した油で塗油をおこなう、聖体拝領により霊的力を死での旅に力を与える。これが終油の秘跡のやり方です。

五番目。塗油の秘跡の効果は罪の許し、霊的励まし、勇気、信頼、安らかな死の覚悟、死後の天国へ道を進む霊的力を病者に与えると書いてあります。

おしまいに、ニコラウス・クザーヌスのスピリチュアル・ケア（霊的ケア）についてお話ししたいと思います。彼は教義学の神学よりは牧会[11]神学、つまりパストラルケア[12]の専門家でした。専門は教会法で博士です。その完成は、十五世紀にドイツに建設して現在も存続しているニコラウス・ホスピタル、病院なのです。現代ではホスピスといったほうがよいでしょうか。いわゆる現代の科学的な治療をやってはいません。人間の魂の治療を中心にやっています。そういうところがホスピスといえます。彼は全財産を投じ、老人の死の前に、身体と霊魂の救済のために尽くしました。

　彼は教会法の学者となり、教会の司牧[11]に司祭、司教[13]として活躍し、オーストリアの司教になりました。公会議ではカトリック教会の和合一致のために全力を尽くし、東方教会とカトリック教会を一致させ、多くの教会で説教を行い、その説教集は貴重な牧会神学の資料となっています。厚い本になっています。彼はカトリック教会の中での対立、抗争を鎮めるために働きました。ドイツ人で初めて枢機卿[14]となり、教会改革に努力し、宗教改革の先駆となりました。そしてオーストリアのハプスブルグ家と対立したために捕らえられて城に押し込められました。彼は戦争による死者の増加に対して牧会神学を進め、イスラームに対する十字軍戦争を廃止するように教皇やカトリック教会の皇帝、諸公、騎士たちに説教をしました、しかし彼らから排撃され、苦境の中で病死しました。これが彼の一生です。

　彼は、当時十字軍の戦争の基盤となっていたカトリック教会の神学や教義学を根底から批判する神学を創造しました。異端審問を受ける勇気を持ち、神秘神学、聖書神学に研究を進め、イスラームの神学研究に手を染めました。とにかくカトリックで最初に『クルアーン』を翻訳したのは彼です。ですから彼はカトリック教会で最初のイスラーム専門家でした。イスラーム学者としてのクザーヌスを、私は高く評価します。

キリスト教の死生観についての座談会

竹村：死後の世界とそのありようの最初のところで、人は死んだらすぐ自己の人生の善悪について裁きを受けるとおっしゃいましたが、善悪というのは時代によって基準が変わる場合がありますよね。そのことをキリスト教はどう考えているのですか。

坂本：倫理神学の難しいところですね。善悪の基準というのは、おっしゃるように時代によって変わります。例えばイスラームとの戦いです。中世ではイスラームと戦って死ぬことが一番良い事で天国に行けるとされました。今は、キリスト教の権威者なら「それは間違いだ」と言うでしょう。私は、善悪の基準は個人個人の良心が決めると考えます。ある人はイスラームと戦うことは善と思うかもしれません。私はキリストの教えに従ってイスラームと戦うことは悪だと思います。これは私の良心なのです。ですから、個人個人の良心というものが大切なのであり、この良心を育てることが実はキリスト教の大事な信徒教育なのです。今はこれがあまり行われていないことが残念です。教会はお金を取るけれど、そういう信者の良心の教育に力がない。私は教会が全面的に悪いとは考えませんが、教会の足りない点がそこにあると思います。

竹村：最大の悪、根本的な悪は原罪ではないかと思うのですが、もう原罪は救済されているわけですよね。根本が救済されているのに、その上で善悪について裁きを受ける必要があるのか、どうなのでしょうか。それから先ほど、ドイツの神父さんが「地獄に行く人はいないのだ」と言ったと話されましたが、それは「善悪について裁きを受けない。

皆天国に行っている」という考え方なのかどうか、いかがでしょうか。

坂本：いずれは全ての人は皆天国に行くのです。遅いか早いかの違いです。遅くなる人はその間に煉獄を通る。十戒がキリスト教には伝わっていて、これはユダヤ教から来ているのですが、カトリックも認めています。この十戒を犯せば罪になって、そういう人は天国に行くのが遅くなります。しかし、面白いことにカトリックには聴罪というのがあるのです。罪を告白して神父から許しを貰うと罪が消えてしまう。教会で罪の償いまで果たせるようになっている。償いを全部果たすと死後に直ぐさま天国に行けるのです。名前は伏せますが、仏教のある偉いお坊さんで仏教学者の方がいて、死ぬまで仏教を研究していました。彼の親友にディモリーという仏教学者でもあるカトリックの神学者がいました。彼はディモリーと話しているうちに仏教徒でいることに確信が持てなくなったらしく、死ぬ直前にディモリーに頼んでカトリックの洗礼を受けました。だから天国に直行したわけです。これは天国泥棒といわれる方法で、ある意味で悪賢いやり方です。いろいろ悪いことをしても死ぬ前に洗礼を受けると死後は直接天国へ行くという教義がカトリックにあり、これを利用するのは狡いと私は思います。

竹村：仏教には親鸞の悪人正機という教えがあります。悪人こそが救いの対象だという考え方です。そういう考え方はキリスト教にもあるのですか。

坂本：私はかつて、悪があっても仏教徒として救われるという浄土真宗の信徒でした。若い時には悪人正機の教えを学びました。戦争にも、その教えに従うつもりで行きました。私は軍医でしたが、戦争に行くためには死の覚悟をしなければならなかった。当時の私は神道と仏教しか知りません。最も力があったのは親鸞聖人の教えでした。思い返すと私は神道も信じていて、天皇陛下に命を捧げる覚悟がありました。親鸞聖人の悪人正機の考えは素晴らしいと思います。私がキリスト教徒になったのは戦争の後ですが、キリスト教には悪人正機のような大きな慈悲がなく、そこがキリスト教の愛の貧しいところだと思います。とはいえ、イエスは、その代わりに絶対的な神の許しを教えたのです。

竹村：クザーヌスはどうですか。

坂本：クザーヌスはイエス・キリストに忠実でした。ルターと同じです。ルターがクザーヌスの教えを読んでいるということは私が証明したのですよ。それをパリで論文に書き、プロテスタントの第一の信者が実はクザーヌスだったということを述べたのです。ところがカトリックの神学者は反対しました。しかしドイツ人でプロテスタントの神学者ワイヤートさんが「坂本先生は事実を述べている」と言って、自分の著書に書いてくれました。私はクザーヌス研究家として独特な立場を持っています。むしろプロテスタント的な神学を大事にしています。先生のご質問の答えになったかどうか分かりませんが。

安蘇谷：アダムとエバが神に禁じられていた智慧の木の実を食べて死ぬことになったというところまでは分かるのですが、その後で原罪とされて全人類の誰もが死ぬことになったというところ、そこが私の一番の疑問です。私が聖書を読んだ限りではその証明がないのです。その点はどうなっているのですか。

坂本：それは教義の一つなのです。

安蘇谷：カトリックのカテキズムもそうなっているのですか。

坂本：そうなっています。なぜならば、全人類はアダムとエバの子孫だからなのです。人類は皆この二人から生まれたという教義に立っている。全人類の祖先は一組の男女、アダムとエバだった。その二人が犯した原罪がずっと子孫に伝わっているという考えです。

安蘇谷：考えは分かるのですけれど、誰が決めたのでしょう。カトリックが公会議で決めたのでしょうか。

坂本：キリスト教を信仰するというのはそういうことなのですよ。旧約聖書と新約聖書、これが信仰の根本なのです。私がキリスト教の限界を感じるのは、聖書というものが神の手で書かれたということを信じなければキリスト教は立ち得ない、と神官によって決められた点なのです。ユダヤ教もイスラームも同じでしょう。キリスト教では、聖書を人間が書いた本と思っていないのです。聖書は神が直接人間に書かせた本だ、とするのです。これが根本的な聖書観です。結局、聖典に依拠する宗教というのがキリスト教だと思います。ある意味でイスラームもそうだと思われます。

安蘇谷：私が疑問なのは、原罪が全人類にもたらされる理由がアダムとエバの子孫だからというところです。いくら何でもちょっとおかしい、と思います。

坂本：その疑問は全くそのとおりだと思います。アダムとエバが最初に持っていた永遠の命というのは、神が二人に与えた贈り物だったのです。そしてアダムとエバは神からの贈り物を失った。神が返してくれない限りアダムとエバは二度と不死を持てません。アダムとエバの犯した罪によって贈り物、永遠の命というものが失われた。神に取り上げられてしまった。だから子孫が神から貰うしかないのです。アダムとエバはもうそれを失ってしまったからです。神から貰うために受けるのが洗礼なのです。だから洗礼を受けるとそれが返ってくる。そういうわけです。

安蘇谷：本当は死ななくてもよいわけですものね。理屈からいえばそうなると思います。

坂本：結局、キリスト教において死というのは罪の結果として神が定めたことなのです。それに対して人間はどうこう言うことができません。これが神学です。だからキリスト教神学というのは聖書に基づいていろいろなことを決めている。これを否定するとキリスト教は成り立たないわけです。そういう意味で、神道に聖書に相当する聖典がないということは自由です。奥行きが深いというのはそこのところです。

安蘇谷：自由です。

坂本：仏教にも基本にしている書物がありますよね。
竹村：いっぱいあります。
坂本：そういう根本的な書物がある点にキリスト教の特徴があります。聖書がなくなったら全く自由になるのですが、聖書をなくすとキリスト教もなくなるのです。私は、根本的な聖典がないからこそ神道は奥行きが広いと思います。これから何でも作れます。そういう答えになってしまいました。

イスラームの死生観　眞田芳憲

アッラーが人間の生も死も創造する

坂本先生の今の議論を踏まえて申しますと、イスラームは原罪を認めません。ですから、死を罰とは考えません。ここに、イスラームとキリスト教の根本的な違いというものが出てくる。そんなことでお話をさせていただきます。

死とは何かという定義的なことを問えば、おそらくイスラーム学者は「人間の死というのは肉体からの霊魂の分離だ」と答える、これが一般的に言われることです。分離とは何か、霊魂とは何かという疑問については後に触れたいと思います。

人間の生死をイスラームはどう考えるか。イスラームは何事も『クルアーン』を基準として考えます。学者を基準として考えるのではないということです。以前も申し上げましたが、『クルアーン』は神の言葉なのです。人間が作ったものではなくて、神が啓示した言葉を人間が文字にした。元々は神の言葉なのです。ですから、神を考える場合は神の言葉はどうなっているのかを考えます。学者の論説を考えるのではありません。ただ、場合によっては神の言葉を解釈する必要がありますから、その際には神学が出てきます。

イスラームのタウヒードの考え方、世界観によれば、人間は森羅万象一切の創造主たる神によって創造されました。したがって、人間の生死はすべて唯一神アッラーの大権による絶対的支配の下に置かれております。アッラーが人間の生も死も創造するということになっております。基本となる『クルアーン』の言葉、神の言葉を挙げましょう。

「死は誰にも免れないということであって、いつどこで死ぬかは神が定め、神のみが知ることであり、その時がくれば一瞬たりとも遅延はない。」

このように十六章六十一節には記されております。

自殺について見てみますと、「神に対する背信行為であり、神の体系を犯すことになる。神の法益を犯す最大の罪」とされております。イスラーム法上、シャリーア上、厳しく禁止されている。そのことは三章百四十五節に記されています。ここでいう「自殺」とは「殉教」とは全く次元を異にします。殉教者は、死んだのではなく神の許で生きている、とされているのです。これも『クルアーン』三章百六十七節に記されています。自殺テロと殉教とを混同しないよう紹介しますと、「人を殺した者、地上で悪を働いたという理由なく人を殺す者は、つまり無実の人を殺すこと、一人でも殺せば全人類を殺したのと同じである。人の生命を救う者は、一人の生命を救っても全人類を救ったのと同じである。」と記されています。

イスラームでは、人間は永久に生きるということはありません。

「われはあなた以前の誰に対しても、永久に生きる者としたことはない。」

イスラームの神学者は、人間は二度死に至り、二度生に至るとしております。出生以前の状態を「一度目の死」とし、出生から死亡までを「一度目の生」とします。この死亡から最後の審判の日における復活までが「二度目の死」で、復活以降が「二度目の生」となります。「一度目の生」は現世において営まれます。「二度目の生」は来世において営まれ、永遠に生きるということになります。先ほど、「魂が死によって身体から離れる」と申しました。それは魂が消滅することを意味するものではありません。最後の審判の日に魂は再び身体に結びつき、死んだ人間は復活します。これが最後の審判の復活なのであります。

イスラームでは死は穢れでも厭うべきものでもなく、また無常なるものでも畏怖すべきものでもない。輪廻転生の思想もない。現世での死は来世での永遠の生への途上にあり、現世での死それ自体に決定的な意味が与えられているわけではありません。人間の死を「肉体から霊魂が分離された状態」と考えます。むしろ自然死に近いという印象かと思います。

最後の審判に備える

死後の世界のありようですが、現世での死が直ちに来世の生へと転換されるのではありません。死者は、土の中であれ砂の中であれ水の中であれ、葬られて朽ち果てて骨と化した後に、終末の日の到来と同時に元の身体に蘇ります。そしてアッラーによる最後の審判を受けて、永遠の生をどこで生きるかが決まります。「楽園」（ジャンナ）か、それとも「地獄」（ジャハンナム）か、その行き先が決定されることになるわけです。

ムスリムの信ずるところによりますと、二人の天使、ムンカルとキナールが死者の墓所に訪れ、信仰についてある種の質問を死者にすることとなっています。死者を埋葬するにあたり、関係者が集まって『クルアーン』を唱えます。仏教の葬式でお坊さんを導師として一同が経文を唱えるのにも似ていますが、イスラームでは『クルアーン』の聖句を朗唱します。死者が天使の質問に答えられるようアンチョコみたいなものを教えてあげる、そういう形で朗唱が行われるわけです。その聖句を挙げましょう。

「アッラーの下僕よ、現実の世界を離れた際の盟約を想い起こせ。それは次のような証言に要約される。アッラー以外に神はなし。ムハンマドはアッラーの御使いである。死後の楽園は真実であり、地獄の劫火も真実である。また、墓での審問も真実であり、復活の時が来ることにも疑いはない。そして、アッラーは墓所に憩う者すべてを蘇らせ給う。あなたはアッラーを主として崇め、イスラームを宗教として信じ、ムハンマドをあなたの預言者とし、クルアーンを導きに、カアバ神殿を礼拝の方向に、すべてのムスリムを兄弟とすることに満足した。アッラーがあなたの確信を確かなものとされますように。」

この聖句を唱える。内容はイスラームの六信五行をそのまま別の形に表現したものと考えられます。真実のムスリム教徒であるかどうかをしっかり確認しなさい、それを天使に対して答えなさいという趣旨かと思います。

天国と地獄

『クルアーン』における天国と地獄を見てみましょう。四十七章十五節です。

「主を畏れる者に約束されている楽園を描いてみよう。そこには腐ることのない水を湛える川、味の変わることのない乳の川、飲む者に快い（美）酒の川、純良な蜜の川がある。またそこでは、凡ての種類の果実と、主からの御赦しを賜わる。（このような者たちと）業火の中に永遠に住み、煮えたぎる湯を飲まされて、腸が寸断する者と同じであろうか。」

こういうことであります。現世において禁止されていたものが全て許されるという、非常に知的な感覚的な喜びが全部ここで成就される。官能的な乙女も登場する官能的な描写も天国として描かれています（五十六章十節から二十四節）。地獄については七十八章十七節から二十六節を通して紹介いたします（六章八節にもあります）。お話しするのは一つだけでお許しいただきたいと思います。

「本当に裁きの日は定められていて、その日、ラッパが吹かれるとあなたがたは群をなして出て来る。天は開かれて数々の門となり、山々は移されて蜃気楼のようになる。本当に地獄は、待ち伏せの場であり、背信者の落ち着く所、かれらは何時までもその中に住むであろう。そこで涼しさも味わえず、（どんな）飲物もない、煮えたぎる湯と膿の外には。（かれらのため）相応しい報奨である。」

砂漠の中で水がないとどうなるか。砂漠の中でお湯にぶち込まれたらどうなるか。人々は恐れおののくであろうということです。

地獄の懲罰が永遠に続くか否かについて、『クルアーン』は基本的に永遠に続くと説いております。二十三章百三節と十一章百六から百七節でありますけれど、学者の間ではどうも議論があるようでして、アッシュアリー派の創始者アル＝アシュアリーは神の恵みは広大で、地獄の底からも罪人を引き上げる可能性があるという主張を展開していますが、一方、アタジラ派やカダリー派は懲罰が永遠に続くと厳しい論を展開しています。

来世を信じる

死を前にしての対処の仕方です。先ほども申しましたように、六信五行の中の信仰箇条の五つ目、来世を信じること、つまり最後の審判の日が確実に到来すると信じることはムスリムになる条件です。人間は死後その肉体がどこに葬られようと、最後の審判の日に蘇らされる。蘇生した人間は、一人一人、現世での生前の個々の行為について善行と悪行の多寡を秤に計られる。『クルアーン』二十一章四十七節では次のように記されます。「われ」はアッラーのことです。

「われは審判の日のために、公正な秤を設ける。一人として仮令芥子一粒の重さであっても不当に扱われることはない。われはそれを（計算に）持ち出す。われは精算者として万全である。」

最後の審判の日の主宰者たるアッラーは、一人一人の人間が現世で行った芥子粒ほどの善行も悪行も決して見逃さず、これについて公正な裁きを行う。現世では闇の中にもみ消された罪もすべて問い正され、誤って罰せられた者は救われます。また、決して人の眼が触れることのなかった地道な善行もすべて明らかにされ、それぞれにふさわしい報いが与えられることになります。もう一つ、『クルアーン』三章百八十五節から挙げましょう。

「誰でも皆死を味わうのである。だが復活の日には、あなたがたは十分に報いられよう。（またこの日）業火から遠ざけられた者は、楽園に入れられ、確実に本望を成就する。この世の生活は、偽りの快楽に過ぎない。」

現世の生活は偽りの快楽、現世は仮の世界であるということですね。大事な文言です。ムスリムにとって恐れ慄くべきことは「現世の死」ではなく、「来世での地獄の業火」であります。彼らの至福の幸せとは、現世での世俗的成功ではなく、来世で「楽園」の住人として永遠に生きるということなのです。『クルアーン』に「この世の生活は、偽りの快楽に過ぎない」と説かれているように、現世はあくまでも仮の宿に過ぎません。最後の審判の日とは、生前の言行の善行の善悪が秤に計られ、来世での永遠の生（楽園の悦びか地獄の苦しみか）を決定する試練の場にほかなりません。現世での生が「小さい生」と呼ばれ、来世での生が「大きい生」と呼ばれる所以もここにあります。最後の審判はまだ到来していない見えざる未来のことですが、そこで裁かれる事柄は確実に、現世においてムスリムとしていかに生きていたか、なのです。日々の生活の中で忠実に「神の下僕」として六信五行の実践に励んだかどうか。

「ジハード」は精進と訳されますが「神の道に努力する」という意味です。神の道に努力しているかどうか、ジハードしているかどうか、そうした現世での行為の一つ一つが、最後の審判で裁かれる。ここに、現世と来世とが直結したムスリムの生死の宗教的・倫理的・法的な在り様を見ることができるであろうと思います。

岸本英夫の「生死観四態」

ところで、イスラームのことを考えるのとは違いますが、ここで生死観の四類型を紹介したいと思います。岸本英夫（宗教学者。一九〇三―一九六四年）先生の『死を見つめる心』（一九六四年）に「生死観四態」という一章があり、そこで四つの生死観が記されておりました。

（1）肉体的生命の存続を希求するもの
（2）死後における生命の永存を信ずるもの
（3）自己の生命を、それに代る限りなき生命に托するもの
（4）現実の生活の中に永遠の生命を感得するもの

イスラームは二番目の生死観に含まれるといえましょう。岸本先生は次のようにも書かれています。人々が死に心を煩わされることのない社会環境の中で、現在の人生をいかに楽しく、豊かに、充実した生き方をするかが問われている現代人にあっては、「第一、第二の類型の生死観よりは、第三、第四のそれが、次第に優位を占めるであろう。」と。

第一、第二は中世的な生死観というように岸本先生は指摘しています。そうするとイスラームは中世的な生死観なのであろうと思われます。タウヒードの世界観に立って来世を信じることをイスラームの本義の一つとするムスリム

は、岸本先生の表現である「素朴な来世観や他界観念」を否認しようとする現代世界においてどのような対応をしようとしているのでしょうか。イスラームは現代における「中世の宗教」なのか。こういう疑問も浮かびます。なぜ現在イスラームが伸びてきてムスリムの人口が増えているのか。現在は中世社会なのか。ムハンマド・アサド[15]の著書『メッカへの道』から引用しましょう。

「ムスリムの衰退は、イスラームの欠点からではなく、それを実践しない彼ら自身の失敗によるものである。」

「ムスリムがイスラームを高貴にしたのではない。イスラームがムスリムを偉大にしたのだ。だが、時とともに信仰が習慣となり、未来へ向かって推し進められるべき人生と社会のプログラムであることを止めたときから、彼らの文明の原動力は失われ、創造的衝動は影をひそめ、怠惰と硬化と文化的衰退に冒されていったのである。」

ムハンマド・アサドは第一次世界大戦の後にユダヤの有名なラビの家庭に生まれてラビの道を歩みましたが、やがてウィーン大学を中退し、中東世界をジャーナリストとして活動した後にイスラームに改宗します。パキスタンの宗教国家再建省の大臣になって国連ではイスラームの大使（アンバサダー・オブ・イスラーム）として著名な外交官でした。その彼が「お前たちムスリムがしっかりしなさい」と叱咤激励する本を書くに至ったわけです。イスラームから見れば、岸本先生の言葉がどのような感想を持って受け止められるだろうかという気持ちが私にあったので紹介いたしました。これで私の報告を終わります。

イスラームの死生観についての座談会

安蘇谷：いろいろな派があるということですが、二度の生とかいうことはどの程度まで信じられているのですか。

眞田：当たり前、常識かと思います。

安蘇谷：イスラームにとっては常識。

眞田：それを信じなければイスラーム教徒とは言えないのです。

竹村：インド人は今でも輪廻転生を信じていますよね、ほとんど。科学者でも。

眞田：サウジアラビアでは医学部で『クルアーン』を教えているのです。科学と宗教、それが彼らにとっては一つなのです。

竹村：最後の審判というのはどのように来るのでしょうか。人間は必ず死ぬわけですが、最後の審判が来た時に生きている人間がいるのでしょうか。生きている人間は最後の審判の時にはどうなるのでしょう。死なないまま天国に行くのか、いったん死なされて天国に行くのか。最後の審判の前に、生きている人間は全滅させられるのでしょうか。

眞田：死にますでしょう、死ぬわけですよね。魂がなくなりますから死ぬことになります。

竹村：人間というか人類はずっと生きていく可能性があるわけですよね。生きている時に最後の審判が来るならば人類は一度死滅する……。

眞田：いろいろな説があるみたいですよ。一般に言われている事柄はまず死ぬ、そして墓に入る。その時に魂はどこす。人によってはすぐに神のところに行く説もあるのですが、質の悪い魂はずっと墓の中にいる。あるいは鳥となって飛んでいる。死後の霊魂がどこに行くか、イスラーム世界は広いのでいろいろな説や民間伝承があるようです。

竹村：日本では火葬が普及していますね。火葬をした場合はどうなるのですか。

眞田：火葬はしません。日本では山梨にムスリム専用の土葬の墓地があります。日本の埋葬法は土葬を禁じておらず、法律上は土葬が認められているのです。火葬にするとどうなるか。復活の時には骨だった所に肉がくっつけられて生前の人間と同じような姿になって神の前に並ぶわけですから、火葬にして骨が粉々になったら困るわけです。戦争の時にも絶対に首を切らない。バラバラの人間にしない。それがイスラームの感覚です。

竹村：イスラームにとってはそうかもしれませんが、人類全体に対して最後の審判は及ぶわけですよね。火葬になってしまっていた人はどこにも行かないことになるのかな。

眞田：どうですかね。ムスリムの問題ではないですか。ムスリムは土葬ということは、どこの地域でもそうですね。

竹村：インドは火葬をやりますよね。

眞田：そのくせ、土葬にして墓そのものにはあまり重きをおかないのです。

竹村：どこかに埋葬をする。

眞田：それも分からないのです。サウジアラビアなどもリヤドの墓地に行っても分からないです、自分のものがどこなのか。ですから山梨の墓地も埋めます。案外と狭いですから、一旦掘り起こしてまた埋める。死体の上に死体を重ねているわけです。

竹村：本来はバラバラになってはいけないのですね。だけどなってしまいますよね。

眞田：なっちゃいますよね。それはもう。

坂本：イスラームの素晴らしさはよく分かるのですが、イスラームを宗教史的に私は考えたいのです。突然ムハンマドが始めてイスラームが生まれたのではなくて、ムハンマドは一つの歴史の流れでイスラームを始めたのだろうと考えます。ムハンマドは商売をしながら宗教を創っていった天才でしょう。眞田先生にお聞きしたいのですが、ムハンマドはどういうところから彼の宗教的な教義を得たのでしょうか。全く考えられないのは、彼が考えていた事柄が突然あるとき天から降って来たといった説明です。そのような説明は宗教史的には無理だと思われます。

眞田：そうですよね。ユダヤ教との関係もあるわけです。ムハンマドの周りにいたユダヤ人との商取引や敵対関係もありました。当時はユダヤ教の世界もキリスト教の世界もあったわけですから、当然、ムハンマドはそういう一神教の考え方を世の中から学んだのではないでしょうか。

坂本：私もそう思います。ムハンマドの素晴らしいところは、宗教改革者であったところです。仏陀もそうでした。ムハンマドが生きていた当時、ユダヤ教がありキリスト教がありました。キリスト教はまだカトリックですね、ローマ教会があった。そしてこの二つがローマ帝国によって中近東を全部支配し、その中にムハンマドは生まれた。宗教史的に見ると、ムハンマドは変動する世界の中に生きていたと考えられます。その変動の中で彼が偉かったのは、ユダヤ教の伝統とイエスが教えた宗教改革とを、巧みにイスラームの思想の中に入れていったことです。眞田先生のお考えを聞きたいのですが、私はクザーヌス学会のヨーロッパの学会の中で面白い話を聞いたのです。キリスト教系の学者は四世紀になってニカイアの公会議でイエス・キリストを神として強調するわけですよ。しかしアリウス派の学者はユダヤ教的な考えからイエス・キリストは神ではない、預言者だと言った。勝ったのはアタナシウスというキリスト教のローマ帝国の学者です。その前に、戦争でコンスタンティヌス大帝が東ローマ帝国を負かせる。滅ぼすわけではない。けれど、結局そこでキリスト教の中に二つの派ができたのです。ニカイア公会議で正面切っての論争になった。アタナシウス派とアリウス派は、エジプトなどでは軍隊を率いて戦った。十字軍です。そういう中でアリウス派を異端だとして追放した。異端になることは死刑になることです。キリスト教世界から追い出したのです。次の公会議でも、そういうのがもう一つ出てくるのです。そのように追い出された人たちの中から次第に新しい宗教が創られ、イスラームも生まれてきたという考えを、ある学者は述べます。私が「そこまでは証明できないだろう」と言ったら、彼は「それは私の学者的な直感であって、キリスト教とイスラームとユダヤ教というのは深い関係にある。それがはっきり分からない限り今の世界のムスリムとキリスト教とユダヤ教の関係が分からないだろう」と言いました。私はこのことを眞田先生に伺いたいのです。教えていただきたい。

眞田：坂本先生の宗教史観に全く私も同感であります、おっしゃるとおりです。ユダヤ教、キリスト教、イスラームというのが対立してきた歴史をどういう形で整理したらよいかと、私も本当に悩みます。ムハンマドは宗教改革者であって、彼は「本来の一神教に戻りなさい、アブラハムの信仰に戻りなさい」と言ったと考えられますから。

坂本：カトリックにとっては改革者です。

眞田：一般に評価されているかどうか分かりませんけれど、本来はそういうことです。それから「イエス・キリストが神の子か？　人間じゃないか」と言う。「マリアが神の母であるのはおかしい」と言う。キリスト教の考えを否定するわけですよね。『クルアーン』にはマリアの章がありますが、新約聖書より遙かによいです。また、イスラームは決してイエス・キリストを否定しない。神としてではなく預言者として尊崇しましょうとなっています。そういう意味では私はイスラームのほうが合理的だと思います。しかし、歴史的に見てどういう形でムハンマドが出てきたのか。彼のイスラームという教えをキリスト教徒やユダヤ教徒は学んだのか。そういうことは、私は専門家ではないので全く知識がありません。歴史学的には宗教史的にはどうなっているのか分かりません。ただ、アラビアンナイトとかを読んでおりますと、東ローマ帝国とイスラーム世界の関係はしょっちゅう出てまいります。捕虜のやり取りとか、いろいろ出てまいりますから本当に深い関係があったということは分かります。それから、イスラームの世界の中でユダヤ人のコミュニティーがあるし、キリスト教徒のコミュニティーがあるわけです。それら異教徒のコミュニティーとの共存関係はきちんとできている。ユダヤ教徒のコミュニティーと短期契約を結ぶのは、今でいうと国際条約の締結です。「どれどれをこうしなさい。我々はあなた方のどれどれをこうする」という趣旨で、現代の国家どうしが安全保障の条約を結んで共有するような関係を作った。キリスト教徒のコミュニティーとも同様に作りました。それはシヤルと呼んでいるものです。ムハンマドの当初から共存共生の安全保障体制ができていた。そこが少しキリスト教と違うかもしれない。異教徒を排除するようなことはなかったのです。

坂本：宗教と哲学を合わせた教義上の関係ではなくて、そういう宗教史的な精神史的な深い関係が、宗教にあると私は言いたいのです。精神史というと哲学が入りますからギリシア哲学からローマ哲学までできたものがキリスト教と結びついて中世のキリスト教になる。イスラームも同じではないかと思います。

眞田：そうです。

坂本：私がイスラームに比較的強いのはギリシアの哲学をよく勉強したからかもしれません。私が研究した中世の学者、たとえばアヴェロエス（イブン・ルシュド）などは医学者でもありましたが、ギリシャ哲学を勉強したイスラームの学者で、まさに宗教史的な研究をしています。これが日本の宗教学者は苦手かもしれません。ただの教義的な比較とかでは本当の問題は理解できないでしょう。さすがに眞田先生は法学者ですからね、宗教的な教義だけではなくて広い意味でイスラームもキリスト教も仏教もとらえることができるお立場なので、私は眞田先生にそういうことをお願いしたいと思うのです。

【註】

（1）声聞・縁覚・菩薩・仏　声聞は仏の教えに従って悟りをめざす仏弟子。縁覚は独覚仏ともいい、仏の教えが存在しない無仏の時代に独力で悟りを開くが、仏のように多くの人を悟りに導く力を持たない。菩薩は将来において自ら悟り、他をも悟らせる仏（正等覚者）をめざす修行者。上座部仏教ではこうした違いを師弟関係の差ととらえるが、大乗仏教では悟りの深浅の差と考え、菩薩を称揚する立場から、声聞・縁覚を批判する。

（2）エリザベス・キューブラー＝ロス（一九二六―二〇〇四）　アメリカ合衆国の精神科医。代表的著書『死ぬ瞬間』（一九七一年。原著 *On Death and Dying* の刊行は一九六九年）で死の受容プロセスを提唱した。また、自分の患者の臨死体験として幽体離脱を報告、魂の存在を認め、死後の世界の存在について関心を向けた。

（3）盤珪禅師　盤珪永琢《ばんけいようたく》（一六二二―一六九三）。江戸時代初期の臨済宗僧。十七歳で出家、各地を遍歴したのち、一六五九（万治二）年、龍門寺《りょうもんじ》の開山となる。一六七二（寛文十二）年、勅命によって妙心寺に移り、一六九〇（元禄三）年、仏智弘済禅師の号を賜った。一切は不生で調うと、不生禅を提唱した。宗派の別なく多くの人々が彼の講筵に列し、出家・在家の弟子は五万余人と伝えられる。口語による平易な法語集を残している。

（4）形而上学（［英］metaphysics）　現象的世界を超越した本体的なものや絶対的な存在者を、思弁的思惟や知的直観によって考究しようとする学問。その主張は先験的、演繹的であり、魂・世界・神などを主要な対象とする。これに対し形而下学は感性を介した経験によって認識できるもの、時間・空間を基礎的形式とする現象的世界に形をとって存在するものを対象とする。物理学、植物学、動物学など。

（5）ブラフマン（［梵］Brahman）　インドの正統バラモン教思想における最高原理。梵と漢訳される。もとはヴェーダの賛歌・祭詞・呪詞、さらにそこに内在する神秘力を意味したが、ウパニシャッド哲学においては、世界の根本原理あるいは絶対者の名称にまで高められ、アートマン（我）はブラフマン（梵）にほかならないとする梵我一如の思想が強調された。

（6）権禰宜《ごんねぎ》　禰宜は神職の一つで神主の次位、祝《はふり》の上位。権禰宜は禰宜の下位。

（7）摂社（せつしや）　本社に縁故の深い神を祀った神社。本社と末社の中間に位し、本社の境内にある境内社と境外にある境外社がある。

（8）サルタヒコ（猿田彦）　記紀神話の神。天孫降臨に際して、その道案内をした。容貌魁偉で、鼻は高く、身長は七尺余。後世、庚申こうしん信仰や道祖神などとも結びついた。伊勢の猿田彦神社の祭神。

（9）黒住経《くろずみきょう》　一八一四（文化十一）年、岡山郊外の今村宮の神職黒住宗忠《むねただ》が創唱。幕末にかけて教勢を広げ、一八七六（明治九）年、一派独立。天照大神を信仰の中心に置き、我を離れた神人合一の境地を目ざす。

（10）金光教《こんこうきょう》　赤沢文治が四十二歳のとき大病を患い、その快癒とともに天地金乃神への信仰に目ざめ、一八五九（安政六）年、神の思いを人に伝える「取次《とりつぎ》」に専念したことが始まり。赤沢の死後、一九〇〇（明治三十三）年に金光教として独立。元来、たたりの神であった金神を天地の祖神、愛の神としてとらえ、心からの祈りによって救済（現世利益）が与えられると説いた。本部は岡山県浅口市。

（11）牧会・司牧（［英］pastoral）　①キリスト教の聖職者・教職者が教会のために行う説教や礼拝。②「魂への配慮」。狭義には②を意味することが多い。カトリック教会では司牧といい、聖職者の務めとされるが、プロテスタント教会における牧会、すなわち他者の魂のために献身的に尽すことは、教会の牧師（［英］pastor）ばかりでなく、信徒の重要な任務とされる。

（12）パストラルケア（［英］pastoral care）　パスター（pastor 羊飼い）が羊の世話をするように人々をケアするところから来た言葉。霊的、宗教的ケアのみならず、精神的、心理的ケアを含む。

（13）司祭（［英］priest）、司教（［英］bisyop）　司祭はローマ・カトリック教会などの僧職で、司教（東方正教会・聖公会では主教）の下位。教会の司牧を行い、神父（［英］father）と尊称される。

（14）枢機卿（［英］cardinal）　カトリック教会における教皇につぐ高位聖職者。教皇顧問、教皇庁の長官その他の教会行政の要職に任じ、教皇選挙権を持つ。二十世紀まで定員七十名であったが、近年は増員されている。

(15) ムハンマド・アサド　本名レオポルド・ワイス(一九〇〇―一九九二年)。当時のオーストリア帝国領(現ポーランド)出身。ジャーナリスト、政治家、イスラーム学者。ユダヤ人でラビの家系に生まれたが、青年期にアラブ人の生活に触れてイスラームに改宗。インドにてムスリム国家建設を支持し、パキスタン建国に尽力した。その後、カイロのアズハル大学にて学者として活躍した。

第4章　日本における宗教の発生・受容と変容

神道の発生と変容

安蘇谷正彦

神道の起源

神道の起源についてはいろいろ言われています。根本的には縄文時代か弥生時代か、に整理できるかと思われます。梅原猛（哲学者。一九二五―二〇一九年）や吉本隆明（詩人、評論家。一九二四―二〇一二年）は縄文時代としています。私としては神道学者がどう言っているかということを考えたいと思います。私が前に書いたものを基にしますので、新しい人の見解はあまりお話しできないでしょう。高取正男（宗教民俗学者。一九二六―一九八一年）先生が神道の成立を平安時代にしていて、國學院大學の岡田莊司（神道学者。一九四八年―）先生も最近「高取さんの説が良い」と言うのです。制度的に見ると、そういうこともあり得るのかと思われます。極端な例では「明治になってできた」という人もいます。私の神道観は「日本の神々に対する信仰ないしは信頼を有する生き方」というものですから、かなり古くからあったと考えるほうが良いと考えております。

西田長男（神道学者。一九〇九―一九八一年）という國學院大學の教授で戦後の神道関係でしっかりと著作集を出した先生がいます。『日本神道史研究』（一九七八年、全十冊）という膨大な著作集です。このような業績を残した神道学者は西田先生だけかもしれません。あとは大体、著書は沢山ありますが、その再編ということをしておりません。その意味で西田先生は神道史の重要な研究家で、幅広い研究が評価されている方です。その西田先生が、神奈川県に鎮座している比比多《ひびた》神社、阿夫利《あふり》神社を取り上げました。どちらの神社も式内社です。式内社とは、九二七年の『延喜式』の「神名帳《じんみょうちょう》」[1]の中に出てくる神社ということです。つまり平安時代にあったことは間違いない神社で、その意味で由緒正しい神社です。その神社の境内地ないし近辺から（というのは遷座した可能性もある）、遺物や遺跡が出てきている。その典型的なものとして、環状配石とか立石《りっせき》とかいう日時計とも考えられる石が並べてあって、その真ん中に高い石があります。祭祀遺跡といわれますが、後の研究で、この石の下から遺体みたいなのが出てきたので「お墓じゃないか」とも言われています。西田先生が論文に書いた当時は、祭祀遺跡であることは間違いないと言われていました。神社の境内ないし近くから出てきたということで、それが神社の起源の古さを示す一つの根拠であるとして論じたのが西田論文です。結論は「日本民族の出現と同じく、およそ一万年前にもなんなんとする遠い遠い古に遡る」と論じています。

それに対して、安津《あんづ》素彦《もとひこ》（一九一二―一九八五年）という私の恩師である先生がいます。この先生はどちらかというと神道思想史が専門ですが、神道神学者といってもよい研究者です。担当していたのは神道思想史が多い。その著書『神道思想史 前編』（一九七五年。後編がなく前編だけで終わった）の中で、神道の起源についておよそ次のように推論しています。

日本人とは何かということが神道の起源を考える時に大事である。ただし、日本列島に住んでいるから日本人かというとそんなことはない。日本的な考え方や日本の伝統的な生き方をする「日本文化人」がいつ現れたかということと関係させて考えるべきだ。人間と自然とが調和的に共存するという考え方や行動が稲作農耕と密接なつながりがあった。それゆえ日本文化人はその稲作農耕が始まってから誕生した。したがって、神道の起源は弥生時代であると結んでいます。

西田説と安津説の二つを検討して、私は安津説に引かれます。その根拠は、私が、神道というものは祭りの伝統、神社の歴史、神道古典の三つを対象に考えるのがよいという立場だからです。祭りの伝統からいうと、神道の祭りは神々への奉仕であって、おもてなしであります。おもてなしの場合、何をお客様にご馳走するかが大切で、それはほとんどお米に関係します。お米、お酒、お餅ですね。伊勢神宮のような大きな神社の場合も小さな祠のような神社の場合も、お祭りは全てそうなっています。

制度面からいうと、『大宝律令』の中に「神祇令」というのがありまして（ただし『大宝律令』そのものは現存しないので、現存する『養老律令』から『大宝律令』を推測する）、その中に十九のお祭りが載っています。その三分の二以上、八割近くが稲作に関係している。ということで、神道のお祭りには稲がないと具合が悪いといえます。

神社の歴史からいうと、西田先生が挙げる環状配石などが神道的祭祀遺物や遺跡であるとは言いにくいようです。考古学者、人類学者が否定的なのです。ただし、縄文時代の巨柱信仰（巨大な柱を立てて拝む）みたいなものは今でも、例えば諏訪大社の御柱のお祭りなどに生きていますから、神道は縄文時代の祭祀遺物や遺跡などとは全く関係がないというわけではないのです。それが神道であると断言できないだろうということです。

神道古典のほうでもう一つ、『日本書紀』の中に「斎庭稲穂の神勅」があります。稲は神様から与えられたものだから神様に稲をお供えするという趣旨です。このことから、神道のお祭りは神様を拝み、神様に祈り、感謝するというようになってきたのではないかと考えられます。

神道と国家

次に、神道と国家の関係を論じてみます。いつ日本国家が形成されたかについてもいろいろ議論があるけれど、私は大和朝廷が成立したのはいつかということを見ていこうと思います。そして、考古学者のいう巨大な高塚式古墳(2)ができた頃、すなわち三世紀半ばくらいがよいと考えています。三世紀半ばくらいに国内に統一王朝ができていたから巨大なモニュメントとして高塚式古墳ができた。似た例は朝鮮半島にも見られる。そういうことでよいのではないかと思っています。

『古事記』、『日本書紀』を見ると、天照大神の皇孫が葦原中津国を統治するように神様が命じています。それによって日本の国が形成されたとしますと、その時に八咫鏡《やたのかがみ》を授けて「この鏡を祭るように」という神勅もありました。天皇のアイデンティティーとして天照大神の御鏡を祭るというのが大事になってきているわけです。しかも、十一代に垂仁《すいにん》天皇がいますが、その前、十代の崇神《すじん》天皇がハツクニシラススメラミコト（始馭天下之天皇）という名前で、この名前は初代神武天皇と同じなのです。これが、日本に大和王朝ができた頃とほぼ一致すると思われます。ですから神武天皇の即位は二千六百八十年前とされてきましたが、この年数は中国の歴史を取り入れる際に少し誤差が出てきたのではないかと推測されます。十一代の垂仁天皇の御代に伊勢に天照大神の御鏡を移して祭るようになった。宮中でもそのレプリカを作成して歴代天皇が今日までずっと内侍所《ないしどころ》(3)でお祭りしてきて、今は宮中三殿で祭っています。これは天皇がお祭りしてきたということです。その意味で、天皇が日本の統合の象徴であったり中核であったりする国家の構造が変わらない限り、あるいは天皇の神道信仰が変化しない限り、日本において国家と神道とは密接な関係があると捉えてよいのではないかと考えております。

神道の発生と変容についての座談会

竹村：神社の起源と神道の起源はちょっとまた違うかもしれませんね。神道信仰の起源とか祭りごとの起源と、神社というお社の起源とは、割と区別できるのではないでしょうか。最初の神社がどういうものか、わかりますか。

安蘇谷：今のところはっきりしているのですが、磐境《いわさか》、磐座《いわくら》、神籬《ひもろぎ》(4)の三つくらいが神社の原初的な形です。神籬の山とか神籬の森ですね。それらを対象にしている。磐境というのは先ほど紹介したように環状配石みたいに石を丸く並べたもので、磐座はへこんだ部分をもった岩です。その三つが原初的神社の特徴と言われています。私はどうも、建物を有する神社の起源には仏教の影響があるのではないかと推測しています。ですから、神社の起源は仏教が入ってきてからではないかと思います。

竹村：お寺ができるようになってから神社もできるようになったと。

安蘇谷：そういう説もあります。それから、出雲大社と伊勢神宮が一番古い神社なのですが、出雲大社と伊勢神宮では基本的な違いがあります。出雲大社は元々人が住んでいる家に神様を祀っている型で、伊勢神宮は倉庫の型です。稲倉なのです。屋根の形には平入りと妻入り(5)(棟入り)とがあって、日本は雨が多いですから、人が住むところは棟入り(妻入り)のほうがいい。平入りというのは、穀物などを雨の降らない時に出し入れをするような形です。そういうことで、出雲大社と伊勢神宮とでは建物の構造が違う。吉野ヶ里遺跡を見ると、神殿が結構古くからあることがわかります。それはどうも邸内社なのです。つまり人の住んでいるところにお祭りしたのではないか。吉野ヶ里遺跡を見ると神殿と書いてあって、それが本当かどうか分からないのですが、そこでお祭りしたのではないかと思われます。

竹村：出雲大社は壮大な建物で、階段がずっとあります。あの建物を普通の家と見るのは難しいような気がするのですが。

安蘇谷：そうですね。ですから、吉野ヶ里も普通の人家と違う構造をしているところを神殿じゃないかと推測しているに過ぎない。その辺りははっきりしないのではないでしょうか。

竹村：伊勢神宮について、現在の位置に定着する前にいろいろ探していて、以前はここにあったとされる場所がありますよね。それは歴史的に何年ごろか分かるのですか。

安蘇谷：第十代崇神天皇の時に神の勢いを畏れて移したようです。それまでは同殿共床だったのです。同じ御殿で同じ御床でお祭りする形できたのですが、崇神天皇が皇女のトヨスキイリヒメノミコト（豊鍬入姫命）に託して、今の三輪山辺りにまず移したらしい。その後、第十一代垂仁天皇の皇女ヤマトヒメノミコト（倭姫命）があちらこちら移し（遷座しながら）、今の伊勢の地に定着したと中世の『倭姫命世記』に記載されています。

竹村：それは大体いつ頃とされますか。

安蘇谷：私の考えでは、垂仁天皇が三世紀の半ばといわれるように、巨大古墳時代です。古墳時代の始まりの少し前が大和王朝の始まりと私は考えています。

竹村：すると、その時代から神社が既にあったということでしょうか。

安蘇谷：ですから、吉野ヶ里遺跡みたいなものが神殿という型でとらえられるのかどうかはあまりはっきりしないのです。私も吉野ヶ里に行った時に「神殿で本当によいのか」と尋ねました。説明をしていた相手の方は「ちょっと疑問だ」と言いました。ただ、神殿と見る説もあるのです。
話は変わりますが、日本史学界では、弥生時代の始まりがいろいろ動いているようです。私などは中学校の頃に習った時は紀元前二五〇年が定説だった。それが紀元前五〇〇年になり、今は紀元前一〇〇〇年とまで主張する学者もいます。元素の計測で変化するわけです。國學院大學に縄文時代を専門とする小林達雄（考古学者。一九三七年—）という学者がいて、考古学会の会長などもやった人物ですが、彼によると、稲作農耕と鉄が入ってきた時が弥生時代の始まりと考えると、かつて晩期縄文時代と呼ばれていた時代が、それ以前になった、つまり古くなったというふうに考えれば良いのだそうです。稲作の始まりは、現代の歴史学では紀元前一五〇〇年とかまで遡るそうです。それから、最も分からないのは日本語がいつできたかですね。日本文化の起源をいつにするか考える時に、日本語の形成がいつなのかが難しいと思います。人種的に、典型的な日本人の顔というのはないらしいのです。混ざり合っているから特徴が出ていないという説もあるくらいです。弥生時代に稲作が入って来て、日本列島では稲作が意外と速やかに広まっているようです。弥生時代といえば登呂遺跡とか静岡県が有名なのですが、あれが二〇〇〇年くらい前だと私などは習いました。それとさほど変わらない時期に秋田県とか山形県とかのほうでも稲作が行われていたらしい。なぜ速やかに稲作が広まったか。船で広まったといわれています。
竹村：そうなると、天皇の起源を、神話ではなく歴史的にどのように考えるのでしょうか。
安蘇谷：先ほど言いましたように、初代の神武天皇がハツクニシラススメラミコトという名前で、十代の崇神天皇も同じくハツクニシラススメラミコトという名前です。田中卓という皇學館大學の先生がいます。その田中先生でさえも「神武天皇の即位が二千六百八十年前というのは無理だろう」と言います。神武天皇の即位は辛酉の年とされているのですが、それは革命の年なのです。ですから中国の影響で革命の年としたと考えれば、六六〇年くらいズレがあいのですが）、二〇〇〇年ほど前が神武天皇の時代ということになります。

竹村：西暦紀元前後ということになりますね。

安蘇谷：そうです。ところが國學院大學の樋口清之という『梅干と日本刀』を書いた考古学者は「奈良の辺りから見ていると、やはり二六〇〇年くらいまで遡ってもよい」とか言っているのです。考古学者も割といい加減ですから、明白な主張は難しいと思います。現在のところ、巨大高塚式古墳ができたのが三世紀半ばというので大体よいのではないかと考えています。それを大和朝廷の天皇の一つのモニュメントと見る。これは斎藤忠（考古学者。一九〇八―二〇一三年）という学者の説ですが、私はこの方の説が良いと思っているのです。まだまだ諸説はあります。

竹村：磐座とか神籬はずっと遡っていくわけですね。

安蘇谷：相当前に遡ります。ただしそれが……。

竹村：いつとは言い切れないでしょうね。

安蘇谷：それが神道と言えるかどうかが分からないのです。西田先生の説から見て、関係していたのではないかとは考えられます。立柱信仰というのが日本海側に少なからずある。大きな柱を立てて神様を祭ったとか太陽を祭ったとかいわれる、そういうものが残っている。立柱は要するに神の依り代なのではと考えられます。これは別に神道でなくても、シャーマニズムは概ね柱を立てて祈るようです。シベリアとかでもやっています。シャーマンが登ってどうのこうのという、そういうのがあると思います。難しいですね。

眞田：神道と国家の関係で論議を巻き起こすものかもしれませんが、私は先日『砕かれた神』という本を読みました。戦艦武蔵に乗った少年海軍兵士の話です。小学校を出てすぐ海軍に少年兵として入って、戦後を迎えた年が確か十九歳。十九歳で日本に帰ってくる。武蔵が撃沈される時に乗っていて、現場で生死の境を体験した少年です。面白く読みました。たまたま去年の暮れ、京都で皇學館の先生がこの本を引用されたものですから、興味を覚えて読むことにしたのです。戦前、天皇陛下のために命を捧げるのだということで、兵隊経験は下士官ですから、めためたにやられてしまう。そういう戦争経験をして帰ってくると、天皇が現人神からいわゆる「人間宣言」[6]をする。天皇観が百八十度変わってしまうわけですよ。マッカーサーとの関係もそうです。天皇がマッカーサーを呼びつけるのが普通であったのに、天皇が呼ばれて自分から出かけていくとは何事だと驚く。この兵士は「天皇のために戦いを勝つのだ、勝ち抜くのだ」と思って軍隊生活を送った。そうすると天皇が自ら裏切ったという形です。天皇自らではなく、当時の政治権力者もそうです。それから社会もそう。出征するときには何人も集まって見送ってくれたのに、いざ帰った時には誰もいない。戦中は出征兵士の遺骨が帰って来ると村を挙げて迎え入れた。しかし戦後は見向きもしない。この日本の国民の変わりばえの速さ。マスコミとかも同じ。そういうことが日記に書かれている、といった本でした。そこで私は安蘇谷先生にうかがいたいのですが、昭和天皇が人間宣言をした、神から人間に変わったということを神道世界ではどう受け止めて位置づけるのでしょうか。敗戦で、日本の神道のあり方はどうなったのですか。今はどうなっているのですか。

安蘇谷：それは非常に簡単です。要するに「人間宣言」というのは天皇陛下が「五箇条の御誓文」[7]を国民にもう一度思い起こさせたかったのです。いわゆる「人間宣言」が、アメリカの占領軍から言われたのか日本側から言ったのかはっきりしないのですが、私も記憶が曖昧でして、あるいは今ははっきりしているのかもしれないですが、あの文面に天皇陛下のご意思で五箇条の御誓文を入れたのです。よく読むと分かるのですが、「天皇は人間である」という宣言など一つもしていません。要は「全知全能のゴッドではない」と言っているのです。国民の皆さんの支援で自分は天皇の立場にいるという言い方をしています。あれを「人間宣言」としたのは当時の朝日新聞で、それが「天皇が自分は人間であると宣言した」といった誤解を生んだのです。その誤解について、天皇陛下もそれはそれで納得したと思いますけれど、陛下ご自身ご承知のように、戦前も天皇というのは天皇機関説[8]なのです。美濃部達吉がなぜ罰せられるのか、昭和天皇はあの罰を全然承服しておられなかったでしょう。天皇とは憲法上の機関であって神格でも何でもない。神格化を図った人たちは、政府にも軍部にも学者の中にもいました。しかし天皇ご自身は戦後も何も変わっていないと思っていらっしゃったと私は思います。神社界に天皇は神様であると思った人が多くいても、それは仕方がないといえます。しかし天皇ご自身は、自分が神であったとかいった思いなどほとんどなかったのではないでしょうか。何よりも天皇ご自身が「あそこに「五箇条の御誓文」を入れたい」みたいなことを言って、「それがまさに民主主義だということを言いたかった」といった趣旨のことを『独白録』（『昭和天皇独白録』）でおっしゃっているのです。だから私は、神社界はその考え方を貫いていると思います。神社界にもいろいろな人がいるという意味では、戦争中にはいろいろな狂気があってもしようがなかったと推測されます。私は英文も見たのですが、別にゴッドであるなどとは言っていません。全知全能のゴッドではないという言い方になっていたと思います。私はアメリカに留学していた時、「日本の神道について話をしろ」と言われて話しました。素人のおばさんみたいな方々が二、三十人いました。その時に「ゴッドというのは日本の「神様」とは違うのです。日本には例えば三波春夫というシンガーがいて、その人は「お客様は神様です」と言っているのです。日本には「小説の神様」もいますし「野球の神様」もいます」と言ったら、皆さん分かってくれましたよ。「天皇も神様であるというのは、そういう意味です。「尊い人」という意味で説明できるのですよ」と言ったら、「なるほどそうですか」といった感じの反応で、納得してもらえたようです。日本語の「神」を英語で「ゴッド」と訳したらもうどうしようもないわけです。ギリシャ神話の「ディーアテイ」（［英］ diety 神）とかいう形に訳して説明すればいいかとも思います。

眞田：私がお尋ねしたかったのは、日本と外国の神概念の違いということではありません。天皇ご自身がどう考えたかどうかは分からない、そこは憶測もできないわけですよ。天皇の存在が神格化されて、それが戦前の日本国民の戦争に対する意識に大きな影響を与えたということが一つあります。それから、その本の少年兵が「天皇の側近が天皇を庇っているのであろう。しかし天皇が戦争をする時の御名御璽に天皇自らが押印している。その事実をどう評価するのか。ご自分の意思で押したのであろう。その責任はどうするか」と問題提起をしているのです。この点について神道はどう考えるのでしょうか。

安蘇谷：それはもう全く問題ありません。昭和天皇というのは非常に真面目な人で国民が決めたことを守るわけです。明治憲法では輔弼《ほひつ》が政治をやる。輔弼が政治をやったら昭和天皇はそれを守る。昭和天皇は若い頃に総理大臣の田中義一に対して「お前は嘘をついた」とおっしゃって、それで内閣が総辞職した。そして「それをやってはいけない」と西園寺公望か誰かに言われ、そこから立憲天皇制度にご自分の立場を貫かれたのではないでしょうか。以後はほとんど政府の決定に反対しない。ただし文句は言う。文句は言うけれど、ご意思は通さなかったようです。要するに憲法に従ったわけです。国会で決めた、枢密院で決めた、そういう決まったことに関してはそのままハンコを押している、それで一貫していました。そして終戦の時はどうだったかというと、最後の御前会議で決まらなくて「ご聖断」となったわけです。つい最近、私も昭和天皇の『独白録』という文藝春秋から出た本で読んだのですが、天皇もそう言っています。いろいろな説があって、半藤一利（作家。一九三〇年―）が書いたものと小堀桂一郎（文学者。一九三三年―）が書いたものも少し違うのですが、要するに当時の総理大臣・鈴木貫太郎を中心にいうと「三対三で決まらないから天皇にご聖断を仰いで戦争を止めてもらう」と、そういう形にしたというのです。天皇の『独白録』では

「天皇がもう止めたいと言うのを鈴木貫太郎がそれに基づいて終戦に持っていった」といったニュアンスになっています。その辺のところは私も分かりませんが、天皇は御前会議で最初に明治天皇の「よもの海」[9]という「戦争をしたくないという歌」を引用しています。それが正に天皇のご意思なのです。天皇のご意思は「戦争したくない」なのですが、国民が決めたことに反対できないという立場でハンコを押した。そういう意味で、開戦の時もはっきりしています。終戦の時には、どちらにするかが決まらなかったので天皇が「ここで止めろ、国家が滅びる」とご意思を述べられた。私が『独白録』でびっくりしたのは天皇が「自分が三種の神器を、熱田神宮の神剣と伊勢神宮の鏡を持って逃げる」とまで言って心配していることでした。本当にそれはびっくりしました。勾玉は自分で着けているわけで本物なのですが、ほかの神器はレプリカなわけです。本物は皇祖に申し訳ないと言って自分が持って死ぬかも知れないし、どうなるかもわからない。とにかく御名御璽については一貫していました。一貫していないのは、決まらなかったから一貫していないだけの話だったと思います。

竹村：戦後になってすぐ皆が天皇のほうを向かなくなったというのは少し誇張があるのではないですかね。戦後も天皇は行幸をしたりして相当国民の間に根強い人気が残っていたのではないでしょうか。

眞田：それは、この少年兵の母親が、母親に向かって天皇批判をした息子に対して言った「何を言っているの、お前」という意識なのでしょう。そういう意識は戦中から戦後もあったのではないですか。

竹村：戦後急に変わったとは言い切れないでしょうね。

眞田：言い切れない。それほど天皇と国民の関係というのはいろいろな見方がある。そこが面白いと思いますね。戦争というのは日本だけの問題ではありません。戦争相手があるから、国際関係があるから、一元的に言えないのは当たり前です。それは日本が開国した当時の中東世界やアジア世界や欧米列強との関係を見ていかないと出てこない問題ですから、根が深い。そういう問題は十分引き継ぐ。安蘇谷先生にもう一つお聞きしたいことがあります。これはイスラームと比較して、国民のアイデンティティーの問題です。イスラームの場合は国家にアイデンティティーを求めません。神道の場合、アイデンティティーというのを戦前の国家と国民にどう求めていたのか。「お前とは何か」と捉える時に戦前の神道はどうだったのでしょうか。

安蘇谷：まず明治憲法が日本の国家の形を決めていました。明治憲法に基づけば天皇が元首であり、臣民との関係が日本国家の構造であると決まっていたわけです。したがって、アイデンティティーは「天皇を戴く国家」であったと思います。佐藤優（一九六〇年―）という外務省上がりの作家が戦後誰も読まなくなった右翼の本と目されている戦前の『国体の本義』[10]（一九三七年）を解説して「素晴らしい本だ」と言っています。『国体の本義』は批判が多いけれど、当時東大の助教授だった久松潜一（一八九四―一九七六年）が基本的に書いていて、久松は国文学者なのです。私の立場から読むと『国体の本義』は何の問題もない本です。日本、日本人というのは天皇を戴く構造だと説明しています。教育勅語にもある「親に孝、天皇に忠、それらをきちんとやれ」といった内容ですが、問題を感じません。今、私が心配しているのは、お正月の天皇参賀に行く人数が少なくなってきていることです。かつては三十九万人が行って事故が起きたりして大変な頃もあったのですが、最近は四、五万人ですからね。

竹村：神道の起源が明治以降だという説について興味深く思ったのですが、明治政府は、教派神道は神道という言葉を使ったので宗教の範疇に入れました。しかし神社神道は国民の宗祀であるとして宗教から外していましたよね。だから神社に関しては神道とは呼ばなかったと思うのです。歴史的にも神社とか神祇とかいって神道という言葉は使っていなかったかもしれない。神道という言葉の起源とか使われ方の歴史や変遷もあるのではないでしょうか。

安蘇谷：あるかもしれない。それはそのとおりです。特に国学者は神道といえば平田篤胤の『俗神道大意』（一八六〇年）とか、そういう使い方をしました。本居宣長は「神の道」と言っています。宣長は『直毘霊《なおびのみたま》』（一七七一年）の中で「神の道」の定義をしていますが、「神道」とは言わなかったかもしれません。「古道」という言い方はしている。「惟神の道《かんながら》」という言い方は、私は言葉的によいかどうか分かりません。私が先ほど紹介した説は、「神道の正史が組織化されたのが明治以降ではないか」という意味なのではないかと思います。教派神道だけではなく、神社神道を含めてです。

竹村：吉田神道[12]とか両部神道[13]とかは、いつ頃からいわれていたのですか。

安蘇谷：吉田兼倶《よしだかねとも》（一四三五―一五一一年）が『唯一神道名法要集』という本を書いています。自分の所は唯一神道の名法（教え）のエッセンス（要）という形で本を書いています。そこで既に「神道」という言葉を使っていますから、少なくとも室町時代には「神道」と言われていたでしょう。

竹村：神の道という意味で使っていたのですか。

安蘇谷：普通は『唯一神道名法要集』と呼んでいますから、あの時代、訓読みにこだわったということはないと思います。宣長など国学者の時代になると訓読みにこだわって「神の道」と述べていますが、第二次世界大戦前「神道」という言葉をあまり好まなかった理由は、よく分かりません。

釈迦仏教の受容と変容

森 章司

日本は釈迦仏教を受け入れなかった

日本の精神史、思想史、宗教史の中で、釈迦仏教はほとんど痕跡を残していません。したがって、端的に言うと「日本には釈迦仏教が受け入れられなかった」ということだと思います。ですから、私のお話は、なぜ釈迦仏教が日本に受け入れられなかったのか、その理由を考察する構造になります。まず、そのことをご了解いただきたく存じます。

釈迦仏教が日本に受け入れられなかった理由、これは安蘇谷先生にもお聞きしたいところです。先生は、神道は日本人の生き方であり、日本人の生き方は稲作との関わりで形作られたとおっしゃったと思います。私も、日本人としての生き方が神道だといってよいと思います。民俗宗教あるいは自然宗教としてインドにはヒンドゥー教がありますが、ヒンドゥー教も正に神道と同じようにインド人としての生き方だといえます。

釈迦仏教が日本に取り入れられなかったのは、日本人の生き方や精神構造が、つまり神道が、釈迦仏教の教えと相反しているからであろうと考えられます。そういうことで、安蘇谷先生に後ほど、日本人の精神構造、精神的あり方といったものを、神道の立場からお教えいただければと思っております。

仏教の開祖であるお釈迦さんの教えが取り入れられないようでは「日本仏教は仏教ではない」ということになりますが、私は、大きな仏教史を考えた場合、お釈迦さんは仏教の開祖ではないと思っています。言い換えると、お釈迦さんを仏教の開祖とする必要はないと思う。すると、お釈迦さんは仏教の開祖でないのだから、日本人がお釈迦さんの教えを取り入れなくても「日本仏教は立派な仏教だ」と言えると思います。大きな仏教史の背後にあるものを今は議論できませんので、お許しねがいます。

日本仏教史における釈迦仏教

では、日本仏教史における釈迦仏教について、現象として現れていることを簡単にご紹介しながら、私の考えをお話しさせていただきます。

仏教を宗教活動として考える場合には、教えの面と行事あるいは生活の面、その両面から見ることが必要でしょう。仏教の文献は三蔵としてまとめられていますが、教えの面は経蔵の中に納められていて、行事とか生活規範の面は律蔵の中に納められています。しかし、日本仏教史を振り返ると、経蔵の範疇でも律蔵の範疇でも、釈迦仏教はほとんど痕跡を残していないといえるのです。

教えの面から見てみましょう。奈良時代に南都六宗という六つの学問宗派がありました。宗派というよりも学派ができたわけです。南都六宗の中では、倶舎宗と成実宗に釈迦仏教の痕跡が認められます。けれど、これは学問として研究されただけで、信仰として、あるいは宗教として生きていたとはいえません。

次に、行事・生活規範の面から見てみます。律令体制の中で「僧尼令」というものがありました。養老律令、大宝律令の中に「僧尼令」が残っていて、釈迦仏教は「僧尼令」にも痕跡を留めております。これは、律令体制下の国家公務員としてのお坊さんの守るべき生活規範・活動規範のようなものであります。しかし、釈迦仏教本来の律蔵が取り入れられている部分もあることはあるのですが、換骨奪胎されていまして、律とはいえません。

鎌倉時代には叡尊と忍性という真言律宗のお坊さんが出ました。また、江戸時代には安楽律とか正法律とかが現れました。安楽律は天台宗の比叡山にあった一派で、精神そのものは律蔵を復活させないといけないという運動でしたが、大きな流れにはなりませんでした。結論として申せば、真言律宗も安楽律あるは正法律なども、本来の律とは似て非なるものです。

そういうことで、教えの面でも、また生活・修行方法の面でも、釈迦仏教は日本仏教には全くといってよいほど取り入れられていないと断じても言い過ぎではないと思います。

日本仏教の特徴

それでは、釈迦仏教が取り入れられていない日本仏教の特徴はどういうものか。これは竹村先生のご専門ですけれど、私の考えるところを申し述べたいと思います。

第一の特徴は、先にお話ししたように日本仏教では律が無視されており、正真正銘の出家修行者がおりません。奈良時代までのお坊さんは僧尼令の下での戒律を守っていたとして曲がりなりにも出家修行者といえましたけれど、平安時代に最澄が比叡山延暦寺に大乗戒壇を作ってからは釈迦仏教の律を捨ててしまいましたので、伝統的で正式なお坊さんが日本には存在しなくなりました。

ちなみに、私どもは「戒律」と言っておりますけれど、本来、「戒」（[巴] sīla シーラ）と「律」（[巴] vinaya ヴィナヤ）とは全く別の概念です。インド仏教には「戒律」と一つの熟語になったものはありませんから概念もありません。戒というのは倫理道徳であって、背いても罰則はありません。また、戒は心の内面も対象としますから、懺悔によって清浄となります。ところが律は、いわば「法律」ですので、罰則があります。律に違反すれば罰せられるわけです。罰するといっても心の中までは裁けませんので、行為に現れたものだけを罰します。罰則の有無という点で戒と律は全く別物なのです。インド、中国、朝鮮半島のお坊さんたちは律に従って生活をしておりましたが、日本ではこの律は捨てられました。日本仏教は「戒」だけ、倫理道徳だけなのです。倫理道徳に従って清らかな生活ができることは理想ですけれど、なかなか理想どおりにはならないのが現実というものでございます。

日本仏教の第二の特徴として修行がない、ということがいえます。儀礼とか儀式などは別として、比叡山に「回峰行」という、大層インドの仏教と形の変わった修行が残っておりますけれど、概して修行はないといってよいと思います。平安時代までの日本仏教は国家仏教、あるいは鎮護国家の仏教でした。つまり、個人の信仰にはなっておりませんでした。鎌倉時代になって、個人が個人として信仰するという仏教となりました。私はそれを「仏教が仏教となった」と表現したいと思います。すなわち、日本仏教は鎌倉時代以降に「仏教が仏教となった」といえるのです。鎌倉時代以降の宗派は浄土宗、浄土真宗、日蓮宗、禅宗などですね。開会と選択(13)が進められまして、念仏とか唱題とか坐禅（只管打坐など）とかになり、専修(14)による覚りが説かれました。本来の仏教の修行は背景に哲学体系や修行道体系があって、釈迦仏教にもそれがあったのですが、鎌倉仏教では捨てられました。大乗仏教、特に法相宗あたりがこれを引き継いでおりましたが、鎌倉仏教ではそういうものが捨てられた。これも竹村先生のご専門です。

第三の特徴は、現実・現世を超えたところに価値を求めないで、現実化・現世化が行われたということです。そのため、日本仏教には即身成仏的な思考や本覚的な思考、言い換えれば「修行しなくてももう仏なのだ」と考える傾向が強いといえると思います。

以上のように、釈迦仏教と日本仏教の相違点は対照して考えられます。すると、釈迦仏教と日本仏教は、ほぼ相反する正反対の形なのだと分かります。釈迦仏教は現実を苦しみと見て、無常・苦・無我・四諦・十二縁起などの教えを説きました。教えの根底には「現実は苦しみですよ」という世界観があります。ところが日本人は現実を苦しみとして見ません。釈迦仏教では、死んだら再びこの苦しみの世界に生まれてきたくないという考えから、苦しみの世界に生まれてこないことを覚りの境地、目的としているわけです。ところが日本人は、「死んだらまたこの世に生まれてきたい」という考えの方が大多数ではないかと思われます。ですから、釈迦仏教と日本仏教とでは世界観が違い、宗教としての出発点が違いますね。

釈迦仏教は理知的、合理的な教えです。一方、日本仏教には教えを感覚的、感情的に処理するという傾向があります。また、先に少し申し上げましたが、釈迦仏教は覚りとか救いを現実の外に求めます。出家修行者の目標は悟りの境地、解脱だとか涅槃（火の消えたような境地）で、在家信者の目標は死んだら天に生まれ変わることでした。ところが日本仏教は、即身成仏とか本覚思想に引かれ、現実の中に覚りや救いを求めている。そういう大きな違いがあります。釈迦仏教は出家仏教ですね。現実を離れたところ、現実とは価値観が違うところで修行をして、現実と価値観の違う覚りの目標を立てていた。日本仏教は現実の中に覚りや救いを求めますので、必然的に律を無視して在家仏教となったわけです。今の日本ではお坊さんを出家者と呼びますが、釈迦仏教的にいいますと日本のお坊さんは出家者ではありません。

以上のような構造になっていますから、インドの釈迦仏教では、仏教と国家とが異なる次元にあり、お互いがその領分を侵さないという配慮をしております。国家が仏教の領分を侵さない。仏教も国家の領域には立ち入らない。これは現在のスリランカとかタイとかビルマもそうです。ところが、日本の仏教の場合は、仏教も国家も世俗の中で同一次元にありますから、仏教と国家がお互いに利用し合ってきたのではないかと思います。

釈迦仏教が日本人には受け入れられなかった、その大きな原因の一つとして主に大乗仏教が日本に入って来たということがあるといえます。しかし、大乗仏教も相当程度に日本化をしているのではないかと思いますが、そのことは竹村先生がお話しになるでしょう。

ある意味で、釈迦仏教と日本人は相容れない、釈迦仏教と神道的なものとは全く違う、そういうことになるのではないかなと思います。

釈迦仏教の受容と変容についての座談会

安蘇谷：私は、神道は神道なりに仏教を受け入れたのだと考えます。その仏教は釈迦仏教でないのかもしれませんけれど、神道は仏教を「習合」という形で受け入れました。私は神社を産土型神社と勧請型神社に分けます。そのうち勧請型神社のほとんどは、仏教と習合しています。お稲荷さんとか八幡様とか氷川神社とか天神さんとかですね、神仏習合の神社が大きくなりました。稲作農耕に由来すると考えられる産土型神社というのは、春祭りと秋祭りをやってお終いです。村の人たちだけが関係して、村以外の人たちはほとんど関係しませんでした。村人以外は、崇敬者のような形でも、本来は産土型神社に関係しなかったと思います。明治維新の時に全国で二十万あった神社を十万くらいにしてしまいました。今はもう八万くらいになっています。合祀したり合併したりして数が変わるのですが、神社の八割以上が産土型神社です。いわゆる「食べていける神社」は元々勧請型神社であって、社僧という神社を管理する坊さんみたいな人がいました。そして崇敬者を集めて現世利益を説いた。一番古い例が日吉大社の『耀天記』（一二二三年）という本に書かれています。「日吉大社にお参りすれば、あるいは遥拝しただけでもご利益がある」という言い方をしています。勧請型神社は平安時代から現世利益で参拝者集めをしていたということです。

一方、産土型神社は、元来専従の神職はいなかったのではないかと推測されます。食べられている神社はみんな明治維新まで神仏習合の神社だったのです。岡田荘司教授は「八幡社が日本で一番多い」と述べていますが、八幡社も概ね社僧みたいな者が管理していたと推測されます。伏見稲荷神社などは結構早くから神職だけになってしまっているかもしれませんが、出雲大社でさえも神仏習合の時代がありました。伊勢神宮にも神宮寺みたいなものがあったのですが、比較的早い時期に神職だけになっていったようです。とはいえ、度会と荒木田[15]というのが神主の禰宜階層なのですが、この人たちの親族はお寺を有しており、お葬式も皆そこで行っていたようです。

日本では、儒教の朱子学が流行ってくると反仏教の考えが出てきて、神道もその影響で仏教から独立していきます。国家神道が出てくるのは明治維新です。神道イデオロギーというか国学イデオロギーというか、この考えで仏教的なものと神道的なものを分けました。明治新政府が国家権力でスッパリと分けてしまったのです。國學院大學の前に氷川神社がありますが、その隣に宝泉寺というお寺があり、お寺と神社を真っ二つに分けたと思われます。神仏習合の神社は大体お坊さんが管理していたのです。日光東照宮もそうでしょう。元々輪王寺が管理していました。

森：神仏習合した仏教は釈迦仏教ではないのです。

安蘇谷：神仏習合した日本の仏教と釈迦仏教はほとんど関係ないということなんでしょう。しかし、私は比叡山の回峰行をするような人は立派だと思います。葬式仏教を強烈に批判して、「葬式などはただでやれ。あんなものは仏教とは関係がない」と言った方もいました。仏道修行もしないで、出家しているのに奥さんを貰って世襲でやるお坊さんなど考えられません。

社僧は半僧半俗で世襲できていたようです。私の家は江戸時代の初期から位牌があったようですが、位牌は皆名前を変えているのです。ヒコノミコトになってしまい、明治のときにみんな書き換えてしまったことが明らかです。神道も仏教も単独では育たなかったというか、神道も仏教のお陰でこれだけ隆盛になったのではないかと思います。現在私が奉仕している神社も護摩を焚いて家内安全、商売繁盛をやっていたようで、天井が黒く焼けていたので分かりました。現世利益が日本の宗教の特色かも知れません。だから、宗教の力が国家を覆すような力にならないのではないかと思います。食べていけない神社をどうしたらよいのか私も分かりません。神社の世界も格差社会です。神社界ほどの格差社会はないかもしれません。よいところはとにかくすごいです。駄目なところは神職を辞めてしまう例が少なくないようです。

竹村：お寺では裕福なのは「肉山」と言って、貧しいのは「骨山」と言うらしいのですが、神社でそういった呼び方はありませんか。

安蘇谷：そういった言葉はないと思います。神社界で使われる言葉は、大規模神社と小規模神社ですかね。神社本庁の役員は、大規模神社の宮司さんが多いものですから、地方の小規模神社が消滅したって関係ないと思っている訳ではないでしょうが。増田寛也（政治家。一九五一年―）さんの著書『地方消滅』（二〇一四年）にあるように、住む人がいなくなったらお祭りはできないわけですから、どうしようもない。神社本庁がそういう問題をどう考えているのか分かりませんが、具体的な対策をたてて実行するのは至難の業と思います。宗教教団がどうなっていくのかという問題は、既成宗教では特に深刻です。日本でキリスト教が流行らないのは、現世利益とかをあまりやらないからなのではないでしょうか。ヨーロッパのカソリック教会だったらルルドの泉とか、聖書を祈って足が治ったとか、そういう現世利益をある程度やっていると聞いています。日本のキリスト教にはほとんどみられませんね。

竹村：釈迦仏教にとっては、日本における受容というテーマは難しかったでしょう。ほとんど何もないということだったのですが、森先生はよく特徴を描いてくださったと思います。ありがとうございました。一つ質問です。江戸時代の正法律、これは多分、慈雲さんは、小乗律をあえて正法律と言って「釈尊の時代に戻ろう、釈尊が教えたままに仏教を受け取ろう」と、そういうことで正法律を提唱されたと思うのですが、いかがでしょう。

森：十善戒ではないですか。

竹村：いや、十善戒は一般民衆向けだと思うのです。と同時に、慈雲さんは出家のお坊さんには「ちゃんと正法律を守れ。釈尊が教えてきたとおりに守れ」と言ったと思うのですが、もしそうだとすると「似て非なるもの」と評するのはいかがかなと思われます。慈雲さんが十善戒を言ったのも事実です。しかし正法律は十善戒とはまた別だと思いますけれど。

森：安楽律も「釈迦仏教の律に戻れ」ということを言っているのです。ですが、ほとんど力になっていませんね。

竹村：安楽律を私はよく知りませんが、正法律については慈雲さんのそういう気持ちがあったと思います。

大乗仏教の受容と変容　竹村牧男

日本における仏教導入の歴史

大乗仏教は日本社会でどのように受容され日本の土壌でどのように形成されたのかということでお話しします。日本の古代、蘇我氏と物部氏が有力な氏族でしたが、仏教崇敬派の蘇我氏が仏教排斥派の物部氏を倒して実権を握り、それと同時に仏教の日本社会への導入が始まった、おおむねこれが日本史の常識ではないかと思います。蘇我氏の後ろ盾を得ていた推古天皇の摂政となった聖徳太子は、寺院の建立を進めたり、仏像の鋳造も進めたり、宮中での仏典講義を行ったりして仏教を治世の中心に置いたとされます。しかし、「聖徳太子はいなかった」と言う人もいて、歴史学的には「十七条憲法は本当に聖徳太子が作ったのか」とか「三経義疏は聖徳太子の作ったものではない」とかいろいろな議論がなされています。一応、通説によるとして、聖徳太子はなぜ仏教を導入したのか。その背景を見ますと、おそらく当時の東アジアにおける文明先進国である中国もこういうことをやっていたわけで、それを真似していくというのが文明国であると考え、その実現を期すという意図に基づくものであったのではないかと思います。

その後、奈良時代に入りますと渡来僧、また遣唐使とともに入唐した学僧が学問的な仏教を日本に伝えました。仏教そのものは学問だけではなくて、学問と修行と両方あったと思いますが、都には大きなお寺が建立されて鎮護国家とそれから学問研究とがなされました。先ほどの南都六宗ですね、三論宗は中観派、法相宗は唯識、それから華厳宗、律宗等々です。そういう形で学問研究が行われたと思います。

平安時代になりますと、最澄と空海が入唐して天台教学と密教を日本に移植しました。最澄は比叡山に拠り、空海は高野山に拠ります。最澄は天台宗だけではなくて密教も自ら中国で一部灌頂を受けて、さらに空海から相承しようとしたのですが、最終的に空海に拒否されました。後に最澄の弟子たちが盛んに中国に行って密教を取り入れ、天台宗はやがて極めて密教化していくことになりますが、密教だけではなく、禅と律をも学ぶ総合道場としました。最澄は『法華経』によって即身成仏ができるのだという教学を作っていきます。密教と天台の関係について、最澄は「密教は天台に同じである」という見方をしていました。空海は「密教のほうが上であって、天台はその下である」という判定をしていましたから、その辺りで最澄と空海の間が上手くいかなかったということだと思います。

最澄は、大乗戒だけで僧になれるのだという独創的な仏教を始めたといえると思います。先ほどもありましたように小乗の具足戒、二百五十戒等を必ずしも受けなくても僧になれるのだというわけです。空海もあらゆる仏教を統合的に体系化します。十住心の教理ですね。『秘密曼荼羅十住心論』あるいは『秘蔵宝鑰』で小乗仏教の声聞・縁覚、それから法相、三論、天台、華厳そして密教と、仏教全体を体系化する思想を編み出し、同時に密教の修法も広めるなど独自の活動を展開しました。平安時代の仏教は学問と修行の双方を重視する、といえると思います。

平安後期には天台宗も相当密教化していきました。また本覚法門も発達していきます。実は、三論宗の空の思想というのは「覚りもなければ煩悩もない。だから今ここでそのまま真理そのものだ」と説くので、案外、本覚法門と近いのです。本覚法門というのが何かの実体観から出てくるというのでは決してなく、むしろ『中論』とか空の思想から出てくるという側面があります。

日本仏教の末法意識

日本仏教の大きな要素として、一〇五二年といわれておりますが、末法の時代を迎えるということがありました。日本仏教は末法ということを相当意識してくるわけです。世の中も混乱している中で、簡単で確実な救済をもたらす仏教が求められていきます。民衆の救いを実現する仏教が追求されていきます。そういう中で法然、親鸞、一遍あるいは日蓮らの新仏教が出現して広まっていきました。特に法然が画期的だと思うのですが、「いずれの行もおよびがたき身である」という自覚、その中でいかに救われるかということで、易行、あるいは信だけで救われるというか、そういう仏教が日本にできてくるということになります。

鎌倉室町幕府は中国との関係もありました。中国では官僚層のほとんどが禅をやっていて、外交でも禅を知らないとできないということがありまして、宋から来日した禅僧も多かったわけで、時の幕府としては臨済宗の禅宗を重んじました。禅宗は臨済宗だけではなくて、道元が曹洞宗の禅を伝えるというようなこともありました。

こうした鎌倉新仏教の特色は、深い学問を背景にした易行の選択にあります。したがって行の仏教ないし信の仏教といい得ると思います。法然などは智慧第一といわれ、大変な学問をした方ですが、結果的には南無阿弥陀仏と唱えれば救われるというような易行の選択、ないしは信の仏教というものに結実してきます。鈴木大拙は「法然、親鸞の仏教の中に日本的霊性の発現を見る」ということを言っています。霊性に日本的とかインド的とか中国的とかあるのかという議論もあり得ますけれども、大拙の言によれば日本の浄土教、特に法然、親鸞の浄土教はインドの浄土教とも違うし中国の浄土教とも違う。それは浄土教の言葉、外来の言葉を起源に日本的霊性が発現したものなのだとし、絶対無条件の大悲に包まれて何も修行しなくてもこの身このまま救われるというところに日本的霊性の特質があるといったことを指摘しています。

これは法然、親鸞だけではなくて、おおむね日本の様々な仏教にも共通する日本人の感覚というか、宗教的なセンスというか、そういうものではないかと思います。それを基盤としてさまざまな仏教ができてくるというわけです。鎌倉以降は、新しい宗派という観点からすると、せいぜい江戸時代の隠元の黄檗宗くらいでありまして、日本の仏教はおよそ鎌倉時代までに展開し形成されたといえると思います。

日本における大乗仏教と国家の関係

次に、日本における大乗仏教と国家の関係です。森先生のお話にもありましたように仏教の出家集団、サンガですね、これは本来、世間を超越した存在であり、世俗権力による支配を受けずに自治において運営されるはずのものでした。会議の仕方とかが細々と決まっています。しかし日本では、すでに奈良時代の頃から僧尼令が制定され、仏教僧は国権の管理下に置かれました。僧の得度も国家の許可によったのです。奈良時代の仏教は、鎮護国家、国家の安寧を祈るという役割を担いましたが、そういう役割は、実は今でもどこかで、それぞれの仏教教団の中で果たされていると思います。正月の儀礼等に、鎮護国家、あるいは天皇の寿命の長いことを祈るとか、そういう儀礼は今でも含まれているのではないかと思います。

このように、本来は出世間的であるべき仏教教団が国家の管理下に置かれる、これは日本の歴史を貫くことになったものです。江戸時代は本末制度、本山末寺のピラミッド型を完成させて幕府がコントロールしました。あるいは寺請制度、これは「この者はキリシタンではない」ということを寺院に証明させる制度で、寺が戸籍係みたいなことにもなるわけですが、こういう制度を設けて幕府は仏教教団を支配し、その仏教勢力を世間的な士農工商の秩序を補完するという位置に置いた。やはり仏教は幕府の支配下にあったわけです。寺請制度によって仏教僧は伝道の努力をしなくても生活ができるようになり、それが日本仏教の沈滞を招いたということになるのではないかと思います。

さて、近代です。明治の初めになって先ほどの神仏判然ということもあったわけですが、維新政府は「肉食妻帯蓄髪勝手たるべし」というお触れを出しました。「勝手たるべし」ですから「宗教教団は自分たちで考えなさい。国はもう制限はしませんよ」ということです。本来、仏教教団における戒律に則れば、少なくとも出家者に肉食妻帯は許されないであろうと私は思います。真宗は元々肉食妻帯で救われるという仏教ですから、真宗の坊さんが肉食妻帯なのはまあいいのですが、それ以外の宗派については本来はいかがかなと私は思うのです。肉食にはいろいろ議論があるのかもしれませんが。しかし、維新政府のお触れからすぐにではなかったと思うのですが、次第にどの宗派の僧侶も肉食妻帯をするというような結果になっていまして、仏教界自身の自覚のなさによって、本来の仏教のあり方からますます崩れてしまっているということではないかと思います。

明治以降、日本は西欧諸国との関係において種々の軋轢を生じ、やがて戦争に突入していきます。ごく簡単に申しますと、このとき仏教界は本当にこぞって戦争協力をしたといえるでしょう。この前もＷＣＲＰ（世界宗教者平和会議）の研究会で山崎龍明先生が「すべて戦争協力をした」と盛んに何回も言っておられましたけれど、私としてもやはり今日から考えると相当問題だと思います。確かに当時、戦争に反対するというのはなかなかできる雰囲気ではなかったかもしれませんが、むしろ積極的に教義を変えて、戦争を応援し支援していったところがあります。その当時の仕方のない状況というのがあるのかもしれませんが、だからこそ今はそれを自覚してきちっと総括して反省し、そのうえで新たな一歩を踏み出すということをしていかなければならないのではないかと思います。

国家と宗教教団との関係を見ていきましょう。宗教団体と国家という意味で宗教団体に法人格を付与する法令に関して、法律としては昭和十四（一九三九）年の「宗教団体法」が認可制度でした。昭和二十一年の「宗教法人令」は届け出制度です。届け出れば宗教法人として認められるということで、怪しげなものもずいぶんできたようです。その後、昭和二十六年に「宗教法人法」が制定されて今日に至っています。この「宗教法人法」は、宗教団体を「このものは宗教団体である」と公に証明するという意味で認証する制度で、認可とも違うのです。実際に宗教団体として活動していれば「あなたのところは宗教団体ですよ」ということを公に証明する、それによって宗教法人になることができるという制度でありまして、信教の自由、結社の自由等も守りながら、怪しげなものは法人にしないという形になっています。法人になるためには「議決機関に責任役員を三人以上置く」ということだけでありまして、その役員の条件に制限は何もありません。責任役員の一人が代表役員になるのですが、ご住職が責任役員であり代表役員になり、その妻とか子どもが責任役員になるということもできないわけではない。あるいは親戚等も同様です。ですから、そのような団体が宗教法人と称される公益法人、つまり税金なども優遇される公益法人としてふさわしいのかどうかというような種々の問題も含んでおります。戦前までは（法人令まで）、お寺でいえば住職・総代という形がありました。責任役員ということではなく、総代でありまして、何か住職が重要な資産の処分等をする場合に総代は連署する、つまり全員が賛成することが必要でした。総代は住職と血縁関係は何もないわけでして、現在とどちらが民主的かなという問題があるかと思います。いずれにしても宗教法人法制度になってかれこれ六十年以上になるわけですが、今後は、公益法人としての宗教団体のあり方ということも考えていかなければならないだろうと思われます。

本来、仏教の出家教団は釈尊が制定した律の下に運営されるべきです。しかし日本の仏教にあっては最澄以来大乗戒だけでよい、『梵網経』の戒だけでよいとされ、正統的な戒律、二百五十戒が軽視される、というよりむしろ無視されるという形で今日まで来ました。そういうこともあって、国家との関係についても非常に曖昧になっているといえます。釈尊の下にあった本来の仏教教団のように自治を貫く覚悟の厳しさが欠けることになってしまった。そこは日本仏教の大きな問題であろうと思います。

大乗仏教の受容と変容についての座談会

森：先ほども私からも指摘させていただきましたけれど、日本仏教の最大の特徴は「律無視」ですね。それほど詳しくありませんけれど、歴史的に考えてみると、奈良時代に鑑真などを唐から戒律の専門家として招こうということで大変な国民的な運動があったようですが、それ以前の飛鳥時代や奈良時代の初期あたり、『日本書紀』の記述を見る限りでは、さほど戒律無視ではないのですよ。なぜ奈良時代、天平の時代になってあれだけ戒律を受け入れようとしたのか、そこが私には少し不思議なのです。それまで、戒律は無視されていなかったように私は思う。もしそうだとすると、奈良時代までは比較的、いわゆる学問としての戒律（律学というのはありませんでしたけれど）があったのかもしれません。表面的には、平安時代になって比叡山に大乗戒壇ができてから一気に全宗派、真言宗も含めて、戒律を意識しないようになった。鎌倉時代の鎌倉新宗教の創始者たちは皆、天台、比叡山出身ですので不思議ではないのですが、鎌倉時代以前から、平安時代中期末期くらいにはもう日本には戒律が、特に律がほとんど無いも同然という状況だった。このように見てくると、日本仏教が律無視の仏教になったのは最澄の責任かなと思うのですが、どうもそれだけではないような気もするのです。この辺りはどのように考えますか。

竹村：鑑真さんに来ていただいたのは、戒律を守ろうということもあったと思いますが、正式の出家となるには授戒の儀式を経なければならないという点が重んじられたからではないでしょうか。既に受戒を終えた正式の僧侶が十人とか揃って、そこで初めて正式の授戒の儀式ができるわけですから、「それを何とかしてくれないか」ということで鑑真さんに頼みに行った面があると思うのです。ですから鑑真さんは一人で来たわけではなく大勢のお坊さんも引き連れて来て下さった。そして東大寺で聖武天皇たちに正式の授戒の儀式を行って下さった。正式のサンガを発足させたいということで鑑真さんを呼んだということがあると思うのですよ。

出家したからには戒律を守るという基本的なところはおそらく守っていたと思いますが、日本仏教の戒律観に関して、私もやはり最澄の影響は大きいと思います。最澄が「大乗戒だけでよい」と言ったのはすごく大きいと思う。それから、私はよく知りませんが、密教には三昧耶戒というのがあり、一心戒といって「戒は心の中で守ればよい」みたいなことのようです。密教の本来は具足戒も受けるという立場だと思います。とはいえ、それが密教の出家においてどれくらいまで続いているか。平安時代から真言密教のお坊さんも戒律を無視していたかどうかは調べてみないと分かりませんが、しかし外形よりも心を大事にしようという風潮はあったと思います。禅もそうですね。そういう流れがあったということと、やはり親鸞が肉食妻帯を宣言して新しい仏教を始めたこと。そういうことが陰に陽に日本の仏教に影響を与えていて、それが明治期以降顕在化してくるということが一つあると思います。

あともう一つは、国民性です。日本の一般的な国民性ではあまり倫理道徳を重視しないというか、日本人の倫理観の特徴として、身内ではお行儀をよくするけれど一歩外に出たら何をやっても構わないという「旅の恥はかきすて」といったことがありますよね。また、普遍的なルールに基づいて行動することがそもそもない。そういう国民性みたいなものもあって日本仏教は戒律に関してぐずぐずになっている、そのようなことかと思っています。

森：日本仏教の戒律史はきちんと調べないといけないと思います。先ほど少し申しましたが、『日本書紀』を見ると飛鳥時代、蘇我・物部の戦いのすぐ後に、朝鮮半島から正式の受戒をしたお坊さんが何人も来ているのですよ。ですから、そういうお坊さんの下で、多分当時、日本の場合は辺国になるので受戒に立ち合う僧は五人でよかったはずですが、飛鳥時代の日本の比丘（男のお坊さん）は朝鮮半島のお坊さんを戒師として正式な受戒をしていると思うのです。ただ、比丘尼は違ったようです。鞍作止利《くらつくりのとり》（渡来系仏師）の娘さんが出家して比丘尼になろうという時、日本では受戒に立ち合う戒師の比丘尼が五人そろわなかったので朝鮮半島に行って受戒した。比丘尼寺を造るときには比丘寺の鐘の音が届く距離に造りました。これは律蔵の規定のとおりなので、飛鳥時代の最初期から正式な受戒をしていたのだと思います。その後の『日本書紀』の仏教関係の記述を律蔵の規定と照らし合わせて読んでみると、規定に反することは見当たりません。ですから奈良時代のお坊さんは、律蔵の専門家はいませんでしたが、きちんと受戒していたのではないでしょうか。法律家はいなくても法律を守る、に似たことです。私などは憲法も刑法もろくに知りませんけれど、常識の範囲で違法行為は分かります。そのように、当時のお坊さんも律を守っていたのだと思います。

なぜ鑑真が招かれたかという点ですが、そもそも五人とか十人の戒師を揃えて受戒するのは出家僧院での話で、鑑真は唐の律令制度の中で戒律を学んでいますので、正式な授戒制度を受け入れるために招いたというよりも、律令体制に組み込まれた僧院制度、あるいは僧の管理制度ですか、そういうものを受け入れようとして招いたということなのではないかと思います。

竹村：私もよく分からないのですが、おっしゃるような事情だったかもしれないと思います。同時に、律の専門家を招いて学びたいということもあったでしょうね。

眞田：お話を聞いていますと、中村元先生の『日本人の思惟方法』に納得がいきます。その思惟方法の三特徴が「与えられた現実の容認」と「人間の結合組織を重視する傾向」と「非合理的傾向」ですが、これらは日本人特有のプラグマティズムだとも感じられますね。法学を研究する立場から申しますと、律令が唐から入ってきても、いちおう唐の律令の体裁を取っているけれど内容は多少変わってきているのです。唐は大国ですから、律令が大きな省で管理され、官僚制度も大規模だったことでしょう。それに比べて日本は小国ですから、唐の官僚制度が縮小され簡略化されてしまったということも考えられますね。

少し脱線しますが、面白いことに当時の日本には時効制度がなかったのです。律令法だから唐の律令にもなかったようです。ですから、他人の物でも時間が経てば自分の物になるという発想がない。他人の物は時の経過に関係なく他人の物であって、自分の物になるはずがない、と考える段階です。日本で時効制度が出てくるのは鎌倉時代になってからです。日本では、唐の制度を受容する中で日本的な変容を遂げました。日本的変容はどういう発想から来るのか、それは分かりません。ただ、制度や文化の変容をもって日本人の精神性の特徴といったものを一概に説明できるかどうか不明です。ですが、日本的な受け入れ方をするという点は興味深いと思います。

先ほど議論するべきだったのですが、国家の問題を考える時に欠かせないのは用語の整理です。例えば「国」と「国家」と「王朝」とをどう使い分けて考えるか。安蘇谷先生の議論は、その辺がはっきりしないように思えました。鎮護国家という時の国家とは何なのか。これがよく分からない。用語の違いは時代や人によるのかもしれません。社会科学でいうと日本は明治に入ってからが「国家」なのです。それを奈良時代の仏教に「鎮護国家」という用語を使ってもいいのかどうか、整理する必要があると思います。日本史において王朝や幕府が幾つか交代しても日本という国は一つ、と考える場合に、その「国」という用語はどう意識されるのだろうかと、そんな疑問を感じておりました。

竹村：私はどちらかというと思想方面に関心を持って研究していて、「国」「国家」などの用語の使い分けについて詳しくありません。ただ、大仏造営の詔とか、国分寺を作るときの詔とかいうものを丹念に見ていく時に、何を目的としたのか、時の支配層の権力護持のためだけなのか、といったことが読み取れるかどうか別にして、少なくとも言葉のうえで「民草の幸せを祈る」ということは結果的に入っていると思います。そうするとやはり国家としてもそこまで考えていたのではないかと考えられます。詳しくはよく分かりませんが、権力維持だけのために権力層が何かをやっていたということでもないだろうと思います。

森：私も眞田先生のおっしゃったように「国」と「国家」、それぞれの概念規定を明確にしないといけないと思っていました。例えば、お釈迦さん時代の仏典、いわゆる原始仏教聖典は、漢訳すると「国」の字が使われていますが、元のインドの原語は「ジャナパダ」で、これは「人が住んでいるところ」「人が足を踏み入れた地域」を意味する言葉なのです。いうなれば「言葉や種族や生活慣習が共通し共有されるところ」で、それが漢訳の「国」なのです。ところが紀元後三世紀か四世紀くらい、つまりお釈迦さんの時代から七、八百年経つと、漢訳される「国」の原語が「ラッタ」という言葉に変わるのです。「ラッタ」とは「専制君主が支配する国」で、民族とか言語習慣とかを超えた行政区域を意味するわけです。近代国家も民族や種族や言語というものを超えたところで成り立っていますが、奈良時代の日本が果たしてどうだったかは分かりません。インドの場合は紀元後三世紀、四世紀、五世紀くらいにはラッタという概念ができています。イスラームはパキスタンなどインドと分かれて、何かの権力で線を引いているので、不自然な分かれ方をしていますよね。そういう国家や今の中東あたりでは、何かと葛藤があるのでしょうね。

眞田：インドネシアを見ますと、島が一万三千くらいあるので、言葉は違う、民族は違う、習慣は違う、そういう国です。いわゆる単一国家でありませんから、言語も宗教も同じといった伝承制度のような国家管理が当てはまらない。そういう時に「鎮護国家」という概念は出てこないと思われます。その辺が、日本について考える場合にも日本レベルだけでは物事を考えられない、ということです。

森：先ほどの安蘇谷先生のお話では、弥生時代から農耕社会が始まって神道の原型ができる。その神道は天皇と不即不離です。すると日本の場合は国家イコール天皇ともいえます。単一民族ではないでしょうが、よく単一民族だともいわれますよね。言語も風習も同じくしている。それは近代的な国家ではないですね。

竹村：日本の場合、大和朝廷ができてからの延長線上に国があるのではないですかね。

眞田：天皇家が南朝と北朝に分かれますでしょう。その南北朝時代の国家意識というのはどうだったのでしょうかね。私には全く分からないのですが。

竹村：そうですね。私も分かりません。

眞田：お互いに正統派を主張し、正統派論争が出てくるわけですよね。

竹村：そういうところで『神皇正統記』(16)が著され、何とか統一しようという気運が生まれたのでしょう。正統化しようという意気込みのようなものが生まれた。

日本の仏教の一番の特色は律が欠けていることですよね。もう一つの特色は末法の影響が強いということです。末法ということは韓国も中国も同じだったはずなのですが、どうだったのでしょうね。中国ではもう仏教がなくなってしまったようで当時の様子は分かりません。韓国の場合は、末法の頃の仏教は民衆の仏教にならなかったと聞きますから、末法思想の影響という問題意識を追究しなかったのですかね。日本仏教では末法の影響が鮮やかに出ています。

森：大乗仏教については、インドの大乗仏教と日本の大乗仏教は違うのではないかと思うのです。中国、朝鮮半島ではどうなのでしょう。インド、中国、朝鮮半島、日本の大乗仏教にはどういう違いがありますかね。

竹村：先ほど、法律も日本のサイズに合わせて受け入れた、あるいは日本人が主体的に取り入れて再構築した、といった話が出ました。その辺を鈴木大拙は浄土教を中心に言っているわけです。日本の浄土教はどうも中国の浄土教のままでない、これは単に受け入れたというのではなくて主体的にチョイスしたのだと、そういう言い方をしていますね。

森：専修念仏というのは、インドにはもちろんないし、中国にもないでしょう。

竹村：法然から見て曇鸞、道綽、善導の流れに専修念仏に帰結するものがあって、それを法然は見出したということなのでしょうね。ただ、確かに中国浄土教の三人の念仏が専修だったかどうかは分かりませんね。念仏を重んじるけれど、念仏以外の修行も許しているというか、一緒に修行するというか、そのような形態のほうが普通だったかもしれません。念仏だけを取り上げて選択する、というのは日本独特のあり方かもしれない。

森：法然の主著が『選択本願念仏集』ですものね。

眞田：律の回復、あるいは戒律の復興といっていいかもしれませんが、そういうことは可能なのですか。

竹村：とにかく律は出家に関わるものですから、「出家仏教の再構築をしなければ仏教でない」という主張はあり得ると思います。誰かがそう言い出すということは十分考えられます。昔から、仏教が衰退した時に戒律を復興しようとする動きが出てきます。戒律復興運動といいましょうか。鎌倉旧仏教側の貞慶とか先ほど出た江戸時代の慈雲とか、常にそういう運動が出てきていますから、現代でもそういう一派が出現しても不思議はないと思います。とはいえ、大きなエネルギーを発揮するかどうかまでは分かりません。一方、在家のほうにそういう動きがあってもいいと思います。何らかの倫理的な復興運動、「戒律を守りましょう」とか、具体的に「五戒や十善戒[17]を守りましょう」といった運動ですね、それはあってよいのではないかと私は思うのですがどうでしょう。

真宗などは自力を一切否定しますから戒律も守らない。そういうところで救いを説いてきます。しかしそれだけが本来の宗教のあり方かどうか、疑問が無きにしも非ずです。既に阿弥陀仏に救われているからこそ守って行かなくてはいけない何かがある、という教えも成り立つと思うのですが。道元はそのようなことを言っています。「法が自分自身に充足したら自分はまだまだ足りないと思う」といったことを言っているのです。「法が充足していないからこれで良いのだと思ってしまうのだ」というわけでしょうね。真宗にしても、既に救われていると思ったら、「報恩」とは「救ってくださった阿弥陀仏の恩に報いる」という意味なのですから、積極的に報いる方向に行こうという何らかの意識が出てきても全く矛盾はないと思うのですが、どうなのでしょう。そのような仏教がどこからか出てくることを期待したいですね。

森：私の申したことの基本は、日本人の気質、精神構造あるいは世界観が釈迦仏教の世界観と全く相反しているということです。釈迦仏教の大きな特徴は出家主義仏教ですが、日本人が本来持っている精神構造や世界観から見ると、釈迦仏教ふうの出家や戒律復興は多分あり得ないと思います。どうしても出家と在家の区別を曖昧にしておきたいという心性が日本仏教には感じられます。出家がないわけですから在家なのですが、そういった意味では日本仏教は在家主義仏教なのです。ですから出家をイメージした戒律復興はあり得ないだろう、と私は思います。ただ、在家者のほうにも戒は当然あるわけです。先ほど十善業道（十善戒）のことをいいましたが、そのほかにも六斎日[18]があります。月に斎日が六日あって、この六日の各々については出家者と同じような生活方針を基に一日だけ清らかな生活をしましょうというのはお釈迦さんの時代からずっとやってきたわけです。日本の仏教ではそういうものすらなくなっていますので、復興できる可能性を感じます。やはり在家者でも、十善業道とか五戒とか、その他の生活規範や倫理綱領を作って、それに基づいて信仰生活をするといったことくらいやらないといけないのではないでしょうか。そうしないと日本仏教はどんどん崩れていくばかりですよ。即身成仏だし本覚思想だから何もしなくてよいということになってしまうと、それは大変まずいわけでしょう。

眞田：出家も在家も生活倫理が変わらないとすれば、在家にいるお坊さんというものも考えられます。するとそこで出てくるのは、僧侶としての職業倫理の問題です。職業といったらお叱りを受けそうですけれど、言い換えると「僧侶として存在している倫理観は何か」という問題です。森先生がおっしゃったことと関連すると思いますが、その倫理観がなければ、聖職者、宗教者としての僧侶の存在理由がなくなるわけですよね。そのような倫理観の欠如によって日本仏教そのものがどんどん衰えていくことになるのではないでしょうか。

森：世界には沢山の宗教がありますが、いわゆる出家と在家とを分ける宗教は少ないのです。釈迦仏教は明らかに出家と在家を分けていて、カトリックも分けていますが、その他の宗教、たとえば神道でもヒンドゥー教でもイスラームでもユダヤ教でも、出家と在家は分けていませんよね。宗教で聖職者という場合に、聖職者と一般信者との違いはどういうところにあるのでしょうかね。

眞田：イスラーム的にいえば全てが神によって創造されたわけで、人間を含めた森羅万象ことごとくが神によって創造されたという考えに立つならば、そもそもこの世で「聖なるもの」と「俗なるもの」とを分けること自体がおかしいということになります。人間の目で見るから聖と俗が分けられるのであって、神の目で見ると全て聖であると同時に全て俗である。そういう全く空の世界になるのではないでしょうかね。

森：イスラームに聖職者はいるわけでしょう。

眞田：いや、おりません。

森：いないのですか。ラビはユダヤ教の聖職者ですよね。すると、学者みたいなものですか。

竹村：私は教団に属していないので自由なことを言えるのですが、やはり日本の教団は、戒律の問題とか倫理の問題、宗教と倫理観の問題を、もっと突き詰めて考えるべきだと思います。このままだらしなくぐずぐず行くのならば、それは衰退の道を行っていると思いますよ。

森：私は戒と律ということを申し上げましたが、戒は経に書かれているのです。経に説かれているものは皆、戒、シーラなのです。だから『法華経』を信奉している教団の戒は『法華経』です。『法華経』に説かれていること、『法華経』の目ざしているものがシーラなのです。しかし、これでは少し漠然としています。そこで、一人一人の信者さんあるいは仏教徒が、または個々の教団が、信奉する大乗経典の教えの中から幾つかの項目、例えば五つくらいの項目を立てて、誰かに強制されてやるのではなく、自分の生活目標や生活指針や生きるモットーとしてこういうことをやるのだというものを作るべきだと私は思います。

竹村：大乗の戒を考えると、私はあまり詳しくは知りませんが、『瑜伽師地論《ゆがしじろん》』の三聚浄戒《さんじゅじょうかい》、すなわち摂律儀戒《しょうりつぎかい》・摂《しょう》善法戒《ぜんぽうかい》・饒益有情戒《にょうやくうじょうかい》、この三つがあって戒がそろうわけです。摂律儀戒とは悪をしないという戒で、そこに五戒とか十善戒とかが入ってくる。摂善法戒とは善を積極的に行う戒で、一番プリミティブなのは六波羅蜜ですね、それで十分だと思うのです。それから饒益有情戒とは他者を利益することで、四無量心などがそれに当たります。こういったところから再構成していくのもよいのではないでしょうか。

イスラームの受容

眞田芳憲

日本はイスラームという宗教を受容していない

日本社会にイスラームという宗教がどう受容されたかと問われたとき、その答えは「そんな事実はございません」としか言いようがありません。ですから、なぜ受容されなかったのかということになってしまいます。これは大変な研究になりそうで、私に今、それだけの時間と余裕はありません。と申しておしまいにするとあまりにも能がなさ過ぎるので、少々、私の考えるところをお話しさせていただきます。

明治時代の前までは、イスラームは日本に入って来ていないと見てよかろうと思います。ただし、イスラーム文化の所産である諸種の文物は、もう奈良・平安の昔にいろいろな形で伝わってきたということはいえます。ペルシャから中国経由でもたらされたのでしょう。香料や楽器、双六、打毬（ポロ）などです。しかしそれでイスラームという宗教が入ったとはいえないと思います。ここで、日常的に使われている日本語の中から「胡」を冠した言葉を考えてみようと思います。沢山ありますけれど、面白いのは「胡散臭い」という言葉です。今でも「イスラームは胡散臭い」などと言われることがありますから、奈良時代と変わりないかもしれません。イスラームの文物は当時から異質なものであって、よくいえばハイカラですが、何やら分からないという感じで見ていたのではないでしょうか。

鎌倉時代に入ると、元寇の役で「回回炮」という大砲が出てきてびっくり仰天するわけですが、それで受け入れられているとはいえません。江戸時代に入ってもその事情は変わらないのですが、新井白石の『西洋紀聞』は特筆に値します。彼は「世界にはキリスト教、ユダヤ教、イスラームという教えがある」ということを初めて指摘した日本人であるといわれます。しかし、宗教の内容については触れていないと思います。江戸時代後期に入って、イスラーム圏について新井白石より細かく書いたのが山村昌永です。いってみれば彼は地理学者で、著書に『訂正増訳采覧異言』（一八〇二年）があり、ここで初めてイスラームの国名と首都が現在の呼称に近い形で使われています。その後は全くない。なぜかということは想像、推測、仮説しか立てられないので、あえて触れません。

明治以後のイスラーム研究

明治時代が日本におけるイスラーム研究の幕開けであったといえそうです。ペルシャ帝国、オスマントルコ帝国を歴訪し、内陸アジアの秘境、辺境の地、トルキスターン地帯を踏破した貴重な旅行記を記す先人たちが登場します。とはいえ、イスラームに帰依した正しい意味でのムスリムという日本人はまだ出てこない。明治二十五（一八九二）年に初めてお二人の方が出てきます。山田寅次郎と有賀文八郎です。特にトルコとの関係において大きな仕事をなさった方々です。この点もイスラーム的な特徴を持っているかと思います。

明治になってからイスラームが日本に入ってきた状況を歴史的に見て、五つほどの事柄を挙げておきます。

一。明治初年、ヨーロッパを訪れる途中で体験した西洋列強によるイスラーム世界の植民地支配の惨状に対する同情と義憤ということがあります。柴四朗という方です。東海散士というペンネームで知られ、明治十八（一八八五）年に著書『佳人之奇遇』を出しました。彼は当時、農商務大臣の谷干城《たにたてき》（西南の役で大活躍した猛将といわれる）に随行してヨーロッパに行く途中にセイロンに寄った。そして、セイロンに流刑に処せられていたエジプトの将軍アーブ・ハシャと会見して、エジプトに対するイギリス支配の状況を聞きます。この将軍はイギリスに睨まれてセイロンに流されたわけですね。柴四朗は現実の植民地支配の惨状を確認してイスラーム世界に対して同情をもって見るようになった。ここが大事だろうと思います。

二。日清・日露戦争によってムスリムのイスラーム民族としての自覚と自決の願望が生まれたといえます。これが起爆剤となってイスラーム圏からムスリムの指導者や留学生が来日し、イスラミニズム運動というのが提唱されました。一つのきっかけは明治二十三（一八九〇）年にトルコの戦艦、エルトグロール号が紀伊半島沖で難破して、この時に日本政府、日本国は全霊を挙げて支援し助けたことです。これがトルコ人から大変な感謝と信頼を受けることとなりました。日露戦争でロシアに勝ったとなると、アジア人で西欧列強に勝ったのは日本人しかいないわけで、日本人に対する信頼というものが強くなってくる。そこにロシア革命が起きて、ロシアからトルコ系カタール人が日本に流れてきました。そして日本を土台にして民族解放運動を起こそうという国士たちが出てきます。こういった状況で留学生も来日し、イスラーム運動も起きてくるというわけです。

三。第一次大戦、満州事変、日中戦争、太平洋戦争に見られる大陸政策遂行という日本の国策に乗ったイスラーム運動とイスラーム旋風があります。当時の総理大臣でイスラームに対して大きな関心を持ったのは大隈重信でした。明治の終わりから大正、昭和に、早稲田大学の大隈講堂で、イスラームについての国策に乗った講演会がしばしば開かれております。犬養毅もイスラーム理解が強かった政治家です。なお、アンチイスラーム論者もいました。明治憲法や教育勅語を起草した井上毅がその一人です。また、福沢諭吉もイスラームに対して批判的な考えを持っておりました。つまり、明治期のイスラーム旋風に対しては批判的な勢力があったということです。

ちなみに、東洋大学の学長をされた忽《ぬ》滑《かり》谷《や》快《かい》天《てん》（一八六七―一九三四）という方をご存じでしょうか。明治三十八（一九〇五）年に『怪傑マホメット』という本を井冽堂という出版社から出しています。この本は中立公平な立場で書かれていて評判がよいのだそうです。森先生と竹村先生が東洋大学に関係していらっしゃいますから、あえてご紹介いたしました。

昭和十三（一九三八）年に大日本回教協会が作られました。これは、日本がタイ、ビルマ、インド、インドネシア等の民族問題を広く知らなければアジアに対する国策を練ることができないということから作られたものです。初代の会長は林銑十郎です。彼は陸軍大将をした総理大臣で、政治家としては落第だったようです。初代会長を就任から一年数か月後に辞任しています。二代目の会長は海軍中将で、三代目は陸軍から出ました。陸軍、海軍の高官が会長になっている組織です。理事等々を見ますと、外務官僚はじめ高級官僚、大使経験者、陸軍・海軍の将官クラスがいて、財界や学界からも入っております。このような人々が大日本回教協会の運営に携わっていたということに、イスラームと日本の大陸政策との関係を感じます。

四。戦後になります。オイルショックがありました。石油の主要供給国であるイスラーム各国に関心が深まり、これを契機にアラビア語ブーム、イスラームに改宗するブームなど「イスラームフィーバー」現象が起きました。私は一九七八年でしたか、サウジアラビアに行ったことがあります。政府招待でありましたので外務省の職員と中近東に行きました。当時の総理大臣は三木武夫さんです。日本はオイルショック、石油問題で汲々としておりました。私は外務省の役人さんから「日本はこれまで文化面でイスラームとの交流が皆無に等しい。どうしたらいいかをこっそり教えてもらいたい」と言われました。当時の外務省はこんな状況でした。優れた参画者が出ていても、日本政府、日本国そのものも、一般の感覚でその程度の理解ではなかったかと思っております。

五。日本が経済大国になった頃です。ヨーロッパ、アメリカから経済大国とおだてられました。日本は何よりもイスラーム世界に対して植民地支配した歴史がない、ある意味で手を汚していませんから、エジプトやトルコを始めイスラーム世界からは信頼されておりました。その信頼があって、イスラーム圏から留学生や外国人労働者が入ってきました。イスラーム信者は三人集まりますとモスクを作ります。個人の礼拝よりも金曜日の集団礼拝を最も重んじます。したがって三人寄るとすぐモスクを作るということになります。今、日本では百近いモスクが大学の中にあると聞いています。住民たちがいるところでもモスクが作られます。ですから現代の日本では、来日したムスリム自身がイスラーム運動を起こしている、ということであろうと思います。

このように振り返ってみますと、日本史においては、その時々の政治事情、軍事事情、経済事情のほか、外部からの衝撃によってイスラームと日本との関わりが生じています。宗教としてのイスラームという形で受容したことはあまり見受けられません。しかし、その認識だけでは間違いなのであります。特に戦後になってから、若き学徒がイスラームに改宗し、イスラーム諸国に留学し、真のムスリムとして学界をはじめ経済界その他の各界各層で活躍し、イスラームの宣教に従事している。そのような人々がいることも指摘しておかなければならないと思います。最近の傾向としては日本人女性のムスリマが増えていることが注目されます。

私の尊敬する斉藤稜兒という方がいます。戦前はパキスタンの外務省に呼ばれた方で、戦後はイスラームの正しい理解のために日本で大活躍された方です。斉藤稜兒先生が亡くなりまして、先生の財産を信託にしました。イスラーム圏から来日する留学生、また日本でイスラームを研究する若い学徒に対して奨学金を設定しております。私が今、その責任者で、信託の委員会のメンバーは六人くらいですが、皆さん斉藤先生の関係でイスラームの大学に留学してムスリムになられて、日本ムスリム協会を作って活躍をしていらっしゃる、そういう方がおります。ただ、日本人ムスリムがなかなか大きくなってこない。女性も結婚等々によってムスリマになる女性も増えてきておりますけれど、そんなには多くないと思います。今、日本人だけのイスラーム人口は一万なのか二万なのか、分かりませんけれど、そんなものであろうと思います。やはり外国人労働者のイスラーム信者が多いと私は見ております。

ある意味で、日本にイスラームが受容される契機として軍事的な要素、経済的な要素が大きいということがいえると思います。

イスラームと国家

次のお話をいたします。イスラームは国家とどのような関係を持ったか、そこに発生した問題は何か、ということです。皆さんもお読みになったかもしれませんが、二〇一四年十二月二十八日の『毎日新聞』に「人権なきテロ容疑者――グァンタナモ収容所の事実――」という一面を使った特集記事が出ました。その中に私にとっては面白い言葉があったものですから、ご紹介します。ロンドン市内に、グァンタナモ収容所の元収容者を支援する「ケージ」（檻）という組織があり、かつて収容されていたモアザム・ベックという男性が自分の生い立ちを語ります。

「インド・パキスタン系移民の子として英国バーミンガムに生まれた。中学を出たころ悩むようになった。「自分は何者なのか。英国人、パキスタン人、インド人。確かなのはイスラーム教徒であることだけであった」」と、こういう述懐をしております。自分は何者なのか。英国で生まれたけれど、英国人ではない。パキスタンの移民の子だけれど、パキスタン人でもない。そしてインド人でもない。では自分は何なのだ。自分が何者なのかと悩んだ中で行きついたのは「イスラーム教徒であることだけは確かだ」ということだった。この述懐はイスラームにおける国家と宗教の問題、あるいは国家と自己の問題を考える時に大事なことを含むと思うので、紹介いたしました。

イスラーム国家には権力機構の二重構造性ということがあります。なお、私はここで「国家」という言葉を「王朝」と同じような意味で理解しておきます。イスラームの歴史にあって、近現代の国家に相当する王朝を表すアラビア語は“dawlah”で、この言葉は「変化する」「有為転変する」という意味を持っています。つまり、ムスリムの意識では、世俗の政治単位である王朝とか国家は、有為転変する儚いもの、仮初めのものでしかない、ということなのです。これに対し、仮初めではない、有為転変しない、普遍的な存在がある。それがウンマ・イスラーミーアで、「イスラーム共同体」を意味します。したがってイスラーム世界の権力機構は国家とウンマ・イスラーミーアの二重構造になっている、ということを理解しておかなければなりません。以下、この共同体を便宜上「ウンマ」と略します。

ウンマとは、唯一神である同一の神を信仰対象として結ばれている宗教共同体であり、これはイスラームが存在する限り時間と空間を超えて永遠にして不変なもの、絶対的なものとして意識されております。イスラーム教徒である限り、イスラーム世界のどこにいようとどこの国家、王朝であろうと、ウンマにいる限りは全て保護される。特に「イスラームの旅人は最大限大切に世話をしなければならない」という言葉があります。イスラーム教徒とは世界を旅行する際に少しも問題がない環境にある、ということでしょう。

このような二重構造になっております。ですから、王朝国家の統治権力がイスラームから逸脱する場合にはウンマが物を言います。聖俗一致であるウンマの秩序を否定するような統治権力は、たちどころにムスリムの一般大衆が抵抗権を行使する対象となる。もし権力が民衆の抵抗運動を弾圧し圧殺すれば彼らは国外に逃れ、他のイスラーム世界に抵抗と解放の運動を求める。現実がこのような状況になっているわけです。

ビン・ラーディンはサウジアラビアの王族の一員だと言われておりました。サウジアラビアに弾圧されれば別の場所で彼が考えるイスラーム運動を起こすだけの話であったのです。いわば、ある場所で叩かれた蜂の巣から、すぐさま蜂が飛び立って別の場所に逃れていき、そこで新たな巣を作るというわけです。どうしてこういうことがあるかについては、中東世界の歴史を見ておかなければなりません。かつて中東世界に国境は存在していませんでした。砂漠、河川、海、山といった自然が境い目を形成し、地域地域の中に宗教を異にする様々な民族が共生共存しておりました。正に人種、民族、宗教、文化、伝統が様々に織りなされたモザイク社会であったわけです。ところが十九世紀に入り、中東世界のモザイク社会はヨーロッパ列強の手によって分断されます。地域に住む人々の宗教、文化、伝統のアイデンティティーが全く無視され、専らヨーロッパ列強の国益によって人工的な分割線で国境が作られたわけです。したがって今、国境は確かにあるわけですけれど、その国境に対して住んでいる人々がどういう意識を持っているか。我々が持っているような近代国家間で取り決めた国境ということを自覚しているかどうか。そういう問題があるわけです。今日の中東世界の諸国家はヨーロッパ諸国の帝国主義的植民地主義によって作られた人工国家なのです。中東諸国は国内の様々な民族、人種、宗教、宗派、集団を抱え込み、これをどう統治するかという困難があります。イラクのフセインは成功し、彼の強大な支配力によって様々な集団が統治されていました。しかし、フセインが殺されることによってバラバラになってしまった。そういう状況かと思います。

人々の国家に対する帰属意識や利害関係を巡って、常に政治的、社会的な問題が起こります。西洋列強の容喙によって国際的にも不安定要素が複雑に作動する。中東世界はますます弱体化が進むことになります。今日の中東問題を考える際には、中東世界の歴史、西洋列強との関係、そうした国際的環境の中で屈辱と桎梏を強要されてきた一般大衆の情念や思想を理解しようとすることが大切です。

イスラームの一般大衆の心を考える時に、彼らのアイデンティティーを決める三つのものがあります。祖国愛、民族の誇り、ウンマ・イスラーミーア、この三つです。エジプト人であればエジプトへの祖国愛があり、シリア人ならばシリアへの祖国愛があります。アラブ民族であればアラブ民族の誇りがあります。祖国愛も民族の誇りも否定された場合どうするのか。イスラーム国家であれば、イスラームに従属する場合に認められる国家の正当性というものがあり、国家権力がイスラームから逸脱すれば、祖国愛も民族の誇りも否定されることになります。すると、国家の外枠にあるウンマ・イスラーミーアに連帯と抵抗の場を求めていくということになります。今のシリア、現政権はアサド政権です。アサド政権に対する反政府勢力が二百ほどあります。しかし、反政府勢力の活動を肯定する一般大衆は少ないでしょう。反政府勢力が二百という数字は、日本のシリア大使が私に直接言いました。シリア大使の見たてが二百以上もある反政府勢力に対して、武器援助する者、経済援助する者が様々に存在します。シリア国内はガタガタになってきています。今、人口の五百万くらいか、難民として出ている。そのような状況ではシリアに対する祖国愛などというものは出てきません。彼らはアラブ人ですけれど、ナセルの時からイスラエルとのパレスチナ問題等々で、アラブ民族の誇りは失墜してしまいました。頼りになるものはウンマ・イスラーミーアの連帯と、そこに抵抗の場を求めるという動きです。これが現在の状況でなかろうかと思います。

このようなことを考え、キリスト教における国家と宗教の関係というお話を坂本先生からうかがって、イスラームと突き合わせをしてみるのもありがたいなと私は思いました。民衆が国家に対して絶対的な信頼をおいていない。我々日本人が持つ国家に対する意識とはかなり違う意識があるかと思います。

イスラームの受容についての座談会

竹村：胡散臭いの「散」というのは薬のことですかね。「散」は粉薬、「丸」は練薬といった話を聞いたことがあります。

眞田：薬かもしれませんね。何でしょう。

竹村：ウンマ・イスラーミーアというのは理念的なものなのでしょうか。実際にそのような共同体を意識しているのですか。

眞田：そうです。例えば、モスクでウラマー（イスラームの宗教指導者）が金曜日の礼拝に話をいたします。するとイスラームは宗教と政治、宗教と社会を分離しませんので、現在の国家権力の支配者がイスラームの教えに反しているのかいないのか、どこが反しているのかといった批判をいたします。したがってモスクは国家批判の場になります。エジプトでは最近は変わったかもしれません。以前は、国家公務員をウラマーに送り出して、モスクが国家批判の場にならないようにしていました。国家権力を批判できないモスクなど、もうモスクの意味がありません。だからエジプトを去ってよその国に行くということになる。モスクを通してイスラーム共同体があるのです。ムスリムの共同体です。共同体に行けばウラマーの話があるだけでなく、人々が集まって話し合う場でもあります。誰々は困っている、何とか力になる手立てはないかとお互いが話し合う、そういう場です。それがイスラーム共同体で一番小さいところです。これが大きくなっていくとウンマ・イスラーミーアが世界中に広がっていくことになります。

竹村：仏教でもサンガ（僧伽《そうぎゃ》）に関して、四方僧伽と現前僧伽があって、具体的なサンガとそれを全部包括した三世常住のサンガとが考えられており、後者は理念的なものだと思うのです。ウンマがもし現実的な普遍的な共同体だとするとやはりそれを統括する具体的な長は誰かとか、そういう問題が出てくるのではないかと思うのですが。

眞田：これも理念的な説明になるかもしれませんけれども、ウンマには、心の問題から結婚、離婚、家庭の問題から全てアドバイスをしてくれる、そういう信頼できるウラマーがいるわけです。そのようなウラマーが、地域によってはいっぱい育ちます。相談者が多く来るとお金はどんどん入りますね。

竹村：各地にいるのですか。

眞田：います。

竹村：多くのウラマーをさらに統括する組織はないのでしょうか。それがなくても普遍的な信仰共同体と意識されているのですか。

眞田：そこがまた難しいのですが、ウラマーは統括できない、まとまらないのです。エジプトにはエジプトのウラマーがいます。エジプトはイスラームの研究、教育、文化の最高峰です。しかし、ウラマーといっても解釈するだけの話なのです。他の地域、例えばアフガニスタンもウラマーがいます。ウラマーどうしの解釈が異なった場合はお互いにケンカが起こります。だからまとまらないのです。

森：眞田先生、イスラームの人々の三つの拠り所というものを確認したいのですが。

眞田：祖国、国。戦後二十世紀に入ってから作られた人工国家、これが一つですね。

森：祖国は人工国家ではないでしょう。

眞田：ええ。とはいえ、シリアに生まれたらシリア国籍を持っているしシリアのパスポートを持っている。祖国愛までいえないかもしれませんが、そこで生まれて市民として教育を受けるとかありますから、自分の所属する国家という意識はあるわけです。

森：もう一つは。

眞田：アラブ民族としての誇りです。

竹村：アラブのイスラームですね。

眞田：その上にイスラームですね。アラブなどというのは小さいです。インドネシアが一番大きい。世界的なイスラーム圏にしてみれば民族とか人種に関わらない。アメリカにもヨーロッパにもいるわけです。

森：それはイスラームの教えを奉じている人々ですか。

眞田：そうですね。

森：三つ目がウンマですか。

眞田：ウンマ・イスラーミーアです。ウンマというのは共同体という意味です。世界的共同体という意味でウンマ・イスラーミーアといいました。村落共同体みたいに、住んでいる場所のモスクを中心にしてウンマがあるわけです。ウンマとは「母」という意味ですけれど、地縁関係とか血縁関係で結ばれた共同体ではなくて、神との契約で結ばれた同信の者の共同体です。神の意志で作られた人間は契約で神と結ばれていて、神の言葉を実現するよう義務づけられているわけです。イスラームの人々が自分の場とする共同体がウンマ・イスラーミーアです。

森：その三つの重要度に差のようなものはないのですか。

眞田：それぞれ重要でしょう。例えばアラブ人が住んでいる場所に外国人が侵入してきた。そうするとそこに住んでいられないから逃げざるを得なくなる。逃げた先がアラブ圏ならばアラブ人としてお互いに助け合う。そのうちまた逃げざるを得ない状況になってインドネシアに逃げ込む。そうなると民族に関係なくインドネシアのイスラーム教徒として互いに助け合う。イスラーム世界で自分のよその国に侵略したという例はない。

森：今はイスラームにもいろいろな宗派があるし、アラブ人にもいろいろな民族があるので、一つにまとまっていられないでしょう。

眞田：それはそうです。まとまっていません。しかしそのイスラームという教え、六信五行を守っている限りはムスリムなのでしょうね。問題はそれをどう解釈するか。

森：それならば、ウンマ・イスラーミーアなどというものは絵に描いた餅ではないですか。

眞田：いいえ、すごい結びつきですよ。お互いに助け合う。これが分からないと、イスラームでなぜ自殺が少ないかということが分からないのです。

竹村：それは、共同体の支え合う力もあるかもしれませんが、教えにおいて自殺は禁じられているとか、そういう長年の文化の影響もあるでしょうね。

眞田：あると思います。『クルアーン』では自殺が禁止されています。生まれるも死ぬも全て神のご意思であるから、勝手に人間が自分自身で死ぬことは許されない。神の体系を犯すことになります。それから刑法で禁じております。これもあります。ここだけみると暗黒時代の刑法だなと思うのですが、実際彼らが互いに助け合っている相互扶助制度を見ていると、よく分かります。私はシリアにおりました時に、木曜日にスーク、市場がありまして、スークに店に行って座ってお茶を飲みながら見ていると、ベールを被った女性が次々と来て黙って立つ。すると店主はちょこっと行って、これはザカートではないのですが、喜捨をするのです。これが当たり前の姿になっています。助け合っている。ザカートはザカートで年収の一・何％かを必ず納めなければならないことになっております。贈与社会だと思います。

竹村：十九世紀以降中東世界がヨーロッパ列強の手によって、地域に住む人々の宗教、文化、伝統のアイデンティティーが全く無視されて人工的な分割線で分断され、その影響が今日に残っていて、現在、大きな問題となって吹き出ているということだと思いますが、イスラームというか、アラブというか、その地域の人々自身の主体的な考え方によって国境を再編しようとか組み直そうという動きはあるのですか、それともないのですか。

眞田：分かりません。しかし、それはもう不可能だと思います。

竹村：不可能でしょうね。ある意味で現実には。

眞田：現実に線が引かれている、国家として認知されている。そうなるともう不可能なのではないでしょうか。

竹村：イスラーム国（ＩＳ）というのは、そこに挑戦しているという意味合いがあるわけですよね。

眞田：そう思います。

森：先ほど、自殺は刑法でも禁じられているとおっしゃいましたが、自殺してしまった場合、どうするのですか。

眞田：百年前まではそういう刑法が残っておりました。十字路、車が出入りする場所に埋められてしまうのです。どういうようにするかは分かりません。しかし普通のムスリムのお墓に埋めるようなことはしない。これは一番の罰です。どんな人でも、どこでもかまわないからきちんと埋葬されなければいけない。埋葬されないと最後の復活、審判の日に復活できないのです。これが最も恐いのです。

竹村：トルコは世俗権力と宗教とが分かれているのではないでしょうか。

眞田：そうですね。

竹村：そういう可能性もあるわけですね。その功罪みたいなものはどのように考えますか。

眞田：西洋的に政教分離をしたというのはトルコが最初ですね。トルコの近代化はヨーロッパ列強との中で一番深い関わりがありました。ヨーロッパ列強と対等にやるためにはヨーロッパ並みに政教分離をしなければならないという考えだったと思います。トルコの次はチェニジアだったと思います。フランスの植民地でしたかね。

竹村：イランはどうですか。

眞田：イランは少し違います。イランはパフラヴィー朝の時は白色革命を起こしてそれで彼はホメイニによって潰されてしまうということがあります。トルコの場合は政教分離をすることによって西洋的な法制度を取り入れました。例えば一夫一婦制です。一夫一婦制を法律の上でとっているのはトルコとチェニジアともう一つありましたかね。ほかは一夫多妻制を容認したうえで、こよなく一夫一婦制に近づけようとする制度になっています。だから一夫多妻制を簡単にはできない仕組みになっている。やはり西洋列強との関係で「俺らはお前たちから舐められるような国ではないぞ」という意識で国家作りをしたのでしょう。ちょうど日本が近代国家で同じような状況でした。トルコと日本の仲が良いのはそのようなこともあるのではないでしょうかね。同じ歩みをしたという感じです。

竹村：そういう発想をアラブは取れないのですか。現代の地球社会の中でやっていくには政教分離という方向もあり得るというか、そのほうがよいというか、そういった考え方をしないのですかね。

眞田：私の知人にアサドという方がいます。パキスタンができた時に初代の宗教大臣だった方です。後に彼は国連大使になり、「アンバサダー・オブ・イスラーム」と称されました。私の知っている日本人の大使館員もよく存じ上げている方です。私はアサドの著書を二冊翻訳したことがあります。あらまし次のような箇所がありました。

「今、求められているのはもちろんパキスタンの建国だ。なぜ君たちはロシアの社会主義政権とかに目を奪われるのか。社会主義とか共産主義ではなく、イスラームに戻るのだよ。ムスリムが偉大だったのは基本的に八世紀九世紀十世紀だ。当時は世界文明の冠たる地位を持っていた。ムスリムを偉大にしたのはイスラームであって、イスラームを偉大にしたのがムスリムなのではない」

このスピーチで、彼は「ムスリムが十三世紀以降イスラームを忘れてしまった」と言うわけです。忘れたというよりも、「イスラームというものを宗教的に儀式化、あるいは私腹化したのであって、本来の魂というものを忘れてしまった」と言います。そこで一番大切なのは、「イジュティハード」というのですが、「クルアーンの教えをそのまま受け止めることなのである」と言います。「諸問題を解決するためにはクルアーンを創造的に解釈しなければならないが、ムスリムはそのことを怠った。それで現在、ヨーロッパの植民地支配の生贄になっているのだ。もう一度イスラームに目覚めろ」と、アサドは言うのです。「イスラームに目覚めよ」という原理運動もそうでしたから、「本来のイスラームに帰れ」となると、政教一致のイスラームに戻ることです。政教分離にならないですね。

竹村：王政復古ですね。

眞田：それでどこまで上手くいくかは分かりません。

森：眞田先生は、イスラームとしては政教一致であるべきだと思っているのですか。

眞田：そうです。それでないとイスラームは成り立たないわけです。

竹村：それならば、ある意味でトルコは堕落ですね。

眞田：そう、堕落なのです。私は一夫多妻制の勉強をしていた時にシリア、エジプト、チュニジアの民法典を翻訳したのですが、トルコの場合、「一夫多妻を認めることはイスラームを離れている」と言うのです。「一夫多妻制という神の啓示がムハンマドにあった時はどんな状況だったか。そのことの意味をもう一度よく理解することと、それを画一的にするのではなくて、そこにおける精神は何なのかを考えるべきだ」と批判されていました。実際、クルアーンには「一人の男が複数の女を公平に愛することはできない」ということが書かれてあるわけです。そうすると、一夫多妻制には公平の原則というのがあるのです。「公平に取り扱うことができるならば、二人三人四人まで娶ることができる」ということです。「公平に取り扱うことのできる男性にだけ四人までの多妻が認められる。しかし人間はクルアーンに示すように公平に取り扱うことができない。だからイスラームは全部一夫一婦制が原則なのだ」ということを主張するのです。

森：イスラームから見ると政教一致であるべきですよね。しかし現実の国家というのは、いろいろな民族も住んでいるし、いろいろな宗教を信じている人もいるので、そういう国家をイスラームの教えで政教一致とするのはまずいですよね。それが国家としての論理ですよ。

眞田：イスラーム世界というのは本当に諸宗教がバラバラに入ってくる。私はある時、シリアのアレッポ大学にいたのですが、そこにモスクがもちろんあります。そして、カトリックの教会もあればギリシア正教、アルバニア正教、プロテスタントの教会も並んでいるのです。それぞれキリスト教の共同体、それから他のいろいろな共同体がありました。確かイスラエルと戦争中でしたからユダヤ人はいませんでしたが、そういう諸宗教の共同体が現実にあるわけです。彼らのものの考え方は「税金さえ納めればどうぞ」なのです。キリスト教が入ってくる前、イスラームができる前から様々な宗教共同体が存在していたわけです。キリスト教でいうと、コプトですよね。それからユダヤ人。様々な宗教共同体を排除したら生きていけない。全部受容したいわけですから、受容する条件を契約で結んだのです。国家契約、共同体契約。「こういう条件をお互いに認め合いましょう」と合意する契約です。そのように納得ずくでお互いが共存し合う。この契約が「シヤル」です。「シヤル」は現代の国際法に相当する言葉です。ですから、イスラーム国家は他の宗教団体を否定するという構造を取っていません。カトリックよりもはるかに柔軟なものだったのです。

竹村：最後にイスラーム国（ＩＳ）の問題はどうしたらよいですか。

眞田：分かりません。どこから手をつけたらよいのか、本当に分かりません。

キリスト教の受容　ホアン・マシア

ヨーロッパのキリスト教は教会離れが進んでいる

この一週間、私はヨーロッパに行ってきました。向こうに行くと、よく「どうして日本にはキリスト教が根付かないのか。キリスト教徒が増えないのか」と聞かれます。一方、日本では、ヨーロッパに行ってきたばかりの日本人から、「ヨーロッパのキリスト教は〝世俗化〟あるいは教会離れが進んでいるようだけれど、どうしてそうなのか」と聞かれるんです。実は、これら二つの質問をされると、私は、建前でない答えを出したいが遠慮してしまうことがあります。なぜかというと、私は一つの答えを持っていますけれども、それを言うと傲慢に聞こえるに決まっているからなのです。

私はこの二つの質問に対する答えは同じだと思っています。長年日本にいて、私が至った結論は、ヨーロッパでも日本でも、「私が宣教師として持っている生き方を、私たちのカトリック教会がしていないから」です。こう言うと、ものすごく傲慢に聞こえるでしょう。

私は五十年前から「宣教師らしくない」と言われているんです。スペインのイエズス会からは、昔は何年かごとに、あるいは毎年、世界各地に宣教師が送られていました。スペイン語圏から日本へ最後に送られたのが私です。イエズス会の中には私の先輩たちがいます。彼らと私とはかなり違うような宣教の姿勢がみられることがあります。

私には先の二つの質問に対していくつかの答えがあります。その一つが、これからお話しすることです。

カトリック内部の人には話がしにくい

私が「どうしてヨーロッパで教会離れが続くのか」ということを考えるようになったのは日本に来てからです。私は日本で、カトリックでも仏教者でもない人、あるいは無宗教の人を相手に宗教の話をする機会が多くあります。そういう機会はいつも、私にとって、カトリック内部の人に話すよりもやりやすい。スペインでも、同じような経験をたびたびしました。スペインの教会で「説教してください」と言われて説教しますと、そこに私の同級生たちとかが来ていまして、彼らは「お前、うちの神父たちが説教で言うような話を何も言っていない」と言うのです。「普通の説教だったら言うだろうと思っていることをお前は何も言わないから、「ああ、良かった」と思った」という感想を言います。先日もヨーロッパで、黙想会をしました。参加者三十人の中の十人は洗礼を受けているけれども教会からは離れている人たちで、彼らは「久しぶりに教会に来た」と言いました。

「今日のあなたの話を聞いて、〈教会がこうだったら私は教会から離れることはなかった〉と思った。あなたの説教は良かった。短いからだけじゃなくて」と、私は親しい同級生から言われました。私はその日の説教の準備が十分にできなくて、大したことを何も言わなかったんです。しかし彼は、「この福音の箇所だったら、神父はだいたいこう言うだろうと決まっている。そういう決まりきった説教はもう聞き飽きた。あなたはそういうことを一つも言わなかったから良かった」と言われたんです。私は「ああ、なるほど」と思いました。

日本では、いろんな人から「神父の宗教の話を聞いても、どうもピンと来ない」と言われることがあります。実は日本人にとってピンと来ないようなことは、現代のスペインの若者にとってもピンと来ないんです。例えば日本の大学で宗教の授業をしますと、ミッションスクールから来た女子学生が数名います。その何人かは信者かもしれません。けれど、私の話はその人たちに一番通じにくい。彼女たちは「ああ、やっぱりマシア先生のキリスト教は正統なキリスト教じゃないみたい」と言うわけです。私は、ある先輩から「おまえは仏教関係の人と付き合ったりしているから、仏教に染まったキリスト者だな」と言われたこともありました。

伝道観1＝「伝わる」伝道

このような私ですから、今日のテーマを取り上げる準備をすればするほど、むずかしく感じます。そこで、川村信三先生が最近『カトリック新聞』に連載された「カトリック時代エッセー」（①～⑧）を、お手元にお配りしました。そして、前置きとしてのレジュメ一枚を、発表らしくない形で発表させていただきます。

ポイント1。〝伝道〟という言葉がありますね。カトリックでは〝宣教〟〝福音宣教〟と言い、プロテスタントでは〝伝道〟と言います。私は日本に来て二年目の時に、ある雑誌から伝道について簡単なコラムの執筆を頼まれ、スペイン語で書いて日本語に訳してもらいました。当時は私が悩まされていた日本語の自動詞と他動詞――「伝わる」と「伝える」など――の問題もありました。その問題がきっかけとなり、次のようなことを考えました。

伝道とは「道を伝える」のではなく「道が伝わる」ことだと思います。

私は伝道や宣教に関して二つの見方があると思っています。その二つを「伝道観1」と「伝道観2」と呼ばせていただくと、「伝道観1」の立場は、次のように表されるでしょう。

「私（宣教師、伝道師）も相手もあくまでも求道者であり、私と相手の出会いにおいて〝道〟（いまは神様とかキリスト教とか仏教とかと言わないで、広い言葉で一応、仮に〝道〟という言葉を使わせていただきます）が伝わり（自動詞で、私が相手に〝道〟を「伝える」のではなくて、私と相手の出会いの中で〝道〟が「伝わる」）、私も相手も学び合って、聞き合って、互いに影響し合って、変革させられる」。

要するに、私とその相手の間に〝道〟が伝わる、そういう伝道観あるいは宣教観をもって私は日本に来ました。私にも相手にも、両者を超えるような〝道〟がある。神様かアッラーか何者か、Xか。とにかく〝道〟が伝わるという確信を二人とも持っていれば、共に歩みながら、伝わる。テーブルを囲んで議論しながらではなくて、一緒に歩みながら対話することによって、「伝わる」ということです。これを私は伝道観1と呼んでいます。

伝道観2＝「伝える」伝道

次に「伝道観2」の立場です。これはたぶんおおげさに聞こえるでしょうが、次のように表されます。

「私は相手に〝道〟（キリスト教、あるいは仏教、あるいはイスラーム）を伝える使命を持ち、伝えようとしていることをよく知っており、相手にこれを伝えたい、伝える使命があるという大きな自信を持っているかも知れません。そして〝道〟を伝えるにあたって〝教えを広めること〟〝自分の宗教に相手を改宗させること〟〝(あたかもセールスマンであるかのように）自分の教団の信徒の数を増やすこと〟を目ざす」という考え方です。

「どうして日本の国ではカトリックに人が入らないのか」とか、「今年の洗礼の数は少ない」とか、「司祭になりたい人が日本では少ないので増やしていかないといけない」とか言われますが、私は、先輩たちからこのようなことを聞かされても、「司祭になる日本人がいなくても別に問題はない」と感じています。イエズス会には四つの学校があり、かつては各学校に十何人もの司祭たちがいましたが、今では司祭が一人とかしかいません。このことに大きな危機を感じる人がいます。洗礼の数を増やすとか、信者の数を増やすとか、自分の教団をもっと大きな影響力を持つようなものにすることを私はめざしていません。この「伝道観２」の立場は、伝道・宣教というよりも宣伝といった考え方です。

そういう「伝道観２」には、様々な問題点があると思います。すなわち、次のようなレッテルを貼ってもいいケースがいっぱい見られます。

まず、排他的（exclusivism）です。あたかもヨーロッパが世界の中心であるかのようなヨーロッパ中心主義（ethnocentrism）です。いまは植民地時代ではないにも関わらず、別な形での植民地主義（colonialism）的な状況があります。そして、人間中心的な二元論（anthropocentric dualism）、ロゴス中心や合理主義（logocentrism）、聖職者中心主義（clericalism）のあり方とか、改宗（proselytism）による信者の数を増やすための押し付けとかがあります。

このような問題点は、「排他性」という一言で言っていいかもしれません。「どうしてキリスト教は日本に根付かないのか」という問いに対しては、「このような排他性の問題が背景としてあるからではないか」と私は言い続けてきました。同じ趣旨のことを外部から言われて、それに対して私たちのカトリック教会は「いや、そうではない」「キリスト教は本来ならばそうではない」などと弁解してみるものの、でも実際には自分たちの周りにもこの問題はあるんです。私が所属している修道会を見ても、やっぱりこの「伝道観２」の問題があると思います。ところが、キリスト教は本来、福音に基づいた、イエス様のあり方に基づいた「伝道観１」のはずなんですね。

このことを踏まえた上で、ポイント２に進みます。

カトリック者は「伝道観2」の立場を取る場合が多い

スペインでは先週まで六日間、ある方と一緒に私はキリスト教の黙想会を指導しました。その方は日本に長年いて、日本の禅のことをよく学び、スペインに帰ってからは禅のことを取り入れたキリスト教の黙想会の指導をしています。その方は、亡くなった門脇佳吉先生の弟子です。門脇先生は岩波書店でイグナチオ・デ・ロヨラの『霊操』にしたがって黙想会を指導しています。

参加者の三分の一が信者ですが、信者であっても教会から離れている人たちがいました。また、参加者の二人はたまたまスペイン人の仏教関係者でした。残りが日頃から教会に通う方々です。私と一緒に指導していた方は、呼吸法から禅のあり方まで教えてくださって、みんな真面目に一日五回、一時間ずつ坐禅しました。それで最後の日に参加者の一人から、次のような話を聞きました。その人は長い間教会から離れ、最近何か宗教的なものを求めて、このイベントに参加したそうです。その人はミサにも参加して、私のミサの立て方が「非常に好きだった」と言いました。私は何も特別なことはしなかったんですが、その人が言うには「全体の雰囲気の中で、静かに、落ち着いて、とにかく何かを体で感じられた」とのことでした。全体の雰囲気というのは、いろんなことを押し付けたり伝えたり興味を持たせたりするといったことではなくて、心の中に自己を見出すとか、自分のうちに神の息吹を聞くとかいったものでした。ふつう、宗教的なものを求めて教会に行って話を聞いてみても、そういう雰囲気ではないですからね。そこで、その人がどのような経緯で、どのような道をたどってきたかを尋ねてみました。すると、私の世代の同級生たちとだいたい似たような話をされました。「大学時代に、それまで信じていたものに疑問を持ち、教会のあり方にがっかりして教会を離れていった」と言うのです。それを聞いて、私は〈あぁ、なるほど。どうしてこの方にとって教会のことや宗教のことが、ふだんピンとこないのか。これは「日本でどうしてキリスト教が根付かないのか」と聞かれた時と同じだ〉と気づきました。

私の立場は「伝道観1」です

そういうことに気がついたら、自分自身の教会観というものが出てくるんです。それがレジュメのポイント３で書いたことです。

「伝道観１の立場は第二バチカン公会議後のカトリックの立場だと五十年間主張し続けてきた私は、日本においてもスペインにおいても、教会内外においても、〝宣教師らしくない宣教師〟のように思われるし、この答えをもって、前述した二つの質問に答えていることは傲慢の印象を与えるでしょう。だからこの意見を述べることを遠慮しがちです。そのためにも、与えられた発表の課題を取り上げるとき、つらい思いをしました。」

また、ポイント４に書いたように、日本国における私の在留カード（ビザ）は「宗教」です。宗教活動という仕事をするために許可をもらわなくちゃいけないのです。宗教活動の相手、例えば学校で、あるいは教会で、誰を対象にしているのかが問われます。私は、次の四つの相手に対して宗教活動を行っていると答えます。①カトリック者。②キリスト者（プロテスタント）。③諸宗教の方、例えば仏教者あるいは別の宗教の方。④無宗教の方。この四つの相手に対して、私は「伝道観１」の態度で付き合っていきたいと考えています。

ある時の講演で、私は新聞記者から「じゃあ、どうしてあなたは日本にいるのか。あなたは日本人を〈スペインの〉キリスト教に回心させるために来たんじゃないんですか？」と聞かれました。私は「いや、違います。日本のカトリック教会の司教たちは日本人です。私は日本のカトリック教会が日本に根付くようにしようとしているんです。

スペインのカトリックの大切なことも大切にしながら、日本のカトリックと協力するために来ました」と答えました。

しかし、私の二、三年先輩、あるいはそれ以前の先輩たちは、なかなかこういうことを言える状況にありませんでした。一九六〇年代、私が日本へ渡る一年前までは、毎年日本へ行く宣教師を見送る時の見送り方はすごいものでした。ある日本人のカトリック信者は、スペイン滞在中に日本に派遣される宣教師の見送りを見て「非常に戸惑いました。自分にとってショックでした」と言いました。当時のスペインからの宣教師は「英雄的に日本に行って、何か大きな勝利を得る」といった、ヨーロッパ中心主義・聖職者中心主義的な見送られ方をしていたのです。また、宣教師自身も「祖国を捨てます。もし国に帰れなくても、日本に骨を埋めるつもりで行きます」とか言うわけです。それは、よく言えば美しく聞こえる決意かもしれません。しかし、その反面、「押し付け」であり、「私が行かなければ日本人が救われない」ということでもあります。でも、私がこの話をすると、「あなたはイエズス会で日本に来た聖フランシスコ＝ザビエルのことをどう思っているのか?」とか「あなたは宣教者らしくない」などと言われます。

日本の教会とヨーロッパの教会が互いに影響し合う

私は日本のカトリック教会が日本に根付くように、日本のカトリックと協力して、日本人の司教のもとに活動をしています。それは、私が来なければ日本が救われないなどということでは全然ありません。日本人とスペイン人が協力して課題に関わったほうが、日本の教会にとっても、またスペインの教会にとってもいいからです。そうすれば日本の教会も助かるし、その成果は伝道の波のようにスペインへ戻っていきます。これがヨーロッパにとってためになるんですね。つまり、ヨーロッパの教会も日本の教会も、互いに影響し合うことによって、両方とも自分の国に根付くと同時に、キリスト教への理解や信仰が深化させられるんです。

ある時、私はスペインで記事を書くよう頼まれました。題は「全世界に行って伝えなさい」でした。それはラテン語で“euntes docete”「行って教えなさい」という意味です。それに対して、私は「いやいや。その国に行って教えなさいではなく、学びなさいと言わなければならない」と言いました。そしてあなたもその国の人と一緒に〝道〟を求める人になりなさい。そのためには、〝行って教えなさい〟ではなくて、〝行って聞きなさい、学びなさい〟だということだと思います。

日本で、ある日曜日に、私のいた教会に一組の夫婦が来ました。夫はプロテスタントで妻がカトリック、とのことでした。その夫婦に、私は「そうでしたか。一人はプロテスタントですか。今日は一緒にカトリック教会に来たのですから、この次は一緒にプロテスタント教会へも行ってください」と言いました。実は、私の知り合いだったプロテスタントの教会の牧師も同じことを言っていました。〝二人で一緒にカトリック教会に行ってください〟と言っていたのです。たまたま、その牧師も私も「伝道観１」だったんです。スペインで「日本で、こういうことがありました」と話すと、スペインのカトリックにとって勉強になるんですね。

私の宗教活動の相手の③は諸宗教の方々です。私は長年、この国のある仏教者の方と付き合っています。そういう時、その仏教者が私を改宗させる、あるいは私がその仏教者を改宗させるということじゃなくて、両方ともそれぞれの信仰の道を歩みながら、相手の信仰の持ち方から学び合うことをしています。少なくとも私は、学び合っていると感じます。

そして④の無宗教の方々がいます。宗教を持たない方に対して「あなたは私の宗教、カトリックに入ってください」と言うのではありません。私たち二人、つまりカトリックの私と仏教者の先生が協力することによって、宗教を持たない方が信仰というものに関心を持っていただけたらうれしいのです。「信仰に目覚めていただきたい」と言ったらちょっと傲慢に聞こえるかもしれません。まあ、関心を持っていただきたいと願っています。また、これという宗教を持っていなくても、人間としての尊厳や社会平和といった価値観を持つ方々はいっぱいいるわけで、私はそういう方々とも協力できると思いますね。

付き合って協力すると双方に〝道〟が伝わる

私は、この四種類の人と一緒に付き合って協力することによって、私にも相手にも〝道〟が伝わると思います。〝道〟を別の言葉で呼ぶならば〝人間性〟とか〝自己の深い次元への信仰〟と呼んでもよいです。聖職者だけでなくて一般の信徒が、こういう姿勢で社会の中で関われば、〝道〟とか〝X〟が伝わると私は考えています。

さて、川村信三先生の連載記事を、ぜひお読みください。

「一八六八年一月八日、教皇ピオ九世は全世界に向けて、〔長崎の〕大浦天主堂の〝信徒発見〟を歴史上類例がない〝東洋の奇跡〟と……」で始まる記事です。

川村先生は長年このことを研究され、どうしてこういうふうに続いたかについて、いろんな理由を挙げています。秘跡（神様の恵みの救いのしるし）や祈り（オラショ）です。コンチリチオ（痛悔・悔心）の利益のことも挙げています。また、司祭がいなくなっても、信徒だけで信徒共同体を保ち続けた。川村先生が指摘しているように、迫害が始まる前も、迫害の途中でも、潜伏の時代の前も後も、司祭聖職者と信徒の割合を見ると、今よりも司祭聖職者が足りないと言われているんです。今は司祭聖職者が多すぎるのですね。そこに三つの教会があった。また、一人の共同体の信徒として、その社会の中で人が一番やりたくない、死者を葬るようなことについても、その時代の資料に基づいて述べています。川村先生は、潜伏時代の後に明治時代が来て、プロテスタントが来て、カトリックが来て、第二バチカン公会議になって……とたどります。司祭が足りるとか足りないとか、信徒が増えるとか増えないとか、そういった〝セールスマン〟の方法――伝道観２に相当する方法――ではなくて、川村先生は、非常に基本的な伝道・宣教の姿勢のことを結論に記しておられます。それが『カトリック新聞』に連載という形で、なるべく一般向けに書かれてあると思います。

それでコピーで皆さんにお渡ししようと考えました。私のまとめを結論的に述べられたものだと思うからです。

キリスト教の受容についての座談会

安蘇谷：私は現職の神社神道の神職をやっています。そうしますと、どうしても、この「伝道観２」のほうを考えます。教団の信徒の数を増やすとか、あるいは神社に対して奉賛金をたくさん納めてもらいたいとか、そういう現実的なことを考えるわけです。神社の管理維持のためにどうすべきかという現実問題があるからです。マシア先生のお話は、非常にいいお話でした。神道という宗教教団の立場から言うと、カソリックは恐らくマシア先生の立場を貫いても永久に残るんじゃないかと、私はそう思って、羨ましいんです。というのは、神社神道は日本の国が滅んだらしまいなんです。昨今は、日本の国が滅ぶという議論があります。なぜかというと人口が極端に減っていくからです。二〇五〇年には三千万人減り、二一〇〇年には人口が三千万人だったかな。二二〇〇年には人口が一千万人を切ってしまうという予測があります。あとたったの八十年くらいで日本民族が滅びてしまう。当然、神道も滅びる。そういう予測を聞くと、私は今後の人口減少と高齢化というのが日本民族の大問題であり、国難であると考えています。

それに対して、カソリックのほうはアフリカでも南アメリカでも、世界中に信徒がいますから、私は「伝道観1」の立場を貫かれるほうが怖いんです。マシア先生のおっしゃった「伝道観2」は、どちらかと言うとアメリカのプロテスタントの人たちがこれに近いということでしょうが。しかもその裏側にアメリカの軍事力があって、戦後はアメリカのプロテスタントが宣教してきたわけです。もちろん、戦前のヨーロッパの歴史はまさに排他主義でした。ですから、少なくとも第二次大戦前くらいまでは人種差別は強烈だったわけです。

ちょっと話が混乱して申し訳ないんですが、私は少なくともハンチントン（サミュエル・P・ハンチントン。米国の国際政治学者。一九二七―二〇〇八年）が世界の八大文明の中の一つに、日本を挙げたことを心強く思いました。八大文明の中では人口的には一番少ないですけれど、彼は一つの特色ある文明として日本を挙げました。また、例えばイギリスのトインビー（アーノルド・J・トインビー。歴史学者。一八八九―一九七五年）なども、日本が唯一、白人に抵抗した民族であったと評価しています。そういうことから言うと、日本民族あるいは日本の文明というのは、やっぱり世界の人類のために役に立つ文明だと思うんです。それが滅びるというのはよくないことであって、だから私はそういう意味で、何とか日本の人口減少に歯止めをかけるということについてもう少し考えなくちゃいけないと思っているのです。

竹村：マシア先生のお人柄と、それから「伝道観1」の立場とに非常に感銘を受けて、素晴らしいなと改めて思っております。よく世間では「キリスト教信者が日本であまり増えていない」と言われるのですが、毎年『聖書』はベストセラーらしいですよね。それから、キリスト教信者の統計の数字は洗礼を受けた者、つまり自覚的な信仰を持った者の数なのです。自覚的な信仰者を仏教とか神道で探したらどれだけいるか。あんがい変わらないかもしれません。日常、宗教的な活動をしている人は国民の約一〇%くらい。だから一千万人くらいはいるかもしれません。でも本当に信仰を自覚的に持っているという人を聞くと、そんなにいないかもしれないのです。だから、「キリスト教は根付かない」と必ずしも言えない面があると思いますね。しかしながら、日本人の集合的無意識というか、何となく素朴な感覚の中では「人格神」とか「人間と隔絶した絶対的な超越者」とかいうものが文化的に受け入れ難いところはあるわけでして、それに対して、キリスト教の教えをどのように日本文化の文脈の中で表現していくか、これはカトリックがずいぶん努力していることだと思います。ですから自覚的な洗礼を受けた人は増えてなくても、キリスト教精神みたいなものがどの程度日本人に定着しているか——これについてはまた別の観点から見ていく必要があるだろうと思います。ミッションのスクールもいっぱいあるわけで、そこで何らかの人生観なり世界観なりを学んで、そして働いている人、社会で活躍している人もいる。それで自覚的な信仰はないかもしれませんが、キリスト教精神を体得して頑張っている人もいるかもしれない。そういうところで見ていくということも必要だろうなと思いました。

それから、私がお聞きしたいのは、第二バチカン公会議で、エキュメニズムとか諸宗教間の対話とか、相当そちらのほうへ傾いた後のことです。教皇が替わられてから、ちょっと揺り戻しがあったのではないでしょうか。最近はあまり積極的ではないように思われるのですが、今の教皇のもとでのカトリック教会の諸宗教間の対話に対する姿勢とか、まあエキュメニズムは進めるかもしれませんが、そのへんはどうなっているのでしょうか。

ホアン・マシア：ごく最近は教皇フランシスコのおかげさまで、でも、それ以前の二十何年間以上は、相当な後戻りがあったんです。これはたまたま最近マドリッドでしてきた話ですが、最近カトリックの中では大きな会議の時に、よく「改革者」とか「伝統主義者」のレッテルが貼られます。第二バチカン公会議でさえも、公会議の途中で教皇ヨハネ二十三世が亡くなって、次の教皇が改革推進派のパウロ六世にならないようにという相当なプレッシャーがあったんですね。パウロ六世は非常に慎重に、公会議をすすめて、公会議の一番進歩的な言葉も、半分とかでなくて、ほとんど全員一致に近いような形で可決されました。でも、そのために相当いろんな妥協もあったんですね。

だけど、あの第二バチカン公会議のことは、マルティネス枢機卿は「この大きな変革は、二百年遅れてきた」と言っていたんです。宗教改革の時のように、カトリックの中で反宗教改革的な動きが当時からごく最近まで続いたんです。五百年前、ルターの側もカトリックの側も、もっと内部で率直にぶつかって、道を探すべきだった。でも結局、そういうことはなかったのです。今、宗教改革後五百年ということでいろんな催しがあり、教皇フランシスコは北ヨーロッパでプロテスタントと一緒に祈りました。諸宗教との対話、さらに社会との対話も進めていくでしょう。

森：今日のお話は、いかにもカトリックの宣教者らしからぬマシア先生のお話だと思いました。マシア先生は「伝道観1」の立場と「伝道観2」の立場と、二つにまとめておられますけれど、私が理解して解釈するとすれば、「伝道観2」は、カトリックの教会、あるいは神父さんが道を説かれる時の立場だと思います。俗な言葉で言えば、「人間が幸せになる唯一絶対の道であるという立場の下で、法を説く立場」だと言えるでしょう。「伝道観1」の立場は、カトリックの教えを通じてでも幸せになれるけれども、仏教だってイスラームだって神道だって、そのほかさまざまな教えによっても幸せになることができる、というものでしょう。これが第二バチカン公会議の姿勢でもあったと思います。ですから、幸せになる道はいろいろあって、それぞれの道を求める気持ちがあれば通じ合える、互いに高め合うことができる、そういう立場だと思うんですね。マシア先生ご自身は「伝道観1」の立場であるとおっしゃいましたが、カトリックの普通の神父さんは、まず建前は「伝道観2」でないといけませんよね。本心はどちらなんでしょうかね。

マシア：建前として「伝道観2」を持つ人のほうが多いかもしれませんよね。

森：まあそうでしょうね。多くの方は「伝道観2」の立場で伝道されていらっしゃるわけですよね。しかし、マシア先生はそうじゃないんですね。

マシア：私は最初から「伝道観1」の立場です。

森：それで、『カトリック新聞』の連載記事ですけれど、川村さんは当然「伝道観2」の立場で日本のカトリックの歴史を書かれているんですよね？　マシア先生は、この川村信三さんの論文を、共感を持って紹介されているわけですね。

マシア：はい、そうです。この八回の連載で面白かったのは、カトリックの中でもいろんな意見があるだろうということを解りやすく書いている点です。バランスを取っている。私みたいな言い方はしていない。よく資料などを調べて書かれていると思います。この映画『沈黙――サイレンス――』(19)ができた時には、私もいろいろなところから頼まれて原稿を書きました。私がそのとき書いたものについて「ずいぶん背教者を褒めているじゃないか」と言われたりもしました。皆さんがこの映画を見たかどうかは知りませんけれど、私は「踏み絵」をする場面は最高の場面だと思ったんですよ。遠藤周作からのヒントですけれど、キリスト様から言われるような言葉、例えば「踏んでください。私は踏まれるためにこの世に来たんだ」とかは、すごいです。これはもう本来、非常にキリスト教的な言葉なんですね。踏む時にはスローカメラになるんです、あの場面は。水に飛び込む場面は洗礼のイメージですね。だから、踏んだというよりも、踏みながらキリストを抱いた、あるいはキリストから抱かれたようなイメージだと思いました。それから、自分が踏んだら人々が助かるとか。不思議と復活、洗礼、昇天。本来のキリスト教のイメージだと思いました。

でも別のもう一人のイエズス会の人は踏まなかった。で、海のほうへ連れていかれる。彼は、「彼らの代わりに私を連れていってください」と。で、海に飛び込むんですね。その飛び込み方がこれ。カトリックから見れば、この人はもう殉教者と一緒の殉教だから、殉教者は救われなかったし、彼も……。こっちは背教者って人だから。洗礼、あるいは死んで復活する、死して生きるとか、洗礼で飛び込むとか。「こちらは殉教者、こちらは背教者」ではなくて、両方とも人のため。どちらも、キリストから受け入れられて抱かれている。私はこの話をヨーロッパでしたんです。するとと、半分の人は首をかしげて「背教者を褒めている」と言いました。私は「あなた方はイエス自身の死を理解していない」と怒ってしまいましたね。イエスは十字架につけられて、「あなたは神様だったら十字架から降りてください」と言われて、「じゃあ降りて見せてあげる」といったことをしなかった。だからこそイエスなのです。そういう見方を、『沈黙』は見事に捉えていると私は思いました。カトリックの内部で、これらの殉教者の列福ということがありました。川村先生の記事が出たのは、二〇一六年から二〇一七年にかけて、八か月の間の連載でした。ちょうど『沈黙』の頃に重なります。

川本：『沈黙』の日本での公開は二〇一七年の一月です。

マシア：私は三回続けて見たんです。人と一緒にも見ました。二人とも若い夫婦で、私の友人です。映画を見終わってから喫茶店に入って、ゆっくり感想を話しました。「あの場面に感心した」「私もそうだった」と、感動を共にしました。

安蘇谷：私などはですね、カソリックのマイナス面っていうか、あんまりよくなかった歴史も気になるわけです。特に豊臣秀吉がなぜ「バテレン追放令」（一五八七年）を出したかというと、別にキリスト教に対する追放じゃなくて、日本人を奴隷として売り買いしたという事実があったからです。船底に二百人とか三百人とかの日本人を奴隷として縛って置いていた。それをやったのがバテレンです。そういうことをしたから、カソリックの教えそのものよりも、日本人を人買い相手に売ったという問題が一つあります。また、キリシタン大名が神社仏閣を破壊しているんですね。

これもやっぱりもう少し、日本の歴史の中で忘れてはいけないと思います。

マシア：それも川村先生が言っています。そういうことをカトリック内部でも語れるようになるべきだと、彼は言っている。

安蘇谷：それと、「キリスト教徒は人間だけれど、キリスト教徒以外は人間ではない」という、まさに人種差別の考えをキリスト教の布教者は持っていたんじゃないでしょうか。南米でもアジアでも、二十世紀の初めくらいまでそうだったといえます。そういう問題も、きちんと捉えておいたほうがいいと思います。日本の歴史教育の中でカソリックのいいところばかりを取り上げないで、マイナス面もしっかり教えないといけないでしょう。バテレン追放が起こった経緯を私が知ったのは五十歳か六十歳くらいになってからなんですよ。それまでそういう話を勉強していなかったわけです。川村さんがそういうことを指摘しているというのは、正しいことだと思います。

マシア：私たちが学校で勉強した歴史にも、似たような問題があります。でも今は変わってきている。南米において、カトリックの名によってインディオを奴隷にしてもいいという主張もあったし、一方で、奴隷の味方になって、例えば「解放の神学」の先導者と言われているラス・カサス（一四七四―一五六六）の主張とかがあった。カサスはスペイン政府に訴え、その時の教皇が「インディオたちをそういうふうに扱ってはいけない。奴隷にしてはいけない。戦争をしてはいけない」とスペイン人に言いました。それに従わなかったスペイン人もいれば、インディオの人権を尊重するよう訴えるスペイン人もいました。両方がいる。インディオを奴隷にしたのはスペインから行った貿易者、征服者ですね。この「両方があった」という歴史の教え方に、もう今は統一されています。私たちが美化されて習ったような、「スペインが南米に行ってキリスト教をもたらした。そして文明ももたらされた」とかではないんです。当時、カトリックの中でも、有名だったモンシニョール（名誉高位聖職者の尊称）が「そんなことをしてはいけない」

と説教したところ、お金持ちのスペイン人たちから嫌われて、「捕まえてしまえ！」となってしまったというエピソードも教えています。

宗教と国家の関係　ホアン・マシア

教会と政治共同体（ポリティカル・コミュニティー）

カトリックの場合には二千年の歴史があり、教会が迫害されていた時代から国家宗教になった時代、政教分離の時代までを、一年間の世界史・教会史の授業ならばまだしも、一回の講義で話すのは無理です。そこで、テーマを二つに分けました。

一、福音書に見るイエス・キリストと当時の政治社会権力者との関係。

二、第二バチカン公会議が著した『現代世界憲章』における教会と政治共同体の関係について（教会と政治共同体Church and political community）。

一つ目の「福音書に見るイエス・キリストと当時の政治社会権力者との関係」から話しましょう。よく引用されるのは、福音書に出てくる言葉です。人々がイエスさまに「ローマ帝国に税金を払ってはいけないのか」と尋ねると、イエスさまの答えは「皇帝のものは皇帝に」でした。よく引用される言葉です。数年前、東京にあるイエズス会の社会司牧センターにBBCの記者が来て、私に質問しました。

「私はカトリック信者でもないし他の宗教の信仰者でもない。けれども、有名なイエスの言葉、「皇帝のものは皇帝に、神の物は神に返しなさい」くらいは知っている。皆さんはキリスト者なのに、どうして社会問題や政治問題に関わったり、発言したり、戦争反対のデモに参加したりするのか」

このような質問でした。私はこれが典型的な誤解だと思います。聖書にあるこの言葉は、イエスさまが亡くなってから五十年くらい後に書かれたものです。福音書の一か所に書かれたこの話が、もともとはどういう意味だったのか。この言葉は二千年の間、教会でいろんな時に使われてきました。ある時には政権から利用されている教会が使ったことがある。ある時には、迫害されている教会で、ある殉教者が殉教の前にこの言葉を別な意味で使ったこともある。ある政府が教会に「口出しするな」と言うために使ったこともある。

日本語で「政教分離」について議論する場合に、「政教」が「政治と宗教」と混用されることがあります。その弊害を避けるため、ここでは「政教」を「教会と政治共同体」(church and political community) と定義します。ポリティカル・コミュニティーが「国家権力」を意味することもあります。

現代ヨーロッパにおけるカトリック教会とステイト (church and state)、教会とステイトとの関係 (relation of church and state)、あるいは政教分離 (Separation of church and state) は、時代と社会状況によって変化してきました。

現代のカトリックの立場を表すのは、次の二つの教会公文書です。どちらも第二バチカン公会議で出されたものです。一つは『現代世界憲章』というタイトルで知られている“Gaudium et spes”(略称「ＧＳ」) です。第二バチカン公会議の中で最も画期的な文書です。もう一つは『信教の自由』について。“Dignitas humanae personae”(略称「ＤＨ」)、これは「人間の尊厳」という意味の文書です。一九六五年から三年のあいだ開かれた第二バチカン公会議で出されたこの二つの教会公文書について、手短に述べようと思います。

第二バチカン公会議では、文書が決まるまでに相当の時間がかかりました。米国やスペインやイタリアの教団が反対し、他の国の教団が積極的でした。共産圏で迫害されている人々は様々な見方を持っていました。フランスは、フランス革命の時から政教分離に対して敏感です。とにかくこの二つの文書（特に『信教の自由』という文書）によって、現代カトリック教会は、四世紀（キリスト教を公認したコンスタンティヌス帝、キリスト教を国教化したテオドシウス帝の頃）からの大変な遺産と「さようなら」することとなりました。

十九世紀から二十世紀の初めに至るまで、自由や人権に反対する立場がありました。その三つの文書は、ラテン語のタイトルで"Mirari vos"（一八三二年）、"Quanta cura"（一八六四年）、"Syllabus"（一九〇七年）です。これらは、当時の教皇が、異端的なものとか間違っているものを羅列した文書です。現代から振り返って「どうしてこんな誤謬のリストがあったのか」と考えさせられる資料です。

信教の自由

まず言わなければならないのは、第二バチカン公会議の画期的な文書『信教の自由』の中で「宗教を人に強制するのは絶対にいけない」とされていることです。信教の自由は、歴史の中で実行されなかったこともあれば、教会が強調したこともある。世界史、教会史を振り返ると、宗教裁判や十字軍など、いろんなことがありました。スペイン人が南米へ行く時に、教皇が文書を出して「インディオたちに強制的に信仰を押し付けてはいけない。彼らを奴隷にしてはいけない。彼らの所有物を奪ってはいけない」と言い、教会が「信教の自由」を訴えたことは確かにあります。一方、長い歴史の中で、教会は「信教の自由」と反対のこともやりました。だから、教皇ヨハネ＝パウロ二世は二千年間を振り返って、公に「教会は——他の宗教にも似たようなことがあるかもしれないけれども——過去を振り返ると、本来あるべきではないことをやった」と、大きなお詫びをしたわけです。

最初に「人間の尊厳」を述べて「信教の自由」を強く訴えている、これが『信教の自由』という文書です。次のような八つの点が強調されています。

一つ目。宗教者と政治家は、互いの領域に余計な干渉をし合うべきではない。けれども、たとえば両者とも人権の擁護と社会の共通善のために働いているという点で、共通の関心と共通の使命を持っている。

二つ目。キリスト者は信仰者共同体に属するけれども、同時に市民、人民、国民として政治共同体を形成しているものである。「私は信仰者ですから、日本の法律と関係ない」といったことはありえない。市民として、同じ人として、ポリティカル・コミュニティ（政治共同体）の一員であると同時に信仰者である、それを共通の認識とすること。

三つ目。過去の宗教戦争時代を繰り返さない。十七世紀の三十年戦争とか、今のシリアのような宗教戦争や政治戦争、宗教を利用している政治とかを含めて、宗教戦争と言われる時代を繰り返したくない。政教分離以前の「政教混合」の時代には絶対に後戻りしたくない。それに加えて、世俗権力が宗教を利用することも、宗教が世俗権力を利用することも、宗教による政権への余計な介入も、避けたい。

私は、政教分離の原則を学生に簡単なキーワードで講義する時には「強制しない」「自立」「中立」「批判」の四つを用います。「強制」は無理やりの勧誘です。どの信仰であっても信仰を広めることを口実に変な勧め方をする場合がある。日本でも信仰を勧めるだけじゃなくて、無理やり「加入」させるようなものがあると思います。カトリックの一部についても同じことが言えます。無理やりの勧誘をしない。信仰のことも、宗教のことも、本人の自由です。「自立」は、教会と国家は互いに「自立」しなければならないということです。「中立」は、政府・国家が特定の宗教だけに特権を与えないことです。日本の国家神道時代と比べたりしないほうがよいのでしょうけれど、私の国スペインで長く続いたフランコ政権時代には、政権が教会を「ナシオナル・カトリシズム」（国家カトリシズム）と呼んで厚く保護し、たくさんの特権を与えました。当時、フランコ政権は教会を利用していたし、また教会にもいろいろな特権があった。その宗教が人間の尊厳と共通善のためになる限り、中立・平等にすべての宗教を積極的に支援するのが政治共同体のあるべき姿です。支援の仕方はそれぞれの国の法律に従ってなされるでしょう。そして、教会と政治共同体は互いに「批判」するべきです。日本では批判というとあまりよく受け取られないのですが、いい意味での批判ですね。教会は信仰のためだけでなく社会全体の共通善のためになっているはずであり、そうなっていない教会を政府が批判あるいは注意する。教会も、政府が本来ならば共通善のためになっているはずであり、そうなっていない政府を批判あるいは注意する。たとえば、政府が国会で通そうとしている法案が社会全体の共通善のためにならないならば、諸宗教が協力して政府を批判するということもある。原発について宗教団体が強く出るのも批判でしょう。これら「強制しない」「自立」「中立」「批判」を原則とする支援は条件付きです。オウム真理教のようなことがあると、いくら「信教の自由を尊重しなくてはならない」と言っても、国はセクト主義的で危険な宗教を取り締まる。カトリックや他の宗教が人間の尊厳と共通善のためという考えに基づいて行動していても、ある時は教会から政府に対して、またある時は政府からある宗教に対して取り締まりがなされる。それは、二つの教会公文書に基づくものなのです。

四つ目。政教分離を口実にして、宗教者が個人主義的な信仰の持ち方に閉じこもり、社会問題に対して無関心で関わらないことがないようにする。先ほどのBBCの記者が言ったのは、「「皇帝のものは皇帝に」だから宗教は社会問題と関わるべきではない」ということですが、それは間違いなのです。

五つ目。民主主義的な社会の中での政教分離のもとで世界観の多様性が尊重され、寛容な態度が重要視されていることを評価したうえで、寛容を口実にして社会問題に対して無関心に陥ることは避けるべきである。諸宗教が一緒になって社会問題に関わらないようにするということなどは決してしない。たとえば、二〇〇八年にサミットが北海道の洞爺湖で開かれた時はいろんな宗教が一緒になって環境問題について訴えました。個人にしても団体にしても、人間の尊厳あるいは社会的な共通善が関係する問題に対しては関心を持って関与するべきです。ヒトラーのナチズムに対して「どうしてあのときあの宗教は黙っていたのか」ということがよく問題になりますね。

六つ目。いわゆる「相互不干渉の寛容」という美名のもとに、宗教を私的生活の領域に閉じ込めてはならない。ガンジー、マルティン・ルーサー・キング牧師、南アフリカのデズモンド・トゥトゥ司教、エルサルバドルのロメロ司教（ミサの途中で殺された。自国の軍人と米国のＣＩＡも関わっていた）たちのように、信仰に支えられて人権擁護のために努めるのは宗教者として当然のことです。

七つ目。現代カトリック教会は、いろんな国によって状況が違うであろうが、どの政権に対しても、その政権が社会の共通善のために人間の尊厳を大切にする限り、協力の立場を取る。協力にはいつも「その政権が社会の共通善のために人間の尊厳を大切にする限り」という条件が伴うわけです。もし時の政権が、社会で生活しているすべての人の共通善のためにならない場合には、教会はその政権が代わるよう訴えます。そういう関わり方は政教分離に反しません。

八つ目。キリスト者なら皆同じく特定の政党に投票しなければならない、ということなどない。私の国スペインは、今は民主主義的ですけど、以前のフランコ時代には、またフランコ時代が終わってからでも、カトリックなら民主党に投票する、無神論者だったら社会党とか共産党とかに投票する、ということがありました。いまスペインでは社会党、共産党、他の党の支持者は、四〇％はカトリックでも六〇％はカトリックでない。一番右の民主党のほうも、カトリックの六〇％は支持していない。左寄りの政党に投票する人は無神論者でなければならないといったことが、ヨーロッパには特定の時代まではありました。この間、ある司祭が説教の中で「みんなカトリックなのですから右のほうに投票しなければならない」と言ったら、司教からもローマからも注意されました。教会はそういう発言をすべきでないのです。これは第二バチカン公会議の時からの立場です。特に「解放の神学」が盛り上がっていた時には、政治にかかわるから重要なことでした。教皇パウロ六世は、一九七一年に文書を出して、その文書の前書きで「それぞれの国の状況について、カトリック信者は政治についてどういう立場を、どういうふうに関わらなければならないかを、私は言うつもりはない。私が言う役割もない」とはっきり言って、皆がそれぞれの状況において周りを見て、自分が取るべき立場を考えて行動するようにと表明しました。同じ教会の中で「教会だからみんなこうでなければならない」ということはないのです。どの党に入っても、良心的に自分はついて行けない事情が起こったならば、良心に従って離党しなければならないということがある。そういう方針が出されました。

ちょっと横道にそれますが、七、八年前、私がスペインにいた時に、堕胎／妊娠中絶に関する法律を変えようという案が出されました。司教たちは、その案に対して様々な疑問を持ち、ある司教は個人的に信者に向かって「命の尊厳のためにこれはいけない」と言って、そのことが問題になりました。当時の国会議長（彼と私はイエズス会の学校でのとても良い友人です）がインタビューを受けた。彼は社会党を支持するカトリック信者で、「私はこの法案の味方ですけど、個人的に、この点とこの点はそうでないほうがいいと思う。堕胎について私はこういう考え方を持っている。私は良心的に……そうしました」と語りました。ですから、司教たちのほうから「あなたはカトリックなのですから、これこれをしなければならない」と言うべきではないのです。私は研究所にいて、公に声明を出さなければならず、一番左と一番右の間に立たされていました。私は、政教分離について、次のような声明を出しました。

「司教団として、この社会の中の一つのオピニオン・グループとして、この法案について私たちはこういう見解だと公に言ってもよろしい。しかし同時に、司教団として、カトリック信者であるあなた方はこの法案を出している党に属してはいけないとか、あの法案にあなた方は投票しないでくださいとか、そういうことを言うべきではない」

これを私は、教会の正しい意見として公に新聞に出しました。するとリーダーの司教からも文句を言われました。一般人で、法案の味方である一番左側の一人からは「あなたもこの法案に賛成なのに、どうして司教団が反対の公式見解を出すことを認めたの？」と言われました。しかし、社会において、たとえば大学連盟の学長たちの集まりで、まとまった意見を公に出すということがあり得ます。あるいは国立も私立も含めた病院の理事長たちが全体の会議で厚生省に「国でこういうことを検討してください」と意見を述べることはあり得ます。ですから、司教団もそういうふうに意見を出してもよろしいのです。教団としての関わり方と、個人として良心的に判定することとは別です。

学校で、ある法律に反対したという理由で罰を受けるというようなことがあるたびに、政教分離賛成者と政教分離反対者の「錦の御旗」が出てくる。政教分離についての誤解が多いのです。

先の八つは全部、第二バチカン公会議の文書に基づいて、現代のカトリックの立場を述べたものです。カトリックの二千年間の歴史において、教会と政治共同体の関係は様々でした。「国家と宗教の関係は時代と地域によって違う諸形式」がありました。

「A：国家から迫害を受けた教会」――二世紀の初めごろローマでは、キリスト者であるだけで罰を受けるに値するようなものでした。「B：国家から認められた教会」――コンスタンティヌス帝から公認されたときにはもう、迫害されない。認められただけでないのが「C：国家宗教になった教会」ですね。もっとそのあとですね。いまバチカンは小さな小さな国家ですけど、その前に、教皇の「D：領土を持つ国家になった教会」――実はこれは長い。八世紀から十九世紀まで、大きな領土があったんです。だから私は神学部では「世界史と教会史をよく勉強して、いろんなことを相対的に判断してください。長い歴史は大きな宝物の遺産であると同時に大きな重荷でもある。それを現代の時点で批判的に見る勉強を始めてください」とみんなに奨めます。次に「E：国家権力を利用した教会」、「F：国家権力から利用された教会」。「G：国家権力と教会の分離を恐れた教会」、これは特にフランス革命のあたりからですね。そして「H：国家権力からの独立を主張しながら、人間の尊厳・共通善のために国家と協力する教会」。これがやっと現代のカトリック教会です。人間の尊厳・共通善のために国家と協力すると同時に批判する時には批判する教会です。教会は残念ながら長い歴史の中で、排他的なことも事実としてありました。第二バチカン公会議の正しい理解の仕方を今の教皇が受け継いで、一生懸命、後戻りしないようにしているところです。

宗教と国家についての座談会

森：実は私、カトリックの「教会」というのも「信者」というのも分からないのです。信仰は個人的なものであるということについては、究極はそうだと思います。けれども、カトリックの場合は教会に戻っていくというか、根源があるといいますか。仏教には仏教教団というものがありますが、仏教教団が仏教の信者に対して「このようにあるべきだ」「このようにしてはならない」と言うことなどありません。おそらくイスラームにもないのではないかと思います。神道もないと思う。私の知っている宗教では、カトリックの教会のような組織を持っている宗教はないと思います。それで、いったいカトリックの教会とか信者とかいうのは何だろうなという疑問があります。

マシア：簡単に言うと、教会は「イエスさまの教えた信仰の持ち方に従っている、信仰者の集い」ですね。だけど、歴史の中での教会は、教団とか組織とかの面も持っている。カトリックの場合は長い歴史の中で、確かに組織的な面があリました。そして、教会法——これはまったく別の話ですけどね、いろんなヨーロッパの国の法がある前に、二世紀あたりから教会法というものも出てきました。

森：現代のカトリックを信仰する人は、教会に行かなくても信仰が成り立つんですか。

マシア：教会は組織というよりも、信仰者の集いですね。イエスさまが引き起こした運動は一人じゃないんです。でも、こう言ったら「あなたは正当なカトリック信者ではない」と言われるに決まっている。だからそのような質問には私は一番答えられない人間ですね。「本来のあるべき教会の姿」へ私たちが立ち返ろうとしてもなかなかうまくいかない。

安蘇谷：実は神道もそうですね。明治維新というのは国学イデオロギーないしは神道イデオロギーで革命みたいな出来事が起こったわけですが、それまで江戸時代には寺請制度というのがあって、必ず日本人はどこかのお寺と檀家の関係を持っていた。それが、明治維新になって、神社がお寺と同じような役割をして氏子調べという制度を作った。その制度は、生まれたら神社の氏神様のところに届けなくてはいけなくなったのです。ですから私は、カソリックの教会の場合も生まれたら洗礼を受けるとかいう制度があって、その教会では「制度的に信者である」という形で組織がきちんとしていると思うのですが、それはないんですか。

マシア：あります。あるのですが、それを本来そうあるべきではない形で理解されることもあります。たとえば私の甥と姪の子どもの場合です。甥はスペイン人で、その奥さんは日本人で、二人ともカトリック信者です。で、二人でいろいろ考えて、子どもには幼児洗礼を授けなかった。むしろ大人になってから、と考えた。私も彼らに幼児洗礼を押し付けなかったんです。カトリックではやりすぎがあったから、いまでも見直されていますね。この制度があることは本当であると同時に、長い間に「逸脱」と見なせることもありました。常に改革しなければならない、見直さなければならないということです。

安蘇谷：日本の場合はですね、氏子調べが明治二年か三年ぐらいから始まった。全国的に完璧に行われる前に、私の奉仕している神社の明治四年くらいの氏子調べというのがあって、残っています。当時住んでいた人すべて、氏子区域内の人はすべてそこに名前が書かれている。そのあと国は、明治七年くらいから地方の町村に、今でいう戸籍制度を作らせました。ですからそれ以後、氏子調べはなくなりました。カソリックの場合ですと、イタリアとかスペインとかフランスもけっこう多いと思いますが、カソリック教会の人は必ず子どもを洗礼させるということを今はやっていないわけですが。

マシア：いや、やることにはなっています。ただし、やっている人もいればやっていない人もいるということです。いま私は東京で、ラテンアメリカ関係の外国人に、スペイン語とポルトガル語でミサをしています。私が働いている国際センターでいろんな教会に関わっています。離婚歴のあるブラジル人が日本に来て働いていて、最近、やはり離婚歴のあるボリビア人と結婚しました。二人が教会に来ると、日本人の神父さんたちは教会法に基づく手続きとかを気にして「あなたは洗礼を受けているなら離婚できます。洗礼を受けた時の証明書を持ってきてください」と言います。しかし「ブラジルで洗礼を受けたけれど、どこの教会だったのか覚えていない」という答えが返ってきます。現場では「本来はこうですけど、あなた方のケースは、そういうことにしないで、これができるかもしれません」ということで、実際にいろんなことをやっています。教会法的にうるさいことを言うと何かと面倒くさいのです。

今の教皇は大きな司教会議を開いて、教会法の専門家にも聞いて、二年半かけて「離婚・再婚のことについて教会法のこの点とこの点を変える」という文書を出しました。法のレベルで片付ける問題じゃなく、ラテン語の専門用語で「インフォルノインテルノ」と言って、良心の法廷で片付けられる問題としたわけです。それまでは、再婚するためには前の結婚は無効だったという無効宣言が必要で、書類をそろえて教区の裁判所に提出して無効宣言を出してもらわなければならなかった。それが、「この二人は毎日教会に来ています。教会行事に参加しています」というレベルで、良心のレベルで、教会は信者の共同体として再婚を認める。

カトリックのいろんな国が法律で同性愛の人どうしの結婚は認めている。日本では認められていないけど、スペインでは認められている。教会では、正式な教会法に基づく手続きによるとその結婚はできないですね。私が知っている同性愛カップルは、スペインで法律ができた時に民法上の結婚をしました。その二人は前から教会に参加していたし、今も参加しています。カップルであると周囲は知っています。二人が教会の主任司祭に「民法で結婚したから、教会でも結婚していいですか」と聞いた。答えは「あなたがたの、教会法に基づく手続きはありません」でした。そういう教会も、いつか変わるかもしれない。たとえば「でも、あなたがたは教会にいつも来ています。あなた方は民法上の結婚をしている。ミサの中で教会はあなた方を祝福するということを禁じられていません。しかし、これは教会法と関係ありません。だから次の日曜日に祝福しましょう。教会に来てください」ということになるかもしれない。教会法に基づくと、今はそういう制度がない。しかし、制度がないからといってできないわけではない。二つのレベルで解決を考えることができます。

安蘇谷：すみません、森先生が最初に質問した「教会とは何か」に対する答えは、「教会法によって組織化された団体が教会である」というものですか。

マシア：いやいや。そういう組織は数世紀の間、なかったんです。今の教会にある「洗礼のやり方」も「秘跡の授け方」もなかった時代があります。たとえば「許しの秘跡」は最初の何百年もの間、ありませんでした。しかし「許しを信じます、許しを願います」という祈りはありました。共同体の中での祈りです。私はミサに集まる度に最初に皆さんと一緒に「私たちがみんな罪人であることを認めて、許しを願います」と祈り、それに対して祝福します。こういうことをしている人々の集まり、それが教会の魂だと思います。

眞田：カソリックはその名のとおり世界に普遍的で最も大きな宗教です。しかし、実際には国ごとに地域性があるというお話はよく分かりました。今、バチカンと中国との関係が改善の方向に向かっていることのほか、キューバとの問題、大統領が強権的なフィリピンの問題などがあります。そうすると、地域性の問題、地域の政治性の問題にどのような対応をするのか。カソリックの世界宗教としての方針が、普遍的なものであって同時に個別的なものであると理解しているのか。そのへんのところをお尋ねしたいですね。

マシア：多様性を生み出すのは聖霊でしかないということです。

眞田：聖霊に対する、その人間のレスポンスの仕方っていうのは、どうなのでしょうか。

マシア：「聖霊」を「仏さま」に置き換えてもいい。とにかくそういう「何者か」ですね。

眞田：同じカソリックのフィリピンの大統領に対しては、一方で評価する人もいるわけです。フィリピンの麻薬の状況は、一歩間違えるとフィリピン国民をダメにしてしまう。これをきちっとしなければならない。アヘン戦争の結果、今の中国ではアヘンを厳しく罰します。それと同じことをフィリピンの大統領がやろうとしているのかなと思います。すると今度は移民の尊厳とどう関わってくるか。共通善とどう関わってくるか。麻薬のほうは、フィリピン国民がダメになっちゃうという懸念が中国のケースでわかる。この辺をフィリピンの司教団はどのように考えているのかなと思います。

マシア：司教団ではなくて教会全体ですね。ローマから言われてとか司教団から言われてとかではなく、フィリピンの信者が真剣に責任を取らなくてはならない。信仰に忠実であると同時に、社会状況を見ながら真剣に考える。バチカンとフィリピンの現状、その両方を見ながら、ですね。これはずっと「解放の神学」が進めてきたやり方です。だから「皇帝には税金払って、教会には祈って」ではなくて、皇帝がここにいて、私たちがここにいて、神の物を神へ返さなければならないのは私たちも皇帝も同じということです。金芝河（大韓民国の詩人・思想家・民主活動家）が牢屋に入れられていた時には「神の代わりに民衆の人権」と言って、「皇帝も私たち教会も、民衆に返すべき物を返しなさい」と言っていた。もし皇帝が、つまり国家権力が、民衆の人権を奪っているならばそれを返せということです。人間の尊厳や共通善を奪っているならば返せということです。

眞田：もう少し教えていただきたいのは教会法との関わりです。離婚とか同性婚とかが市民法で認められている。ところが、教会法は禁じている。しかし教会では同じ信仰の仲間として認めようとする、というお話をうかがいました。すると、教会法が存在する意味は何なのか。森先生のお話とも関わりますが、教会で神父さんがいろんなお話をする。教会法に基づいた婚姻の話であるとか、生命の問題であるとか出てくるかもしれない。それを聞いた信者は、どういうふうに受け止めて、自分の信仰生活の中に生かしていくのか。その辺のところをもうちょっと教えていただくとありがたいと思います。

マシア：それは一言で言えません。大きな課題で、信者に教えなくてはならないけれど、九九％の割合で理解されていないのです。教会法は全ての項目に「ただし、人の救いのために必要ならば、これをしなくてもいい」と但し書きがついています。それは教皇ヨハネ＝パウロ二世が言ったように「この但し書きによって、教会法のすべての項目は相対化されている」ということです。教会法も相対化しなければならないということは、信者の中で十分に知られていません。

眞田：最後におっしゃったのは実にありがたい言葉ですよね。教会法に縛られるままだと戒律主義になってしまう。

マシア：イエスさまがぶつかったのも律法主義でした。

眞田：律法主義は避けなければなりません。人が救われないような掟など、よいわけがありませんものね。

森：「社会の共通善」という言葉についてです。「社会の共通善」はいろいろ考えられると思いますが、教会は「社会の共通善」をどういうものと定義して説明しているのですか。

マシア：それについて私は話すのを省きました。公会議以前から、またトマス＝アクィナスの時から、カトリック教会には伝統的な Common Good（共通善）という言葉があります。日本語で「共通善」と訳されたり「共同善」と訳されたりします。これは公共利益や公共福祉や全体主義といった意味ではありません。教皇フランチェスコが『福音の歓び』という文章の中で説明しているように（ただ、彼はスローガンで言ったために誤解されるのですが）、「部分よりも全体が大事」「空間よりも時が大事」だということです。彼が言いたかったのは、「どの部分であっても、どのマイノリティであっても、特に差別されそうな、のけものにされそうなマイノリティであっても、排除されないような全体が大事だ」ということです。この全体が「共通善」の定義なのです。たとえば「国民」という言葉を使っていうと、ある法案が成立することによって利益を得るのが「国民の一部」ならば、それは共通善のための法案ではないのです。「共通善」は「誰も排除されない、どの部分も排除されないような善」です。その全体は、どこか上のほうにあるのではなく、市民／パブリックの真ん中にある。国家権力からも利己主義からも個々の国民を守るのは、この真ん中にある市民／パブリックです。誰も排除されない、これがパブリックの場。このパブリックの場に、諸宗教も市民として存在する。市民である私たちは、パブリックの場で民主主義的社会を実現します。ポリティカル・コミュニティー（政治共同体）はそこから始まります。だから第二バチカン公会議は、「国家と宗教」という言い方をしなかったんですね。「教会とポリティカル・コミュニティー」という言い方をしました。このパブリックの場で「共通善」を目ざして作ろうとするのが本来の理想的な民主主義社会です。それを妨げるのが個人の利己主義、あるいはある団体の利己主義、あるいは絶対的な国家の国家主義なのです。フランチェスコ教皇が言いたかったのは、次のようなことでもあります。味方とも敵とも、右とも左とも、一緒に、苦しいけれども時間をかけて、この公の場で、先へと歩もう。信仰を持ちながら、社会を見ながら進んでいこう。このようなパブリック・フィロソフィーの考え方も、よく教会で言う「共通善」ですね。

眞田：マシア先生、ご説明いただいたので、よく理解いたしました。ただ一つ、どうしても引っかかることがあります。それは西洋由来の「市民」という言葉です。この言葉はなかなか日本では難しいです。日本で市民という概念が通じるのかなと思います。

マシア：通じないでしょうね。

眞田：だから、二〇一三年にウィーンで開催された第九回ＷＣＲＰ（世界宗教者平和会議）世界大会でも「市民権」のことをどう訳すかと悩んでいました。これは西洋的発想かなとも思ったりしました。

マシア：西洋の中でも難しいことがあります。

眞田：難しいですね。言葉が歴史を持っていますからね。

マシア：「国」という言葉もそうです。「ネイション」だとか「ステイト」だとか。言葉の議論だけに終わると、大切な思いが伝わりにくいですね。大変です。

【註】

（1）『延喜式』の「神名帳」　神名帳とは神社とその祭神の名を記す帳簿。特に『延喜式』（平安時代の法令集。全五十巻）の巻九と巻十に伊勢神宮以下全国の天神地祇三千百三十二座が記されているので、これをさす場合が多い。これに記された神社を式内社といい、登録されないが他の文献に表われる神社を式外《しきげ》社という。

（2）高塚式古墳　日本の古墳時代に多く見られる円墳、方墳、前方後円墳などの墳丘。表面を葺石で覆い、周囲に濠をめぐらせるのが典型的な形。

（3）内待所《ないしどころ》　内裏で神鏡を奉安する場所。女官の内侍が守護したところからこの名がある。賢所《かしこどころ》ともいう。平安京では温明殿《うんめいでん》、室町時代以後は春興殿、明治以後は皇居内の宮中三殿（賢所・皇霊殿・神殿）がその場所となった。

（4）神籬《ひもろぎ》　「ひ」は霊、「もろぎ」は籬《まがき》で神を守る意とされる。神霊が憑依している山、森、老木などの周囲に常磐木《ときわぎ》（常緑樹）を植え、玉垣（垣根）を結んで、神座としたもの。のちには、室内、庭上に常磐木を立てたものをいった。

（5）平入《ひらい》りと妻入《つまい》り（棟入《むねい》り）　日本建築の用語。「妻」とは端を意味し、建物では棟と平行する側を「平」といい、棟と直角の方向になる側を「妻」という。したがって、建物の長辺が平、短辺が妻となることが多い。建物の出入口が平側にあるものを妻入りに対して平入りという。弥生時代や古墳時代の住居・倉庫では妻入が主流であった。

（6）「人間宣言」　一九四六（昭和二十一）年一月一日に、官報により発布された昭和天皇の詔書『新年ニ當リ誓ヲ新ニシテ國運ヲ開カント欲ス國民ハ朕ト心ヲ一ニシテ此ノ大業ヲ成就センコトヲ庶幾《こいねご》フ』に対してマスコミが名付けた通称。敗戦後の新日本建設の指針として明治天皇の「五箇条の御誓文」を掲げ、天皇と国民が心を一つにして国家再建に立ち上がることを期した。従来の「臣民」という表現が「国民」となったことに加えて、後半部分に「朕ト爾《なんじ》等国民トノ間ノ紐帯《じゅうたい》ハ、終始相互ノ信頼ト敬愛トニ依リテ結バレ、単ナル神話ト伝説トニ依リテ生ゼルモノニ非ズ。天皇ヲ以テ現御神《あきつみかみ》トシ、且日本国民ヲ以テ他ノ民族ニ優越セル民族ニシテ、延《ひい》テ世界ヲ支配スベキ運命ヲ有ストノ架空ナル観念ニ基クモノニモ非ズ。」とあり、この部分が「天皇自ら神格を否定した」とマスコミによって解釈され報道された。

（7）五箇条の御誓文《ごせいもん》　一八六八（慶応四）年三月十四日、明治天皇が公家・大名・百官を率いて天神地祇に誓約するという形式で発表された、維新政府の基本方針。幕府を倒し、新しい国家を樹立した維新政府の建国宣言としての意義をもち、廃藩置県に至る政治過程では改革の重要な理念となる。「一、広ク会議ヲ興シ万機公論ニ決スベシ　一、上下心ヲ一ニシテ盛ニ経綸《けいりん》ヲ行フベシ　一、官武一途庶民ニ至ル迄各其志ヲ遂ゲ人心ヲシテ倦《う》マザラシメンコトヲ要ス　一、旧来ノ陋習《ろうしゅう》ヲ破リ天地ノ公道ニ基クベシ　一、智識ヲ世界ニ求メ大ニ皇基ヲ振起スベシ」。以降「立憲政体の詔書」、「国会開設の勅諭」、「憲法発布勅語」「大日本帝国憲法」は、この五箇条の御誓文に基づくとされ、憲法類の筆頭規範と考えられていた。御誓文に盛られた会議政治の理想は自由民権運動などにも大きな影響を与え、太平洋戦争敗戦翌年の昭和天皇の年頭詔書冒頭にも、天皇自らの発意により盛り込まれた。

（8）天皇機関説　美濃部達吉（一八七三―一九四八）らが唱えた大日本帝国憲法の解釈で、「国家法人説」にもとづいて「統治権は法人である国家に属し、国の最高機関である天皇が国務大臣の輔弼を受けて行使する」とした。上杉慎吉（一八七八―一九二九）らが唱える天皇主権説（天皇を絶対的主権者とする説）と対立し、論争となった（上杉美濃部論争。一九一一―一九一二年）が、美濃部は上杉を論破し、以降国家公認の憲法学説として大正デモクラシーの理論的基礎となった。ところが一九三〇年代になると、軍部、政治家、官僚、マスコミ、民間団体を中心に国粋主義的な国家社会主義、いわゆる右翼が台頭し、天皇機関説を国体に反する反逆思想として弾圧した（国体明徴運動。一九三五年）。美濃部は不敬罪で告発され、その主要な著書は発禁となり、天皇機関説は政治的に葬られた（天皇機関説事件）。

（9）よもの海　明治天皇が日露戦争開戦を前にして詠んだ和歌で、戦争の回避を意図したもの。「よもの海みなはらからと思ふ世になど波風のたちさわぐらむ」。日米開戦の是非を問う御前会議において、昭和天皇はこの歌を二度朗詠し、「自分は常に明治天皇の平和愛好の精神を具現したいと思っておる」と述べた。

（10）『国体の本義』　文部省が、日本の国体に関する正統的解釈書として一九三七（昭和十二）年に初版刊行した冊子。天皇機関説問題を契機に政府の国体明徴声明に沿って、文部省が独自に国体論の教材として編纂した。

（11）吉田神道　室町末期に、吉田兼倶が大成した神道の一派。神・儒・仏・道の四教および陰陽道の関係を説き、神道を万法の根本とし、神主仏従の立場から反本地垂迹説を主張。唯一神道。唯一宗源神道。卜部《うらべ》神道。

(12) 両部神道　真言系の仏教家によって説かれた神道。密教の金剛界・胎蔵界両部の中に神道を組み入れ解釈しようとする神仏習合の思想。大日如来を本地とし、諸神はその垂迹であるとする。その思想的萌芽は行基・最澄・空海にみられ、鎌倉初期までに成立した。神祇に菩薩・権現の名称を付すに至ったが、明治以降禁止され衰退。

(13) 選択　正しく必要な教義・修行だけを選び取って、他を捨てること。真宗では「せんじゃく」、浄土宗では「せんちゃく」と読む。

(14) 専修《せんじゅ》　もっぱら称名の一行を修すること。専修念仏。

(15) 度会と荒木田　荒木田氏は、古代より伊勢神宮の内宮の神職として歴代奉仕した家柄。また、度会氏は神宮の外宮の神職として奉仕した。両氏とも神宮に奉仕しながら、学者として名声を挙げた人物を輩出している。伊勢俳諧の祖といわれる荒木田守武（一四七三―一五四九）、また、北畠親房に影響を与えたと言われる度会家行（一二五六―一三五六）たちが著名である。

(16)『神皇正統記《じんのうしょうとうき》』　南北朝時代の史論書。北畠親房著。日本の神国としての成立から後村上天皇までの事跡を天皇の系譜をたどりつつ述べたもので、三種の神器を正直・慈悲・知恵に対応させ、アマテラスオオミカミの加護と為政原理を現すものと説き、建国の由来やその神聖さによって南朝の正統性を主張した。その史観は後世に大きな影響を与えた。

(17) 五戒や十善戒　五戒は初期仏教以来の在家のための五種の戒で、不殺生・不偸盗《ふちゅうとう》・不邪婬・不妄語・不飲酒の五つ。十善戒は十善業道ともいう。仏教では人間の行為のすべてを身体・口（言葉）・意（こころ）の三種に分かち、十善とは身三、口四、意三の悪行（十悪）をなさないこと。不殺生・不偸盗・不邪婬・不妄語・不両舌・不悪口《ふあっく》・不綺語《ふきご》・不貪欲《ふとんよく》・不瞋恚《ふしんに》・不邪見。この十善を守ることを十善戒といい、江戸時代後期の慈雲（一七一八―一八〇五）が広く説いた。

(18) 六斎日　一か月のうち在家の者が八戒を守るべき八日・十四日・十五日・二十三日・二十九日・三十日をいう。八戒（八斎戒）は、①生き物を殺さない、②他人のものを盗まない、③嘘《うそ》をつかない、④酒を飲まない、⑤性交をしない、⑥午後は食事をとらない、⑦花飾りや香料を身につけず、また歌舞音曲を見たり聞いたりしない、⑧地上に敷いた床にだけ寝て、高脚のりっぱなベッドを用いない。主として釈迦仏教（初期仏教や上座部仏教）で行われている。

(19) 映画『沈黙――サイレンス――』　二〇一六年公開のアメリカ映画で、原作は遠藤周作、監督はマーティン・スコセッシ。十七世紀日本でのキリシタン禁圧を描いた作品。

第5章　宗教と現代社会

キリスト教と現代社会

ホアン・マシア

宗教のほうが答えていない

現代社会の中で宗教に何かを求めている人がいるのか、と私が自分自身に質問してみると、いろいろ考えさせられます。宗教に何かを求めている人は何を求めているのか。そういう人がいるとして、私は宗教者としてそれに答えているか。もしかすると、宗教に何かを求めている人に対して、宗教のほうが答えていないのではないかとも思います。また、宗教のほうが人々に、人々が求めていないものを与えようとしているのではないかとも思います。これらの問題に直面して、私は反省したくなります。

私の国、スペインでは、教会を批判する人がよく「教会は、人々がしていない質問によく答えているけれど、人々がしている質問に対して答えていない」と言います。この批判は当たっていると、私は感じます。現代社会が宗教に求めるものがあるか。また、「宗教には現代社会にこんな貢献をしてほしい」ということが、人々にあるか。現代は、宗教離れ、教会離れ、世俗化の時代で、人々から「もう宗教は要らない。宗教に何も求めていない」と言われるのかもしれない。その一方で、人々が宗教に何かを求めているけれども、そういうものを私たち宗教者が持っていて、与えているか。これこそ私が直面している問題ですね。

このような問いかけと直面しながら、五十年以上前の一九六二年に、キリスト教のカトリック教団が行った広く深い自己理解と自己改革が、よく知られている「第二バチカン公会議」です。二千年の間にカトリック教会が開いた二十回の公会議の中でも特別なもので、最も多くの国から布教者たちが集まり、二千人以上が参加しました。当時はカトリック教会にとって大きな転換期でした。反省と改革を目ざす公会議は、四百年前から、あるいはもっと以前、中世の終わり頃から開くべきだったのですが、やっと開かれました。

とにかく、教会と現代社会には行き違いが感じられます。

第二バチカン公会議の最も有名な二つの文書は『信教の自由』という宣言と『現代世界憲章』の名で知られるものです。現代社会における教会のあり方を記した『現代世界憲章』の冒頭に次の言葉があります。

「現代人の歓びと希望、悲しみと苦しみ。特に貧しい人々とすべて苦しんでいる人々の歓びと希望、悲しみと苦しみは、キリストの弟子たちの歓びと希望、悲しみと苦しみでもある。」

こうであるはずなのですけれども、正直に言ってこの五十年間は、刷新と反動の間にありました。そして今、フランシスコ教皇は大きな改革を促しています。新しいことを何もしていないとはいえ、五十年前の第二バチカン公会議の基本的なところ、つまり「現代人が求めている私たち宗教者の本来のあるべき姿に立ち帰るのか。現代人に宗教を求めてほしいけれど、彼らは求めていない」について、どうしていったらよいかを検証しています。このことについて、私は世界宗教者平和会議（ＷＣＲＰ）日本委員会平和研究所の雑誌『平和のための宗教』第八号（二〇一六年七月）に論文「伝統と改革のはざまに動揺するカトリック教会――第二バチカン公会議五十年後の教皇フランシスコの刷新――」を載せました。

宗教でない話が聞きたい

具体的に簡単に、身近な教会の生活、信仰生活あるいは日常生活のサンプルを紹介したいと思います。

人々は宗教者からの言葉を心の糧にするでしょうか。あるいは「もう説教を聞くのはうんざりだ、説教するな」と思うでしょうか。私はこの問題に、いろんなときにぶつかります。たとえば、スペインに久しぶりに帰ると、街の教会で説教するよう頼まれます。説教の場に行って分かるのは、私の同級生の半分くらいが教会離れしていることです。残りの半分は、自分は信仰を捨てず教会に通い続けているけれども、子どもたちが教会離れしています。

教会で説教をし、ミサが終わってから準備室に帰ると、ミサに参加していた私の親友が入ってきて「今日の説教、良かったね」と言いました。私はその日たまたま忙しくて準備する時間がなく、説教は大した内容でなかったのです。彼は親友ですから、私と率直に意見を言い合う間柄です。彼は「お前を褒めているわけじゃない。今日、お前は大したことを言わなかった。だから良かったというのは「言わなかった」ことだよ」と言いました。彼は説教に慣れていますから、私の説教を「聖書のこの箇所ならば説教で司祭が言うことは決まっている。戒めとか道徳とかを言うだろう」と思いながら聞いていたそうです。ところが、私はそういうことを一つも言わなかった。そこが「良かった」と彼は言うわけです。しかも短かったし（笑）。私が何気なく言った「このあいだ、こういうことがありまして……」というエピソードも良かったようです。彼は「だから今日はミサの後に残ってお前の説教を聞くことができて意味があった」と言いました。

今スペインでは、私の世代の次の世代に教会離れが多いのです。教会に来ても「礼拝の仕方がつまらない」とか「儀式がつまらない」と言います。私たち宣教師は、日本に長くいると、大学などで宗教のことを話す場合も、聞き手は宗教者でない人が多いです。だから、宗教臭い話とか、悪い意味での教会の言葉とかは要らないと思うようになりました。久しぶりにスペインに帰って親友から「お前の話し方は何か違っている」と言われたのは、私の説教が宗教臭くなかったからでしょう。結局、人々が「宗教者の言葉を聞きたくない」とか「教会で説教を聞きたくない」とか言うのは「別なものを聞かせてもらいたい」という意味で、別なものを求めているわけです。私は日本の同級生に「あなた方はスペインに行ったら、日本にいるかのように話してください。つまり、教会が人でいっぱいで、そこにいる人はみんな洗礼を受けていて信者だといっても、みんな信者でないかのように彼らに話してください」とアドバイスするようにしています。

聖体拝領の意味

もう一例、ご紹介します。通過儀礼として、日本では成人式や七五三があります。カトリックでは、ご存じのようにミサがあります。聖書の言葉を聞いて、パンと葡萄酒というシンボルで、神様が祝福してくださるように、これがキリストの体となるようにと祈りを神様に捧げます。皆さんでパンを食べて、これに与って、キリストと一致して、皆さんの生活から世界に平和を作るという大切な儀式です。子どもの時に洗礼を受けた人は、七歳になった時に初聖体を受けます。子どもたちは七歳、八歳になると物事が分かりますからミサに参加して「聖体拝領《せいたいはいりょう》」を戴きます。キリストの体を戴く、人の体を戴く、キリスト様を自分の中に入れる、つまりキリストと一致する。とても大切な意味がある儀式です。昔から、初めての聖体拝領つまり「初聖体」は大切で、男の子ならこう、女の子ならこうと準備をする、文化的なものとなってきました。今でも、家族が信者でなくても、あるいは信者だけれども教会に行っていない家庭であっても、とにかく子どもが七歳になったら「初聖体」となります。ミサのことは一般の大人も何も分かりません。しかし、デパートで大変なお金をかけて、その日の服を調えます。

そんなことも、第二バチカン公会議を踏まえて改革しなくてはならないのです。文化的なものとなった教会の結婚式にも意味があり、同じく聖体拝領にも意味があります。だから公会議の後で、たとえば、子どもたちはちゃんと初聖体のための準備講座に参加して、服も贅沢なものでなくてみんな同じ白い服にして平等にするとか、お金がかからないようにしながら、意味がある形になるように考えるべきです。

しかし消費社会ですから、デパートは「初聖体の子どもたちにどういう贈り物をすればいいでしょうか」と宣伝します。次のような、宗教とは関係のない「事件」がグラナダで起こりました。ある子どもが、学校で数カ月の間、初聖体の準備講座に参加していましたが、初聖体の当日に欠席しました。学校から「どうして来なかったの？　ちゃんと準備していたのに」と連絡すると「いいえ、私は初聖体しました」と言うのです。「どこで？」と尋ねると「はい、ホテルでやりました」と答えました。つまり、家族は大きなデパートでお金がかかる服を買い、初聖体をホテルでお祝いすると知人たちに招待状を送っていたのです。招かれた人たちは贈り物をしました。デパートには贈り物のリストがあります。その子の初聖体のお祝いについて、教会には何の連絡もありませんでした。学校も教会のこと、つまり信仰のことについては関係ないからです。

今、多くの教会で、聖体拝領を意味がある形にするように改めています。たとえば、青年会の人たちと私たちは、いくつかの家族と一緒に行います。大きなお祝いはしません。お祝いはミサが終わった後でホールに集まって、みんなが持ってきたものを分かち合って行います。そして、その代わりに多くの献金を集めて、どこかの貧しい人のためにあげます。

大事なのは「私たち宗教者が何を求めてほしいのか」ではない

葬儀の例も挙げましょう。私が関わっているカトリック東京教区には、外国人の移民や難民の方々の窓口となるセンターがあります。私はラテンアメリカの担当です。先日は二つずつの言葉で洗礼式を行いました。スペイン語と日本語、あるいはポルトガル語と日本語、あるいはスペイン語とポルトガル語で行いました。このような宗教行事に来る人は一部だけです。でも千葉県では多くのブラジル人が仕事をしていて、信者の誰かが亡くなると「やっぱり葬儀は教会で行いたい」と言います。葬儀の時は教会に来るのです。そこで、そういう人々の普段の信仰の面で教会と縁を作る機会があるといいという話になりました。私が先日会った家族は、私がスペイン語のミサをやっている教会の近くに住んでいますが、教会には来ません。南米のある国から来た家族です。おじいちゃんが亡くなった時、あまりお金がありませんでした。火葬場へ直接行くことになり、葬儀会社から教会に連絡が来て、私が火葬場に行きました。葬儀ではないのですがお祈りを五分で済ませて、火葬している間に彼らと一緒に私は残っていました。そして、皆さんに手短に二、三分のお話をしました。

「亡くなった方々が、私たちに向かって、聖書の箇所を読んでくださるかのように、この方からの遺産として受けましょう」。

その話が終わると、彼らは「実は私たちは、こんなことを頼む自信もなかった。いま、お話を聞いて、心がとても平安になった」と言いました。

私たちは「現代人はこれを求めていないから、もうこれをやる必要はない」と考えるべきではない。「私たちはこの人々の生を祝福するためにいるのだから、このことがきっかけとなることもある」と考えます。私たちは、場所は教会でなくてもかまわないと思います。

つい先日、三つの家族が中央学術研究所に集まって、そこに私が行って、ミサのあと一緒に祈りました。その時、亡くなったおじいさんを孫たちは大好きだったから、孫たちが「ぜひ教会に行きます。一緒に祈りたい」と言いました。この子どもたちは洗礼も初聖体もしていないし、教会にも行っていないということでした。しかし私は、「もしよかったら、今度、教会に来てください」と伝えました。

カトリックはずっと葬儀をやってきました。「現代人はそれを求めていないから、やらないほうがいい」とか「こういう人々は教会に来ないから、やってあげないほうがいい」と考えるよりも、「具体的に人が何を求めているのか」とか「宗教としてこういうときに何を与えることができるか」を考えるのが大事なのではないかと思います。大事なのは「私たち宗教者が何を求めてほしいのか」ではないのです。

キリスト教と現代社会についての座談会

森：宗教を分類する時に、私は、宗教の世界と世俗の世界を分ける宗教と分けない宗教があると考えています。カトリックでは、世俗の世界と宗教の世界を分けて考えますね。聖と俗を分けて考えている。仏教でも、スリランカやタイやミャンマーなどで行われている上座仏教では、お坊さんの世界と一般の世俗の人々の世界は違う世界です。これに対して、ユダヤ教とかイスラームでは、世俗の世界と宗教の世界が分かれていません。ユダヤ教もカトリックも（キリスト教のプロテスタントは少し違うのかもしれませんが）イスラームも根っこは同じなのに、宗教の世界と世俗の世界を分ける宗教と分けない宗教とがどうして出てきたのだろうと不思議に思うのです。

マシア：聖と俗の問題は、「信教の自由」と「政教分離」の問題でもあります。フランスでは政教分離、イスラームも公のところでは政教分離、それに対してスペインではまちまちです。スペインは今ちょうど春休み。一般人にとっても春休みです。教会では木曜日、金曜日は復活祭、イースターとなります。公のパブリックなものとして、ハッピーイースター、あるいはメリークリスマス、ハッピーシーズンズ（グリーティングス）などを祝います。聖金曜日（イエス様が亡くなる日）に弔旗を掲げることを、スペインのある自治体では行い、あるところでは行いません。あるところは社会党（あるいはもっと左）だから、「これをしてはいけない。これは政教分離に反する」とされます。一方で政府は「これは文化的なもので、昔からあるし当たり前になっているから、大きなお祭りでしょう」という態度です。誰も文句を言わない事柄でも、政治的な立場によって揉め事になるという状況です。

スペインでは昔、クリスマスには、馬小屋でイエス様が生まれる場面を描いた絵などをいろんな場所に飾りましたが、やがて、これが「公の施設で飾ってはいけない」となりました。一般の人は誰でも「そんなことはかまわないだろう」と言います。けれども、森先生がおっしゃるとおり、分けるのと分けないのと、その二つの違いは大きいですね。

森：マシア先生は「正しい政教分離は必要だ」とおっしゃいますが、私は仏教徒ですから、なぜ政教分離をしなきゃいけないのかが基本的によく分かりません。俗の世界と聖の世界が一緒でも政教分離が必要なのでしょうか。一つの特定の教団と政治が一緒になるというのはよくないかもしれませんけれど、しかし、イスラームとか神道とか、仏教の一部とかでなら、政教分離をしなくていいのではないかな、と私は思います。

安蘇谷：たとえば、戦前の国家神道時代にキリスト教の人が「靖国神社にお参りしないといけない」と言われて、それを「強制された」と感じた人たちが政教分離の必要性を主張したと思います。いろいろな宗教がこれだけみんなに知られてきた。少数の信者しかいない宗教団体は保護する必要がある。日本では「政教分離のほうが政治的にはベターじゃないか」というだけではないかと思います。つまり日本の場合、歴史的に宗教間の争いがあまりなかった。ある時代に一向宗やキリスト教が弾圧されたという歴史はありました。キリシタン大名が神社やお寺を壊したという事実が結構あったためにキリスト教を取り締まるという歴史があった。しかし比較的、日本は政教分離の必要性を感じないで来たといえるのではないでしょうか。つまり仏教も神道も棲み分ける形で来て、あまり特殊な形で伝統宗教に対する弾圧がなかった。だから政教分離の必要性が出てこなかった。そういう国民性であったことは間違いないと思います。世界史的に政教分離を見ると、ご存じのようにプロテスタントとカソリックの争いが政教分離の元で、その原理をみんなで養成して培っていく必要性が出てきたのだと思う。日本の場合は歴史的に政教分離の必要性を感じないで来たと思います。

お書きになったものの中で「世俗化」、「セキュラリゼーション」という言葉があります。第二次大戦後、私がアメリカへ留学していた頃、アメリカでもハーヴィ・コックス（米国の神学者。一九二九年―）が著した『世俗都市（セキュラリシティ）』という、だいぶ売れた本がありました。そんな時代に、私も「世俗化と日本の伝統」というテーマでエッセイを書いたことがあり、その時、日本の場合はもともと世俗化しているから、いわゆる世俗化現象とは違うだろうと思いました。私は日本の伝統とは何かについて、中村元先生の著書『日本人の思惟方法』を使って論じました。日本では、少なくとも戦後に世俗化が始まったという言い方はできない、もう伝統的に世俗化していると書きました。当時、特にアメリカの宗教社会学の影響だったと思われますが、日本でも、神学者も宗教学者も宗教社会学者も世俗化の問題を取り上げていました。今はもう誰も議論していないようです。だから、世俗化を強調するとすれば、それはキリスト教の立場からの世俗化現象と捉えるほうがいいのではないでしょうか。それとも、日本の社会では宗教の役割が後退しているから今が世俗化だ、と捉えるのでしょうか。マシア先生のお考えはいかがですか。

マシア：具体的にスペインの歴史から二つを挙げます。一つは、教会が国家（政治）に対して過保護的に振る舞っていた時代があって、その後、国家（政治）が大人になった近代の問題が出てくるということです。もう一つは、日本の国家神道じゃないけれど、スペインには長い間、政治のほうから教会を利用する「国家カトリシズム」と呼ばれるものがあったということです。国家は教会を守り、その代わりに教会は国家の権力を認めました。

第二バチカン公会議の時、米国から来た司教たちは「信教の自由」に対して非常に積極的でした。スペインの司教たちはフランコから守られる代わりにヒモ付きでもあった。共産圏から、迫害を受けているところから来た人びとは、信教の自由もなかった。だから『信教の自由』の宣言が大多数の賛成で、二千人以上の賛成で可決されたわけです。聖と俗の正しい関係はこのように考えられます。教会は、どの政権であっても、あるいはどの政党であっても、みんなの共通善のために味方します。人権、人間の尊厳、命の尊厳などの共通善のために協力する限り、私たちも教会も政府に味方していく。共通善が損なわれる時には、政府に対して反対すべきことは反対していく。「政教分離だから宗教は原発行政について発言するな」などと言われたら反対します。宗教は政治に関わらないとしても、宗教と政治の両方が自立し独立していて、同時に共通の目標を持つことは大切です。政府が団体を支援する時には、宗教の団体もそうでない団体も平等に支援しなくてはならないでしょう。

安蘇谷：政教分離というのは、separation between church and politics あるいは government のほうがいいわけですよね。つまり separation between religion and politics だとまずい。アメリカには大統領就任宣言の時に「聖書に手を置いて」という伝統的な儀式があります。この儀式は政教分離に反しない。政治が特定の宗教教団を支援したり優遇したりすることがない限りは、自由という意味で政教分離はいいと思います。スペインの場合は、フランコ政権の時にカソリックに対して、かなり優遇的なことをやったのですか。

マシア：あの時はその前に内乱もありました。内乱のことをフランコ側は、皮肉なことに、「クルセイド」（十字軍）的なものとしました。つまり、共産党との戦いはキリスト教のための戦いだとしたわけです。当時、日本だったら「天皇陛下万歳」みたいなものですけれど、スペインには「国王のため、国のため、神のため、死のうではないか」

と歌う歌がありました。内乱の終わった後でも歌われました。第二バチカン公会議の前に教皇ヨハネ二十三世による文書が出された時には、その文書を教会で読むことを政府が禁じました。教皇の文書を教会で読む人の有無を調べるために、教会にはスパイの警察官、政治警察が参加していたのです。で、「この司祭はたぶん共産党寄りの人物でしょう」などとスパイしていた。一九七一年に教皇パウロ六世は文書を出して、初めてこう言いました。「カトリック教会だから選挙の時には共産党に一票を入れてはいけないということなどない。同じ一つの教会の中で、政治的に左の政党、あるいは右の政党、あるいは共産党であれ民主党であれ、いろんな政党がありえます。国によって、また君主によって違うでしょう。それらをみんな一緒に話して、そして選択してください」と。

でもごく最近まで、私の国のあるところでは、古いタイプの司祭が「選挙の時には絶対に社会党に一票を入れてはいけない」と言っていました。大きな二つの政党があり、左寄りの中央社会党と右寄りの中央民主党です。ほかにも政党はあるけれど、この二つの政党が大きい。社会党の四〇%はカトリックで、民主党の三〇%くらいはカトリックでない。

今回のアメリカの大統領選挙はトランプを支持している人がギリギリだったでしょう？　カトリック、宗教だったら、もう、それこそ左のほうも右のほうも、政党とかの分け方は極端ですよね。だけど、不思議なことに倫理問題となると別です。堕胎の問題なら、一番右のパーティ（政党）は「堕胎反対」です。でも聖義の問題となると、一番右のパーティは、「ボスと一緒にイラク侵略は賛成」です。だから「お前たちはカトリックなのに、平和のことを話すからもう左寄り」と言われます。平和のことを口にするだけで「あ、おまえはひょっとすると共産主義だからそう言うのか？」と言われる。ほかの時には褒め言葉として「こんなにいいことを言ってくれるのは、おまえたち宗教者と共産主義だけだ」と言われます。私は日本でも言われたことがあります。

韓国においてだったと思いますが、学校で、一つの信仰を教育することと、諸宗教について文化的な知識として教えることと、宗教性一般を心の教育として教えること、この三つを工夫しなければいけないといった話がありました。それが、正しい意味での政教分離の線での考え方だと私は思いましたけどね。

眞田：最近、私は政教分離ということを世俗化の問題と突き合わせて考えています。イスラームは政教一致なので、世俗化は非イスラーム化であり、イスラームを全部否定されてしまうことになります。ですから、世界人権宣言が一九四八年に採択される時に、参加国はまだ十六～十七か国くらいだったと思いますが、サウジアラビアを始めイスラームの国々は、採択に反対しました。その理由は、確か十六条に「宗教選択の自由、改宗の自由を認める」という条文があって、それを問題視したからです。イスラーム圏は改宗の自由は認めないという立場ですから、反対したのです。『クルアーン』には「宗教には強制があってはならない」という有名な言葉がありますが、しかしその反面、改宗することは認められていない。改宗は神に対する約束を人間のほうから破棄することであり、神に対する冒涜であるから認められないという考えなのです。そのうち、マレーシアでイスラーム教徒がキリスト教徒になった事件が裁判で争われました。サウジアラビアのような保守的な国は「改宗は死刑に値する」という意見で、エジプトも同じでした。マレーシアではイギリスとの関係でイギリス法がありますから、裁判所は「改宗は問題ない」との判決を下しました。これは最高裁まで行った議論です。イスラームでは、スンニ派でも学派が四つありますが、一番厳しい保守的な学派では「死刑」でした。ところが、パキスタンの最高裁長官が「改宗をしたら死刑に処するといった事柄は、現世のことでなくて、来世のための罪を問われるのだ」という意見を述べたのです。つまり、『クルアーン』の解釈は、現在なのか未来なのかというアラビア語の命令形の捉え方による。それで学派によって考え方が違います。現状を私は詳しく把握しておりませんけれど、世界人権宣言を採択したイスラームの国々は、この宣言の「改宗の自由」

について、それなりにイスラームの次元で解釈して、宣言を採択するか否かの議論を済ませたはずだと思います。私は、おそらく、来世の問題であって現世の問題ではないということで問題を処理したのだろうと思っています。

話を戻しますけれども、「世俗化の問題とは信教の自由を認めることであって、信教の自由を認めるとイスラームが破壊されることになる。イスラームを破壊するために欧米が信教の自由を言ってくるのだ」と考える人がイスラームには多いのです。そして「我々ムスリムは、本来のイスラームを忘れて世俗化しすぎてしまった」という認識を持つ。そこでどうしたらいいか。大事なのは、十世紀の、イスラーム文化が栄えていたころに、『クルアーン』やスンナの言葉を文字通り解釈するのではなくて、それを現在の社会に合うように、弾力的に創造的に解釈しようとしたことで、これを「イジュティハード」と言います。そういうことが十世紀以降はなくなってしまい、宗教神学者も政治指導者も堕落していく。イスラームが習俗化することによって堕落してしまって、本来のイスラームを解釈する力がなくなってきたと見るわけです。この「イジュティハード」をどうするかという問題は、先ほどの世界人権宣言の「改宗の自由」をどう解釈するかという問題と同じなのです。これを「イジュティハード」でやるかどうかということになってきた。

マシア：そうすると、イスラームの国々に望まれるのは、世俗化よりも前に啓蒙でしょうか。宗教のほうからでなくて、近代の批判と再解釈でしょうか。

眞田：イスラームは「近代」という言葉も嫌いますね。

マシア：そうですか。カトリックの原理主義者も同じですね。立ち帰る時に「聖書にはこう書いてある」と主張します。しかし、そう書いてあっても、とにかく今の時代に必要なのは、現代からの批判と再解釈だと思うのですが。

眞田：先ほども言いましたが、パキスタンの最高裁長官が書いた『改宗の自由について』という本があります。この本の結論は「現世に処罰されるのではなくて、処罰されるのは来世、神の前で処罰される」というものです。このようなことを言っただけで、著者は石を投げられ、生命の危機を感じるような迫害を受ける。この本は三十年ぐらい前の刊行ですが、前文にそういうことが述べられているのです。

マシア：残念ながらカトリックでも似たようなことを言う人が少なくないですね。「これは前近代」とか言います。

眞田：中世、近代という時代区分は、イスラームの立場からすると「ヨーロッパの歴史学者が作った言葉であって、我々に関係ない」と言いますよね。だからポストモダンの議論をすると「何と馬鹿なことを言っているのだ」と言われます（笑）。

マシア：私は、現代社会から、仏教もイスラームもキリスト教も、いろんなことを相対化して再解釈するための刺激を受けていると思うのです。だけど、このことはカトリックの内部でも言う人は多くありません。

安蘇谷：日本では、信教の自由を認めない人は誰もいないですよ。日本や西洋では信教の自由など当たり前な感じがあります。いかに日本が西洋的文化を受け入れたがっているかよく分かります。眞田先生、イスラームでは現代的解釈ということ自体が大変なことなのでしょうね。

眞田：だから十世紀以降、「イジュティハードの扉は締められた」と言われます。今、「イジュティハードの扉を開ける」ということは、十九世紀以降のイスラーム世界の大事なテーマなのだと思いますね。西洋に立ち遅れた理由にはイスラームの怠慢がある、と記した本も出ています。確かに植民地支配というのは大きいわけですよ。十九世紀以降はいろんな経緯があってイスラーム世界が作られた。国もですよね。それがイラク戦争によって破壊された。また、今度のトランプの前からそうですけれど、アメリカによってイスラーム世界の再構成がなされている。もう二十年ほど前からアメリカの外交雑誌には、新しい国の線引きについての論文が出てきています。そのように、十九世紀以降のイスラーム世界の構築、破壊、再構築が西洋列強によって行われているということがある。その中で、西洋とどう対話をするかという大きな課題をイスラームは背負っているのではないでしょうか。イスラームの市民レベルで考えられなければならない事柄が、国の悪しき指導者か良き指導者か分かりませんが一部の指導者と外国勢力との関係でやられて動いていく。だからもう民衆はただ逃げるわけです。

マシア：指導者も権力のある人に従いますね。

眞田：幕末の日本では、西洋列強が押し寄せてくると日本が植民地になってしまうということで、国学者は日本の伝統を生かしながら日本をどうしていくかを考えたわけですよ。水戸学も、そういう一つの解釈をした。これはイスラーム的に言えば「イジュティハード」になる。現在の状況をどう乗り越えるかという時に、核となるものとして日本の古典的なものをどう入れ込んでいくかと考えること、これもやはりイスラーム的に言えば「イジュティハード」だと思います。幕末の日本にはそういう学者がいて、その連中が明治政府の土台を支えていった。だから、様々な対立があったけれどもまとまった。ところが、イスラームは全然まとまりがないと思いますね。

安蘇谷：そういう意味では天皇制度が良かったみたいですね。天皇制度というのは天皇が権力を持たないで権威としてあったものですから、利用しやすかったのでしょう。天皇が権力を握っていたら、もう室町時代で天皇制度は終わっていたかもしれないし、織田信長の時に終わったかもしれない。権威だけだったから終わらずに続いた。江戸時代も、後水尾天皇などは幕府にものすごい抵抗をするわけです。しかし抵抗をしても結局実力はないわけだから我慢するしかない。しかも贅沢もしない。そのような歴史を経て幕末になってくると、国学とか水戸学がそういう天皇の権威を重んじた。明治維新の時にもいろんな考え方があったけれど、まとまるための一つのシンボルが天皇制度であった。天皇制度が幸いしたということはありますね。

近頃、明治維新を批判する歴史学者が出てきて、読んでみましたけれど、これまでの説を大きく変えるものとは思いませんでした。明治維新そのものも、長州藩・薩摩藩の連中は結局、要するにテロリストだった。明治維新を支えたのは幕府の官僚だったと言うのです。そういう意味では江戸幕府の官僚はそれなりに優秀でした。一方で、下級武士であまりよく分かっていない連中が上層部に昇って政治を行ったが、いわゆる行政官としては幕府の官僚が相当数いて、それが明治政府を支えたという考え方です。ただ、西郷隆盛にしろ坂本竜馬にしろ、みんな命がけで、お国のためというか藩のためというか、そういうスタイルでした。今の我々には考えられないですよね。自分の命を国のために捨てる。脱藩というのは親兄弟と縁を切って命がけで国のために頑張ることです。そういう人間がこれから出てくるのかどうか、それは難しいと思う。まあ、当時も大部分の人たちは今の人たちと一緒だったでしょう。命がけでやる人間が世の中を動かすということなのでしょうね。

眞田：そういう命がけでやった人々は脱藩した。彼らのアイデンティティーなるものは何だったのか。それはいろいろでしょうが、藩を捨てるわけだから、少なくとも藩がアイデンティティーではないですよ。

安蘇谷：ただ、アヘン戦争で清国がやられたことがものすごい刺激になって心ある人間が立ち上がったということだけは間違いないですね。それまでは日本はやっぱり清国に対して大国意識があった。今でもそうですけれど、当時のGDPだって清国が世界で一番ですからね。その清国が白人の国に負けた。これがすごいショックで、このショックに目覚めた人間が立ち上がった。もちろんその前から警告していた人はいる。特に水戸学では会沢正志斎（一七八二―一八六三年）が『新論』（一八二五年）を書いて、出版はされませんでしたが、これが幕末のベストセラーです。アヘン戦争より二十年近く前に執筆され、それが志のある人間に読まれて、やがてアヘン戦争で清国が負けたことで現実味を帯びてくる。それが一八四〇年で、それから二十五、六年で明治維新です。そこへまたペリーがやってきたという大事件もあります。だから、一つのことであれだけ世の中を動かすことが起きたという見方は難しいと思います。

イスラームと現代社会

眞田芳憲

神から見れば聖も俗もない

イスラームが現代日本社会から何を求められているか、現代日本社会におけるイスラームのあるべき姿は何か。この二つの課題をイスラームの立場からきちんと議論するのはなかなか難しく、考え込んでしまいます。これまでも重ねてお話ししてきましたが、そもそもイスラームは聖と俗を分けない考え方に立ちます。その理由は神によって創造されたこの世界にあって、神から見れば聖も俗もないからです。人間が勝手に聖と俗とに分けるという考え方をイスラームはするわけです。タウヒードの世界観があるイスラームの根本的な問題とは全てそこから出発します。例えばムスリム同胞団(1)にサラフ主義(2)(サラフィーヤ)の十原則というものがあります。その一つを紹介すると「イスラームは人間生活の全ての現象に対応する包括的なシステムである」という言葉があります。包括的なシステムですから、法制度、政治制度、経済制度、金融制度等々人間生活の現象の全てに関わってくる。そういったことを前提にお話ししてみようと思います。

私は三人の政治家、学者の考え方を通して考えることにいたしました。一番目はヤマニーの考え方です。ヤマニーの本を私が翻訳したのは四十年前になりますけれど、彼は当時サウジアラビアの石油大臣をしていました。ちょうど日本がオイルショックで苦しんでいた時に三木武夫さんなどがヤマニーと会って様々な政治交渉をしたそうです。私が翻訳したヤマニーの本の中から紹介いたします。

少なくとも十三世紀までの世界では圧倒的にイスラームが力を持っていました。それが次第に政治的にも文化的にも衰退していくことになります。イスラーム世界から見ると、どうして衰えてきたのかは深刻な問題なのです。今でもイスラーム世界は社会主義の世界。今のシリアもかつてはそう、イラクもそうです。社会主義の国であったわけです。ですから衰退をした時に、「社会主義の道を歩むのか」、それとも「イスラームの道を歩むのか」、それとも「ヨーロッパ的な西洋型の道を歩むのか」、これら三つの道を考えることがムスリムに問われる問題でした。ヤマニーはイスラームが西洋の帝国主義支配を受けて衰退した責任はどこにあるのかと考え、「その責任はムスリム自身が負わねばならない。ムスリムに責任がある」と主張したわけです。

十一世紀頃がイスラームの最盛期ですが、「西洋と接触する幾世期も前から、一つの反動的な運動が起こっていたのであり、あの精緻にしてダイナミックな知的潮流は、イジュティハードの扉が閉ざされた後、突如としてその流れを止めてしまったのである」と彼は言います。イジュティハードとは「自由な学的努力」を意味します。社会がどうであろうとそれに関係なく経典の文字をそのまま解釈していく時代になってからイスラームは衰退したというわけです。従前のイスラームが優れていたのは、『クルアーン』やスンナといったイスラームの行動原理を規定するものについて、弾力的に自由に創造的に解釈するイジュティハードの道があったからであり、その道が閉ざされてしまったところにイスラーム衰退の原因があると、ヤマニーは考えたわけです。そしてまた、「宗教を抑圧の道具として利用する現象がどこにでも広く見られるようになり、ムスリムの支配者たちは、歴史のさまざまな時期においてこうした現象を完膚なきまでに利用してきたのである」と述べています。これがヤマニーの考え方でありました。これは多くの人々が共感したところだったかと思います。

二番目はムハマド・アサドです。この人はウィーンのユダヤ教のラビの家の出身で、非常に生まれが良い。ところが彼は第一次世界大戦後、当時のヨーロッパの精神的な衰退の中で諸々の疑問を持ち、ウィーン大学を中退して、新聞記者になって中東世界を見て歩くということをします。そしてサウジアラビアの建国のサウジ王に重用されて、その後はイスラーム世界の至る所で大活躍し、やがてパキスタンの宗教省の大臣になりました。その後はパキスタンの国連大使に就任し、「アンバサダー・オブ・イスラーム」つまりイスラーム大使と言われるくらい著名となりました。私もアサドの国家論を訳したことがあります。彼に『メッカへの道』という自叙伝的な作品があります。彼はユダヤ教からイスラームへ改宗した人であり、そういう背景から彼は「イスラームは一体何をしているのか」と嘆き憂い、ムスリムの再生を訴えるわけです。彼は「私がクルアーンの頁に見たものは物質的な宇宙観ではない。まったく逆に、強烈な神の意識である」と述べています。イスラームほど神に直結した宗教はないということを、彼はこのように表現したのだろうと思います。また彼は、『クルアーン』に「神の創造による全宇宙の知的および合理的認識が要求されていることである。知性と肉体、精神面の欲求と社会的必要が手を取り合う調和の世界」を見たとも述べています。これは、聖と俗とは分かれないというタウヒードの考え方の一表現であろうと思います。そして、「ムスリムの衰退は、イスラームの欠点からではなく、それを実践しない彼らの失敗によるものである」と述べ、「ムスリムがイスラームを高貴にしたのではない。イスラームがムスリムを偉大にしたのだ」と述べます。これらは私の好きな言葉です。これに続けて彼は「だが時とともに信仰が習慣となり、未来に向かって推し進められるべき人生と社会のプログラムであることを止めたときから、彼らの文明の原動力は失われ、創造的衝動は影をひそめ、怠惰と硬化と文化的衰退に冒されていったのである」と言うわけです。すなわち、ヤマニーと同じく、アサドもまたムスリムの責任ということを強く訴えているのです。

政権と民衆との間をどう埋めるか

三番目のカラダーウィー。彼は先ほども触れたサラフ主義者であります。二〇〇四年四月二十九日の『朝日新聞』に「新世紀を語る⑤」という連載記事の一つが載りました。朝日新聞の記者と対話する形の記事で、カラダーウィーの主張が読めます。彼はエジプトの人で、イスラーム世界で大きな影響力を持っていましたが、やがてエジプトを追われます。エジプトの軍事政権の中でサラフ主義は徹底的に弾圧されたからです。しかし、エジプトを追われてからも彼の主張はイスラーム世界全体に影響を及ぼしました。記者の「今、何が必要ですか」といった質問に答えて彼はこう言いました。

「イスラームの覚醒です。それも過去にしがみつくのではなく、近代化に沿った形でイスラーム共同体を広げるのが目的です。」

これは先ほど申しましたイジュティハードなのです。ムスリムがイスラームの経典を現代社会に合う形で創造的に解釈することによって、イスラームの願いというものをイスラーム世界全体に広げるべきだと彼は言っているのだと思います。それが、ムスリムがイスラームそのものに目覚めることだと思われます。それを彼は「(政教分離の)世俗主義を排した民族主義的なイスラーム運動でもある」とも言います。申しましたように政教分離という考え方はイスラームにありません。そういう世俗主義を排した民族主義的なイスラーム運動を展開するにはどうするか。彼は「そのためには政権と民衆の間の溝を、それぞれが暴力に訴えるという破壊ではなく、対話による建設的な手段で埋めなければならない。そうした運動に対する警戒心がイスラーム世界の政権内部にあるのは、嘆かわしい」と言いました。政権と民衆との間をどう埋めるかということ、これが今、イスラーム世界において最も問われていることで、これが上手く機能していないということになっているのだろうと思います。この関連で申しますと、私は「いま、「イスラーム国家」が問うているもの」という論文の中で「イスラーム国家の暴力の連鎖を絶ち切る道」について書きました。イスラーム世界において権威があって開明的で公正な宗教者が提言する例としてカラダーウィーの言葉も紹介し、こういう宗教者が提言した対話の必要性を重んじなければ解決の道は得られないであろうと書きました。もちろん、対話する場を国連が主催するということも当然、考えられます。

このように深刻な問題が今のイスラーム世界に問われている。イスラームが中東世界を始めとしてイスラーム世界をどのように導いていくか。その中で道を誤ると、またテロの道は続いて行くであろうと、そのように私は見ています。

イスラームと現代社会についての座談会

竹村：眞田先生に一つ教えてほしいのですが、過去にしがみつくのではなく近代化に沿った形でイスラーム共同体を広げるという場合、そのイスラーム共同体というのは具体的にどういうものなのでしょうか。

眞田：近代化イコール西洋化ということではないのです。彼らが近代化という場合は、イスラームの原理に基づいて、今の社会に合わせられるような生き方をするということです。

竹村：今の社会とは、グローバルな地球の社会全体を指して言っているのですか。

眞田：そうじゃないですね。

竹村：そうでなければ今の社会とは何なのか、ということにもなりますね。

眞田：例えばこういう考え方があるのです。シリアでは政情が混沌としております。そこでどんな国家を創るかということで人権問題を考えます。人々が癒されて救済されるような国家、社会をどう創るかを考えるわけです。その時に考える基準になるのがイスラームの原理です。我々はヨーロッパ的な意味で人権を考えますけれど、そうではなく、イスラームが考えるのはイスラーム的な人権なのです。そのイスラーム的な人権というのは遡っていけば、七世紀の聖人カリフの時代の人権です。聖人カリフの時代に最も理想的なイスラームが行われていたのでそこに立ち帰ることを考えるわけです。近代化というと西洋的になりますが、本来のイスラームに立ち帰る意味で、イスラームの原理を踏まえた新しいイスラームに改革することと受け取ればよろしいかと思います。

竹村：復古維新ということですかね。必ずしも近代化ではない。

眞田：そうですね。

竹村：そうした際に意外と原理主義と結びつく、そういうことはどうなのでしょうか。

眞田：問題は「原理主義」という言葉の使い方なのです。「原理主義」という言葉をどう理解するか。英語のファンダメンタリズムという言葉は、一九三七年でしたか、アメリカでの裁判で出て来た言葉です。進化論を説いた教師が、聖書を冒涜したということで有罪になり、その教師は学校から追放されました。その判決が始まりです。プロテスタントの考え方からすると、そういう考え方がファンダメンタリズム。いわば聖書の記述絶対主義がファンダメンタリズムで、イスラームが用いる「原理主義」と考え方が少し違うと思うのです。難しいかもしれませんが、「本来のイスラームに立ち戻る」という意味で原理主義なのです。同じ「原理主義」という用語でも、キリスト教的な意味での「原理主義」とは非常に違うということになろうかと思います。

神道と現代社会

安蘇谷正彦

「集団の安寧」と「個人的な不安の解消」

神道の場合は経典、教義が定まっていないので、私は祭りの伝統・神社史・神道古典・神道思想史の四つを素材として神道的なもの、あるいは神道の立場というものを考えるようにしております。神道が現代日本社会から何を求められているか、神道のあるべき姿は何か、ということについては祭りの伝統と神社史、神道古典から答えを探そうと思えば出てくるのですが、簡単に二つの素材で考えてよいのではないかと思われます。

日本全国で行われる神道の祭りは多種多彩ですが、基本的に集団の安寧を図るために、春は稲を始めとする五穀の豊穣を神に祈願し、秋は豊作を神に感謝する、こういう形で成立したと考えられます。私は、日本列島では稲作農耕を中心とした五穀の豊穣という形が日本文化、あるいは日本人を作ったと考えます。証明は難しいのですが、そういう立場を取ります。春の新嘗祭《しんじょうさい》《にいなめさい》は春祭りといえます。春に五穀豊穣を神に祈願し、秋には豊作を神に感謝する。これがお祭りの基本。五穀こそ、日本人が生きるうえで最も重要な食物であったからでしょう。現代日本は農業人口が激減しました。また五穀が食糧の半分以上どころではありません。ものによってはほとんどを外国に頼る現状においても、集団の安寧と五穀の豊穣を祈る祭は今でも全国津々浦々で行われております。

神々への信頼は、自然に対する脅威に由来すると思われます。日本人は、自然の運行をコントロールする力の根源を神と捉えていたと考えられます。神々への信頼の基本には「神様は恐い」ということがあり、そこから神々に対する無意識的な信頼感というか、信仰というか、そういう気持ちが出てくるのだろうと思います。私は「信仰」という言葉を使いたくないので、神に対する無意識的な信じ方を信頼と言っています。

集団における祭りが基本になって、やがて個人祈願が神社で行われるようになったと考えられます。個人祈願の一番古いものはいつ頃かというのは難しい。奈良時代、万葉集の中にも旅の祈願を神様にしている例がないわけではないのですが、どうもはっきりしません。少なくとも平安時代には個人祈願を神社で行ったと捉えてよいと思います。これは仏教の影響もあると思います。具体的な個人祈願は、ご存じのように家内安全・武運長久・健康長寿・病気平癒などです。商売繁盛は新しい部類と思われます。交通安全は戦後ですし、受験合格も近代からです。個人祈願は、個人的な何らかの不安を取り除くために祈っている、といえるでしょう。

祭りと神社の役割を強引にまとめると、「集団の安寧」と「個人生活における不安の解消」というふうになるかと思います。

神の命令によって神の子孫が日本を統治する

神道のあるべき姿については、神道古典および神道思想史を拠り所に考えていくことにします。神道古典と神道思想史を取り上げる限り、物語の骨格が決まっていて、『古事記』と『日本書紀』を比較しますと相違が少なくないのですが、基本は次のようになります。

高天原にいる神々の御意思は、天照大神の皇孫が中津国を統治するように命令した。その中津国を皇孫、後の天皇が治めるようになった。神道とは神の道であって、神の道というのは平天下の道である。

神道を特に「平天下の道」とするのは儒教、特に朱子学などで強調される使い方です。神の道とは「神の命令によって神の子孫が日本を統治すること」であり、それによって日本の国は平穏に治まる。私としましては、これが神道古典における神の道のあるべき姿だと捉えざるを得ません。それは神道思想史においても同じです。最も古い思想としては伊勢神道を挙げなくてはいけないのですが、伊勢神道は必ずしもはっきり「神の道」という形で捉えていない。しかし、伊勢神道の影響を受けた北畠親房の『神皇正統記』に典型的に現れていると考えられます。次の箇所です。「大日本国は神国なり。天祖はじめて基をひらき、日神ながく統を伝へ給ふ。我国のみこの事あり。異朝にはそのたぐひなし。このゆえに神国と云ふなり」

現代日本語に言い換えますと「天上界の神々が日本国の基本的な構造を開始されて、その構造のままに天照大神の子孫である天皇が長い間統治している、そういう国であるから神国だ」という説明をしているわけです。この親房の捉え方もかなり儒教の影響があるといってよいでしょう。日本は神国という言葉は『日本書紀』から出てくるわけですけれど、和辻哲郎が「日本の国の骨格について神国という捉え方をしたのは親房が最初ではないか」と言っております。親房は仏教の影響も受け、儒教の影響も受け、日本を統治するうえで神の道は大事だという説を展開したのだろうと思います。

山崎闇斎とか本居宣長とか代表的な近世神道思想家も、大体は「天照大神の道は天照大神の御心によって天皇が統治する道であって、天皇が統治する道によって平穏に治まるという考え方が神の道である」といった主張です。それが戦前の国体神道です。ちなみに、私は「国家神道」という言葉は神社制度を指すものであって、思想としての制度ではないと考えます。したがって、思想的には「国体神道」と言ったほうがよいと思っております。

結論として申し上げれば、現代日本社会における神道のあるべき姿というものも、昔からのとおり、「神様の命令によって神様の子孫が日本を統治するあり方」というように捉えざるを得ないのではないかと思います。

神道と現代社会についての座談会

竹村：安蘇谷先生からは、どちらかというと神道のあるべき姿といった基調でお話があったかと思うのですが、現代社会から神道に何を求められているかという点を考えた時に、私が思いつくのは環境問題を解決することなのです。神道は森を非常に大事にしてきた宗教だと思います。環境問題が深刻になってきて、神道は森の維持といった観点から何らかの積極的な役割を果たすことが求められている気がするのですが、いかがでしょうか。

安蘇谷：薗田稔先生がよく神社と森ということで環境問題に触れます。それはそのとおりなのですが、神道から環境問題が出発したのではないのではないでしょうか。キリスト教から環境問題が始まったのか私もよく分からないのですが、本当に森を大事にするのだったら神道からも言えばよいことだと思います。公害が垂れ流されている時に私も四日市の神社の森が駄目になっていることを新聞に投書したのですが、神社界で批判されました。産業発展や経済成長は大事だという人がいたのです。森を大事にしてきた神道が環境問題を考える時に大事な主張ができるはずというのは、理想論からいえばそのとおりです。では具体的に何をやるのか。一般の氏子さんに「そういうことで皆さん頑張りましょう」と言うだけで、具体的な環境保護運動を実践している人はあまりおりません。神社の清掃くらいはやります。理想を言うのと現実に活動するかどうか、そこが難しいです。批判を言うことはいくらでもできます。

竹村：現代社会が持つ課題に対して何ができるかという観点から、神道を生かすことができるのではないかと思います。経済成長とか産業発展が大事だというのも結びの一側面かもしれませんが、全体的な調和を求めていくというのも結びの一つの働きではないかと思うのです。成長、発展ばかりを追求するほうがむしろ批判されるべきことになるのではないでしょうか。岸本英夫さんに「神道は自然との一体化を求める」という趣旨の発言があったと思います。その観点から、今日の環境破壊や環境汚染に対して抗議をしたり「ノー」と言ったりする取り組みができる面が神道にあるのではないでしょうか。

安蘇谷：それはそのとおりです。ただ、私も神職をやっているわけですが、私は自分自身ができないことは言えないのです。自分ができなくともいいのなら、いくらでも言えます。私も環境問題は大事な問題で神道は「環境破壊ノー」と主張できる宗教の一つだと思います。だから薗田先生の言動は貴重だと評価はしますけれど、しかし神社界がどういう形で環境保護運動をやれるか。シンポジウムをやるくらいはできると思います。具体的に何をどうやって頑張れるのか、そこが難しいと思います。現代社会で神社界が活動しているとすれば、一つは皇室問題で、あとは靖国問題などでしょう。そのほかの活動は正直なところあまりやっていないと私は思います。

竹村：宗教社会学者の西山茂（一九四二年―）先生が宗教者、宗教研究者、環境経営学などの学者も一緒になって環境問題を考えようということで様々な人々が集まった団体（宗教・研究者エコイニシアティブ）を作りました。立正佼成会(3)も一つの有力なメンバーですし、生長の家(4)は最も徹底して環境問題に取り組んでいると思います。西山先生の定年退職を機に私が引き受けているのですが、大学の持ち回りで年一回シンポジウム（宗教と環境シンポジウム）をやっていまして、今年度（二〇一五年度）は國學院大學でやります。それで、皇學館大學の櫻井治男先生に基調講演をお願いすることになっています。

釈迦仏教と現代社会

森　章司

釈迦仏教は現代社会から求められない宗教

釈迦仏教は「少欲知足」という考えを根底に置きます。現世的な物事に価値を認めないで出家修行の形を取っていることはご存じのとおりです。仏教の基本的な教えは中道ですので、釈迦仏教も決して禁欲主義ではありません。欲望を充足したところに幸せがあるといったものの見方も取らない。禁欲主義でもなく、欲望の充足を全肯定しもしない。欲望を抑制する、いわば制欲主義という立場です。制欲主義を最も端的に表す言葉が「少欲知足」でしょう。現代社会は資本主義社会であり、資本主義とは欲望の充足を肯定する経済理論です。近頃は強欲資本主義といった言葉もよく聞きます。強欲資本主義が幅をきかせている現代の日本社会や欧米社会にとっては、「少欲知足」を最大の生活の拠り所にする釈迦仏教など全く意味のない代物で、釈迦仏教とは現代社会から絶対に求められない宗教なのではないかと思います。それを裏付けるように、現代の日本や欧米の社会において、ほとんど釈迦仏教は行われていません。

日本テーラワーダ仏教協会について

日本にはスリランカのスマナサーラ長老が主宰する「日本テーラワーダ仏教協会」という運動体があります。釈迦仏教の系統としては日本で最も活発に運動している運動体だと思います。正確な資料を持っていませんが、日本テーラワーダ仏教協会の日本人の信徒の数はおそらく一万人を超えないのではないかと思います。

現代まで釈迦仏教が行われているのは南方仏教圏です。スリランカ・タイ・ミャンマー・カンボジア・ラオス等においては上座部仏教と称されていますが、釈迦仏教が相変わらず盛んであると断言してよいと思います。上座部仏教は釈迦仏教の伝統を忠実に引き継いでいる教えですので、その根底に「少欲知足の価値観」が失われずに存在しています。したがって、少欲知足の生活様式を体現しているお坊さんは非常に尊敬されています。お釈迦さんの当時から、パーリ語で「アーリヤンニカ」とか「アーランニャカ」という言葉があります。漢訳では「阿蘭若住」です。これは「森の静かなところに住んでいる」という意味です。現在の日本語では「森の僧」と言われ、町とか村の中に住んでいる一般のお坊さんよりは禁欲的な生活をしています。が、決して隠遁生活をしているわけではありません。現代は森の僧というお坊さん、森の僧が住む寺、森の寺ですね、そういうのが微増している傾向にあるのではないかと思います。南方仏教圏では少欲知足という価値観が存在していて、基本的に現代の日本社会や欧米社会とは全く違う価値観の中で社会が営まれているわけですが、実際には資本主義の影響下にある社会ですから、お坊さんのほうにも「出家は出家だけれど、社会との接点を持つべきだ」という自覚が生まれてきているようです。お寺が無尽のようなものを行ったり、お寺にメディテーションセンターを開設したりして、在家信者が自由に出入りできるような動きもあると聞きます。

宗教と現代社会

竹村牧男

個人の心の救済

私は、現代社会は大乗仏教に何を求めているかというよりも、現代社会において宗教そのものがどのように求められているかを、いわば宗教社会学のような立場でまとめてみたいと思います。昔、宗教学も多少勉強しまして、その中で学んだものを思い出しながらお話しいたします。

かつて、というか最近ともいえるのですが、「宗教は今後個人の心の中で生き延びる。社会の表面からは消えるけれども個人の内心の中で生き延びる」という説が打ちだされて注目されたことがありました。世俗化理論、セキュラリゼーション論ですね。この世俗化というのは、宗教が堕落するといった意味ではなくて、宗教性を帯びていた社会が近代化と共に世俗化していくということです。逆に宗教が純粋に宗教の領域のみに囲い込まれていくという説なのです。個人の内心倫理化（倫理化というのが正しいかどうか分かりませんが）において宗教が生き延びていくという説は、ルックマン（トーマス・ルックマン。オーストリアの宗教社会学者。一九二七―二〇一六年）が『見えない宗教――現代宗教社会学入門――』（一九七六年。原著 *Das Problem der Religion in der Modernen Gesellschaft* の刊行は一九六三年）という本に書いています。

大ざっぱにいって、昔は福祉も医療も教育も地域の統合機能も通過儀礼も宗教が関わり運営していました。仏教でいえば悲田院とか施薬院(5)とか寺子屋とかがありました。神道は地域のお祭り等々ですね。お宮参りとか元服もそうでしょうか。様々な通過儀礼には神道もしくは仏教が深く関わって行われていたわけです。しかし、社会そのものが近代化する過程で、あるいは、宗教的な権力の支配から世俗的な権力による支配を確立しようという方向に社会が進んでいく中で、医療や福祉や教育などは公機関（国や都道府県や市町村）の行政指導で行われるようになりました。あるいは民間の学校法人や福祉法人が担当することにもなります。宗教法人が直接、運営する場合もあるかもしれませんが、大体は宗教団体とは別の団体を作って独立した法人格を持たせる場合が多いですから、その場合はやはり宗教団体が直接、行うものとは違うことになってきます。宗教が社会の場で活躍できる領域はどんどん狭められ、宗教はますます宗教そのものの領域のみに追いやられることになってきたわけです。これを一言で言うと「世俗化」なのです。ところが、純粋な宗教の領域に追いやられた宗教そのものが、科学技術が発達して近代合理主義が浸透した現代、理性尊重の時代において、もはや信じられないというようなことにもなって、今や「宗教教団は苦しい状況にある」と客観的に言えるのではないかと思います。

しかし、人間は生きていくために必ず生きる意味付けとなる思想、世界観を必要とします。その意味付けがまとまりのある体系になるためには、根源的な支えというものが必ず必要です。昔なら神や仏だったろうと思いますけれども、一般化すれば超越者とか絶対者とかを人間はやはり求めざるを得ないわけです。しかし教団に入っていくのはなかなか抵抗感があったり、教義を信じられなかったりということもあります。そうすると人々は、生きる意味付けとなる根源的な支えを、文学とか芸術とか、さまざまな書物などに探究して、自分で自分の心の中にそれを構築していかざるを得ない。それが「内心化」「内心倫理化」と言われます。その結果、「将来の宗教は、教団としては無くなっても、個人の意味探究の営みの中に宗教というものがあるという形で生き続けるのではないか」と、こういう学説となったわけです。

この大まかな方向性の分析に従うと、現代社会においては、宗教に対して社会の側から求めているものは「ほとんどない」と言えます。また、あるとすれば、「もっぱら個人の心の救済の機能のみを期待されている」ということになります。もちろん「心の救済の機能なども、宗教にはもはやない」という見方もあります。しかし一方で「人間である以上誰もがやはり心の救済を求めている」という見方もあります。現代社会において、その両方の見方はどちらも決してなくなっていないでしょう。したがって、個人の心の救済を宗教が実際に達成できない場合、その宗教はもう淘汰されざるを得ないのではないかと思います。例えば既成仏教は「葬式仏教」と揶揄されますが、葬儀や法事のみにおいて人々と関わっているとしたならば、どうでしょう。最近は「お別れ会」みたいな非宗教的な葬儀が普及してきました。「戒名も要らない」という声も少なくありません。現代社会において、既成教団は維持していくのが非常に難しいということになっているのではないかと思います。この先も生き延びるとしたら、「本当の意味で人々の心を救済する」とか「実際に人々の心の支えになり得る」ということが、どのようにできるかどうかではないでしょうか。巷には「気持ちが楽になるよ」といった心の安定に寄与するようなことがさかんに宣伝されていますが、本当に自己の生死の問題などを解決することができるのかどうか、そこが厳しく問われてきているということになるのではないかと思います。その宗教の人間観、世界観の真理性、修行や信仰の有効性、教団組織構成の正当性等々、これらを深く問い、現代において説得力のある妥当なものに改革していかなければ、今後の社会において宗教団体の存立理由は無くなってしまうであろうと私は考えます。

とはいえ、実際に新宗教団体はそれなりに活動できていますし、既成教団も今なお一定の力を保持しているということはいえます。「それなりに」とは失礼な言い方かもしれません。「非常に活動している」「大いに活動している」という団体もあると思います。そういう現状がある理由は、人々が生きる目標や仲間の存在を求めるところにあるといえるでしょう。また、既成教団が生きているとしたら、文化となってしまった行動様式の中で生き延びているといったところにあるのではないかと思います。

宗教の役割は現代社会をあるべき姿に導くこと

宗教団体が何か一定の役割を果たしているということを現代社会の中で考えてみましょう。現実社会は、経済の成長を優先する社会、効率と業績を優先する社会、いわば競争社会です。非常に生きにくい息苦しい社会であって、だからこそ「心が楽になる」という内容の書物等が売れているのだと思います。また、そういう競争社会の中で漏れこぼれた人々を、宗教が収容していることを意味するとも見ることができるかもしれません。もしそうだとしたら、実は今日の宗教教団は、暴走する現代の競争社会が破綻をきたさないように補完する役割を無意識のうちにも果たしている、という見方もできます。言い換えれば「現代社会が要請している経済戦争の後方支援を宗教が行っている」ということです。これは刺激的な言い方ですが、そんな見方さえできるのです。しかし、宗教の本当のあり方を考える時に、「経済戦争の後方支援を担う役割」に甘んじていてよいのか、ということですよね。あるいは「信者さんがこれだけ集まっているからこれでよい」というようなことで現状に安住していて良いのかどうか。

実は、社会の側も、先ほどは刺激的に「暴走する競争社会」などと言いましたけれど、必ずしもそればかりではないですね。一方で社会が「心優しい社会」になりつつあるともいえます。一般企業が公益性とか公共性とかを真剣に考えるようになってきている時代です。例えば、教育をまともに受けられないような発展途上国の子どもたちを何時間も全く安い賃金で労働させて生産して利益をあげるような企業があったならば、それは果たして良いことなのか、許されることなのか、良いことであるわけがない、許されるわけがない、ということで、その企業を一般社会のほうから糾弾する、そういうこともしばしば起きてきておりまして、企業の側も社会的責任（ＣＳＲ／corporate social responsibility）というものを考えなければいけない時代になってきました。フェアトレードということも最近、盛んに言われております。社会貢献追求型のビジネスといって、社会貢献をしながら何らかの利益を得て sustainable に社会貢献活動を実施していく企業形態も出てきているわけであります。つまり、決して現実社会は一方的な競争社会ではありません。人間の欲望を満たすとか欲望を刺激するとかいう方向ばかりに動いているわけでもないです。今の現実社会には人間本来の姿を追求していく面がある、このことは決して無視できないだろうと思います。

そうした時に、宗教はどうあるべきか。現実社会で企業が追求している公共性とか公正性、その意味合いをどう考えるか。それらをきちんと基礎付けて理論付ける人間観、世界観を明確に提示して、現代社会をあるべきあり方に導く役割を積極的に果たすこと、その人間性豊かな社会を実現する力を発揮すること、それが宗教に実は求められていると考えられないでしょうか。明確に明示的に社会から求められているわけではないのですが、現代の状況を見た時に、実はこのようなことが宗教に求められているというように分析することができるのではないかと思います。こうしたことを達成し得ない場合は、結局、宗教は何の力もないということになります。社会の側が自立的に社会の問題を全て解決していくと、もう宗教は何の役目も果たせないことになってしまうのだろうと思われます。現代社会の宗教にはそういう懸念があると私は思うわけです。

宗教と現代社会についての座談会

森：実は先日、竹村先生と私の共通の友人である宗教社会学者の西山茂先生に会い、三人で久しぶりに食事をしました。その時に宗教と現代社会について尋ねてみたところ、西山先生は「現代社会は宗教に何も求めていない。何か求めているものがあるとすればそれは現世利益ではないか」と言いました。予想していた答えではあったのですが、あまりにもはっきり言われたものですから、宗教に携わっている者としては少し残念というか無念というか、そういう感じでした。しかし、これが宗教一般について有り体のところだろうと思います。

竹村：西山茂先生とは私も親しいのですが、西山先生の「現代社会が宗教に求めているものがあるとしたら現世利益だろう」という見解は、森先生と同じく私も、有り体にいえばそういうところではないかと思います。ただ、最近テレビ番組にお坊さんがよく出てきて、仏教の話や仏教をめぐる様々な面白い話をしたりしています。これは、仏教の心が漠然と求められているような気がするのです。それに、本屋さんに行くと、仏教に基づく本で、これを読めば心が癒される、心が安らかになる、気持ちが楽になるといった内容のものが結構出ております。そういうところに、現代人が宗教に求めるものが現れているような気がします。

安蘇谷：私も西山先生の言葉はそのとおりだと思います。そして、その意味を考える必要もあると思います。なぜ人々は強欲資本主義の中で大事なお金を宗教に払うのか。そこのところを宗教者も宗教学者も考えなければいけない。この前、テレビのニュースで善光寺のご開帳の光景を見て、アナウンサーの「大勢の参拝客が境内に立っている木に触って家内安全を祈りました。家族の無事を祈りました」といった解説も聞きました。そういう現代社会の現実を、やはり認めなくてはいけないと思うのです。一般の神社や寺院でそういうことをやって参拝客が集まるのかといったら、まず集まらないですよ。有名な善光寺だから大人数の参拝客が集まる。また、現代のパワースポットということで、伊勢神宮に行って杉の木を手で触って力を得たという番組をテレビで放映します。このような現代の風潮はどのように説明するのか。宗教の持つ人間観だの世界観だの、ある意味で立派なこととは別に、何かそこにあるわけでしょう？　その何かについて、宗教学者や宗教社会学者や宗教民俗学者から、学者らしい説明をしてもらいたいです。

宗教に現世利益が求められているのですから、宗教として現世利益について丁寧な説明をすればいいだけの問題だと思います。仏教のお寺で現世利益の解説をするのも修行なのではないでしょうか。私の所は神社で私は神主ですから、現世利益を求める方々との触れ合いは長いです。学生時代からご祈禱をやってきました。毎年来て家内安全、商売繁盛を祈る方々がいらっしゃるわけです。祝詞なども大した祝詞ではないし、毎年同じ祝詞です。私の父の代から同じ祝詞です。しかし、その祝詞を上げますと、いらっしゃった方々が「今年もお参りできてホッとしました」と笑顔でおっしゃる。商売繁盛を祈願したのに商売が失敗したって、別に神様が悪かったわけでも何でもないでしょうが、祈願することに何か心の拠り所みたいなものがあると思うのです。ですから、そういうものをもう少し丁寧に上手に説明できるようになりたい気持ちもあって、私は「現世利益でどこが悪い」と言うのです。現世利益でも何でも、宗教が現代社会を生きる人々の心の拠り所になるのなら喜ばしいではありませんか。私は、宗教学者や宗教事象の研究者が言っている「風景としての寺院」とか「風景としての神社」についてはいかがなものかと思います。賽銭箱に大事なお金を上げる人々がいるのです。初詣に明治神宮に行って一万円を上げる人もいる。百円玉を上げる人も、十円玉を上げる人もいる。一円玉や五円玉を混ぜて上げる人もいる。毎年、初詣に三百万人以上もの人間が明治神宮に行ってお参りをする。私は明治神宮が宗教的シンボルとして意味を持っているからなのだと思います。ですから、宗教的なシンボルとして意味を持っている事柄について一般の人にきちんと説明することも、現代社会から宗教が求められているのではないかと思っているのです。

川本：竹村先生のおっしゃった「人間観・世界観を明確に提示し、現代社会をそのあるべきあり方に導く役割を積極的に発揮することが求められていよう」というのは、今の時代だから求めようとする人もいるということですか。

竹村：今の時代の課題に沿って求められているということです。今の時代というのは、宗教があまり指導性を発揮し得ないで社会が社会の自律性の中で動いているわけですが、やはり社会の方向そのものを導いていくような役割が宗教にもう一度求められているのではないかと考えて、そのように申しました。そういう課題があるのではないでしょうかということです。

眞田：例えば東北大学に臨床宗教師⑥の講座があります。WCRP（世界宗教者平和会議）は最も大きなスポンサーです。患者の立場のことや心の問題のことは、とても医者にはできないということで、そこでいろいろ諸宗教の方々、キリスト教、仏教各派、神道、イスラーム各派の人々が集まって、そして一緒になって人々の心の救済の問題に入って行きました。東日本大震災については、WCRP日本委員会でも支援や復興にいろいろな形で関わってきております。例えばお葬式も一遍にボーンと宗派をまとめてお経をあげなければならない。宗派が分からないからです。そうなってくると神道から仏教からいろいろ宗教の方が来てお弔いをするという中で、お互いの関係ができてきたわけです。これはまた、一般の人々の宗教に対する信頼というものが回復してくることでもあったのです。そういう生の事情をいろいろ教えていただいているものですから、まだまだ宗教の存在価値、存在理由、果たすべき役割は現代社会にあるのではないかと思うのです。また、灯籠流しをやって灯籠が流れている。みんな上手く流れていけばいいのだけれど、しがみついて離れない灯籠があった。その時に遺族が「まだ私に心を残しているのだ」と感じる。亡くなった方たちの霊と自分たちの結びつきをいつも考えて生きている中で、灯籠流しがそのような受け取り方をされた、そういう話も聞いております。そうすると、日本人の霊性というか、そういう宗教も捨てたものではない、かえって大切だという感じがします。

竹村：やはり生死が問題になるような危機的な時に、宗教に対する欲求が現れてくるのですよね。

眞田：そう思いますね。ですから、宗教にはいつでも生老病死の最も根本的なところが問われている。人間個々の「自分の実存」ですよね。

竹村：宗教でなければ解決できない場面なのですよね。

眞田：自分の力、人間個人の力ではどうにもならないです。ひと月ほど前でしたか、ＮＨＫ・ＢＳのチャンネルで「世界の資本主義経済はどうなっていくか」という番組を見ました。資本主義経済の現在と先行きについての問題を、世界的な経済学者が何人か登場して議論していた。面白く聞いていると、これからの資本主義をどうするかというところで「禅ブッディズム」という言葉が出てきてびっくりしました。「将来の世界経済をコントロールしていくのは禅思想だ」と言うのです。具体的には「瞑想だ」と言っただけで、それ以上の議論は出てきませんでした。確かに欧米でも上座仏教等々が流行り、瞑想が流行っています。仏教即瞑想というイメージの影響なのかもしれません。経済学者がなぜ「禅フィロソフィー」や「禅ブッディズム」という言葉を使ったのか分からないのですが、そういう番組がありました。今の現世利益の議論と根本において同じかなと思ったりします。これからの人間の経済生活を考える場合に「禅の考え方が基本だ、核だ」という立場があるわけです。私は「少欲知足」を信じていますから、自分の欲望をどう調えるかという仏教の最も根源的な問題を考えました。人間が自分の欲望をコントロールする問題を経済学でどう理論化していくのか聞きたかったのですが、そういう話はありませんでした。いずれ本でも読まなきゃいけないと思います。経済学者から宗教に求めるものと受け取れる議論がテレビ番組であったので、紹介いたしました。

安蘇谷：私もよく分かりませんが、近頃、資本主義の終焉という考え方をする人が結構いるわけですよ。また民主主義も終焉だと言われます。かつては、資本主義というのはだいたい、いい物を作って売ってみんなが喜んで金が儲かるという形でした。それが今は金融資本主義で、お金を持っている人が為替や株で世の中を動かしているわけでしょう。これが正常なのかどうか全く分からない。それで「資本主義は終わりだ」と言う立場の人もいるのだと思います。私は禅も何も勉強していないから分かりませんが、日本人は今までどうしてきたかというと、いわゆる「発想の転換」です。これは夏目漱石の影響なのかもしれません。「ダメな時は、自分たちの外のものを変えるという発想じゃなくて、自分の心を変える」という考え方です。私、これはまさに仏教だと思います。それを言語化したのが禅なのではないでしょうか。西洋では、たとえば「ここは寒い」と思ったら「暖かくしよう」と考えます。ところが日本人は「寒さを我慢しよう」と考えるわけです。「どうやったら心が安らぐように我慢できるか」と考えることについて、夏目漱石は「心を変える」という言い方をする。まあ漱石も禅の影響を受けていると思います。そのように発想していくと、世の中がどうなっても住みよくなるのかもしれない。人類も環境を破壊していって、このままだと最終的には世界が沈没するということになれば、外を変えて自分たちが快楽を得るのではなく、自分たちの心の中を変えていくしか方法はないのかもしれません。

神道の場合は「神様にお祈りすることで心が休まる」という言い方しかしません。人間の外を変えるのか内を変えるのかについては、最終的に人類が消滅しないで長く生きようとするならば、外を変えて自分たちが快楽を得るよりも自分たちの心を変えていくという方向に行くしかないのではないかと思います。

マシア：結局、宗教が全部、役に立つ次元か役に立たない次元かで考えられているのかもしれません。宗教は、何かを求めている人に何を与えるのか。宗教は人から宗教に何を求めてほしいのか。どちらも難しい問題です。私は、宗教に何も求めていない人々に対して「私の宗教を求めなくてもいい。また、宗教を求めなくてもいい。宗教に何かを求めなくていいけれど、意味を問い続けて求めなさい」と言いたいですね。何も求めない人間だったら、もう最悪です。今だったら、意味を問い続けることに憧れてほしい。それが宗教でないとしてもかまいません。安蘇谷先生から「心を変える」というお話がありました。私は、世の中の人々を「宗教を信じている人」と「宗教を信じていない人」とに分けません。つまり、信仰者と無信仰者とに分けないのです。両者に共通のものとしての何かを求め続け、探し求めて問い続けているかどうかが大切だと思います。英語でいえば“seek”ですかね。何かを求めて問い続ける人だったら、政治的にどの政権に対しても、また与党と野党の両方に対しても、意見できるでしょう。宗教に対しても同じことがいえると思います。

大変なのは、近代ではなくて、近代の後のことです。ポスト近代あるいはポスト・ポストモダンのことです。登ってからも頂上にいる宗教ではなく、また、諦めるという宗教でもない。たどり着けないと知りながらも登り続ける、問い続けるという宗教ですね。宗教でなくてもかまわない。何かに憧れて求め続けて苦悩する人間はどこにいるのか。そういうことを、それこそ「国がダメだ」と言う今のスペインの人たちに言いたいですね。

【註】

(1) ムスリム同胞団　二十世紀エジプトで生まれたイスラーム宗教社会運動の団体。現代生活の全局面でのイスラームの徹底化を主張し、『クルアーン』を憲法とするイスラーム国家の建設と社会正義の実現とを要求し、ウンマの内側に生じた腐敗・堕落を排撃して、巨大な大衆動員力を持つ政治・社会団体となった。

(2) サラフ主義（サラフィーヤ）　近代のイスラーム改革の思想・運動を貫く主要な潮流。イスラームの「現状」を衰退・堕落として批判し、状況を打開・是正する復古＝革新を課題として自覚、イジュティハード（創造的法解釈）の再開を求める。

(3) 立正佼成会　一九三八（昭和十三）年、霊友会の信者であった庭野日敬《にわのにっきょう》と長沼妙佼《ながぬまみょうこう》を中心に創立。霊友会からは先祖供養の教えを受け継ぎながら、『法華経』への帰依を鮮明にすることを主張して出発した。「法座」と呼ばれるグループカウンセリング形式の信仰指導によって、戦後、著しく教勢を広げた。『法華経』の一乗思想の理念に立脚して諸宗教の協力を提唱し、宗教協力による平和運動を推進している。東京都杉並区に本部を置く。

(4) 生長の家　大本の信者であった谷口雅春が一九三〇（昭和五）年に始めた新宗教。宇宙を永遠に流れる「いのち」の顕現としてとらえ、すべての宗教は同一の真理を説くとして、諸宗教・諸思想を取り入れ、聖典『生命の実相』を完成、万教帰一を主唱し、病気や苦悩の克服のための神想観とよぶ修行を創案した。本部は東京都渋谷区。

（５）悲田院とか施薬院　身寄りのない貧窮の病人や孤老を収容する救護施設・療養施設。聖徳太子が四天王寺に建てたと伝えるが、七二三（養老七）年、興福寺に建てたのが初見。平安京でも官営の悲田院が置かれた。また、八三三（天長十）年、武蔵の国司が行旅の飢病者を救うために「悲田処」を置いた。民間では、鎌倉時代に忍性《にんしょう》が各地に悲田院などを設けた。

（６）臨床宗教師　被災地や福祉施設や医療機関などの場で、死への不安や死別による悲嘆を抱く人たちに寄り添い、それらの苦を緩和する心のケアを担う宗教者。臨床宗教師の活動は仏教・キリスト教・神道などの様々な宗教者が協力して担い、布教・伝道を目的とせず、高い倫理観の下、相手の価値観を尊重して寄り添うことを旨とする。二〇一一（平成二十三）年の東日本大震災を契機として翌二〇一二年、東北大学に臨床宗教師の養成講座が開設され、その後、龍谷大学・鶴見大学・高野山大学・武蔵野大学・種智院大学・愛知学院大学・大正大学・上智大学などでも養成の取り組みが行われている。二〇一八（平成三十）年からは、一般社団法人日本臨床宗教師会による「認定臨床宗教師」資格制度が始まっている。

おわりに

本書は、日本及び世界の様々な環境の中で、宗教は人々の生活や社会においてどのような意味を持ち、どのような働きができるのかを問うものである。この問いに対して、釈迦仏教、大乗仏教、神道、キリスト教、イスラームの立場からの見解を示し、お互いの立場を理解し合おうとするものである。

本書の企画は、ＩＳ（イスラミック・ステート）がシリア地域を中心に、激しい戦闘を繰り拡げていたころであった。当時は、その存在は驚愕すべきものであった。

ＩＳの存在は、武力組織であることは容易に認識されたが、その蛮行は、人々に戦慄的な恐怖心を植え付けていた。さらには、中東地域そしてイスラームという宗教の姿が並行して映し出される中で、多くの疑問と不安を人々に抱かせた。なぜ人は、このような行為ができるのか？　この行為とイスラームという宗教は関係性があるのではないか？　など、多くの憶測を呼んだ。なかには、ＩＳとイスラームを直結して考え、イスラームという宗教の過激性を煽る人々もいた。さらには、宗教の存在を問う人々もいた。世間は、的確な判断基準を持ち合わせず、たどたどしい知識の中で、それぞれに考え、模索していたように思う。

すでに、森章司先生が「はじめに」の中で本企画の経緯を述べておられるが、二〇一三年五月、森章司先生と眞田芳憲先生が庭野平和賞授賞式の折に、庭野平和財団「平和と宗教」編集会議のメンバーで何かできないかということになった。その後、メンバーが決まった。安蘇谷正彦（國學院大學元学長）、坂本堯（聖マリアンナ医科大学名誉教授）、眞田芳憲（中央大学名誉教授）、森章司（東洋大学名誉教授）の諸先生方であった。その後、大乗仏教の専門として、竹村牧男（東洋大学学長）先生も参画していただけることとなった。これらの先生方による議論を、最終的に中央学術研究所の編集の下、刊行しようと話がまとまった。

そして、中央学術研究所が一九六九（昭和四十四）年に発足し、二〇一九（平成三十一）年に創立五十周年を迎えるにあたり、その記念出版企画の成果としての位置づけとした。対象読者は高校生以上をターゲットとして進められることになった。時宜にかなったテーマ設定をし、先生方は各宗教の専門家の立場から発表を行い、座談会を通してテーマを深める形式とした。

なお、坂本堯先生が途中、継続しての参加が不可能となり、後任には、ホアン・マシア先生（上智大学名誉教授）にキリスト教の立場からのご発表を担っていただくこととなった。二〇一七年十一月には眞田芳憲先生が逝去された。二〇一八年には、予定していた最後の座談会が行われた。企画のはじまりは二〇一三年であるので、二〇二〇年の出版に至るまで足掛け七年もかかったことになる。

本書は、五章で構成されている。第1章は、「宗教の成り立ちとエッセンス」として、それぞれの宗教の宗祖、教理の本質や聖典に焦点を当て、それぞれの宗教において一番伝えたいことを中心にお話しいただいた。宗教の基礎的な部分は、案外正しく理解されていないことが多い。特に、日本になじみの薄い宗教に関しては聞きなれない言葉や用語が多く出てきており、一般の方には、慣れるまでに時間がかかるかもしれない。しかしながら、正確な言葉の理解により、思い込みのようなものは、払拭されるのではないだろうか。また、ここでは宗祖も重要なテーマである。日本の宗教文化を背景とした宗祖は、神という概念に対しては、その意味合いが異なる。神の概念においては、絶対性という概念が問われることになるからである。通常われわれが思う神もしくは神々は、キリスト教やイスラームがとらえる神の概念とは全く異なる。

第2章は、「宗教の幸福感、人間観」である。ここでは、それぞれの宗教の幸福感・人間観が的確に示されており、明確なとらえ方の違いが見える。仏教においても、悟りを求める修行者に焦点を当てる釈迦仏教と、善行を積むことと人々の救いに関わることを説く大乗仏教はそのとらえ方が明らかに違う。また、宗教においては男女観の違いもテーマの一つである。今日、男女の権利の平等性が自明のものとなる中では、宗教における男女観というものが、どのように社会に影響を与えているのかを考えさせられる。

第3章は、「宗教の死生観」である。死生観は死後の世界とも関係してくる。死については、各宗教によってとらえ方が異なる。死後の世界、死後の復活、もしくは輪廻転生するとされるいのちの生まれ変わりなど、「死」を前にして、人間の対処のしかたが異なる。

第4章は、「日本における宗教の発生・受容と変容」である。それぞれの宗教の持つ個別のテーマから、その宗教そのものが日本社会においてどのように受容されてきたのか、されなかったのかがテーマの中心となる。そこには、宗教が受容されたり、もしくは拒否されたりする現実があり、人々の信仰とともに国家という存在が意味を持つ。神道については、日本においてどのように発生し、形成されてきたのか、そしてこの近現代社会において国家との結びつきはどうであったのかが語られる。一方、他の仏教、キリスト教、イスラームは日本社会にどのように受容されていったのであろうか？　もしくは、日本の土壌のゆえに受容されにくかったのであろうか？　日本の歴史を振り返れば神仏習合、キリシタン弾圧、明治維新、廃仏毀釈、国家神道など、宗教は激しい時代の変化を潜ってきた。そこには、国家の影響力があったことは否定できない。

第5章は、「宗教と現代社会」である。最後となる本章では、今まで議論してきたことを踏まえ、今我々が立っているこの世界において宗教の意味を問うことになる。本書の主題は「宗教に明日はあるか？」であるが、まさにこのテーマである。どのような歴史を乗り越えてきた宗教であれ、現代社会でどのような意味を発揮できるかである。宗教に対して現代社会の人々の期待があるかどうかも不明である。人々の様々なニーズに応えることのできる宗教が、本来の宗教の姿なのだろうか？　宗教は心の救済に関われるのか？　イスラームのように聖と俗の境界がないという立場もある。人の救い、救われとは何であるのか？

六人の先生方には、テーマ「宗教に明日はあるか？」に真摯に取り組んでいただいた。神道、釈迦仏教、大乗仏教、キリスト教、イスラームのすべての内容を網羅したものではないが、先生方には誰かにその宗教について尋ねられた時に伝えたい内容を、心を込めてお話しいただいたと思う。再三申し上げるように、先生方は肉体的にもハードな状況の中でこの企画にご協力いただいた。長期にわたり、お忙しいなかをご参加いただいた先生方に深く感謝を申し上げる次第である。

今や、戦争、核、環境、人権、資源乱用、大量消費、新自由主義、覇権主義など我々を取り巻く世界的な問題から、貧困、介護、孤独など身近な問題まで、課題はあまりにも多い。これらの問題に対して、この座談会の内容が幾分かのお役に立つことができれば幸いである。

今回の企画・編集にあたり、企画当初からかかわっていただいた平本享也佼成出版社取締役出版部長、ならびに担当編集者の大室英暁氏、そして中央学術研究所のスタッフの皆様に謝意を表す次第である。

振り返ってみても、壮大なテーマであったことが感じられる。それは、そこになんとか人々が生きがいを感じられ、希望が持てる世界・社会にしたいという思いが強くあったからではと思う。

二〇二〇年二月

川本　貢市

【執筆者紹介】

安蘇谷正彦（あそや・まさひこ）

1940 年生まれ。國學院大學名誉教授。一瓶塚稲荷神社宮司。
専門：神道学・宗教学
著作：『神道の生死観』『神道とは何か』『現代社会と神道』他多数

坂本　堯（さかもと・たかし）

1927 年生まれ。聖マリアンナ医科大学名誉教授。カトリック聖職者。
専門：哲学・心身医学・人間福祉学・死生学
著作：『西洋思想史』『カトリックと日本人』『宇宙精神の先駆クザーヌス』他多数

眞田芳憲（さなだ・よしあき）

1937 年生まれ。中央大学名誉教授。2017 年逝去。
専門：ローマ法学・イスラーム法学・比較法史学
著作：『イスラーム法の精神』『ローマ法の原理』『人は人を裁けるか』他多数

竹村牧男（たけむら・まきお）

1948 年生まれ。東洋大学学長。筑波大学名誉教授。
専門：仏教学・宗教哲学
著作：『唯識三性説の研究』『入門 哲学としての仏教』『ブッディスト・エコロジー』他多数

ホアン・マシア（Juan Masiá）

1941 年生まれ。上智大学名誉教授。イエズス会司祭。
専門：倫理・哲学思想史
著作：『ウナムーノ、オルテガの研究』『ドン・キホーテの死生観』『生命の哲学』他多数

森　章司（もり・しょうじ）

1938 年生まれ。東洋大学名誉教授。
専門：原始仏教・部派仏教思想。
著作：『戒律の世界』『仏教的ものの見方』『初期仏教教団の運営理念と実際』他多数

【司会者略歴】

川本貢市（かわもと・こういち）

1961 年生まれ。中央学術研究所所長（2019 年 11 月現在）。
専門：宣教学

宗教間対話座談会　宗教に明日はあるか？

2020年3月5日　初版第1刷発行

著　者　安蘇谷正彦　坂本 堯　眞田芳憲
竹村牧男　ホアン・マシア　森 章司

編　者　中央学術研究所

発行者　水野博文

発行所　株式会社佼成出版社
〒166-8535 東京都杉並区和田2-7-1
電話（03）5385-2317（編集）
（03）5385-2323（販売）
URL　https://www.kosei-shuppan.co.jp/

印刷所　錦明印刷株式会社

製本所　株式会社若林製本工場

ISBN978-4-333-02820-7　C0014